住 房 和 城 乡 建 设 部 "十 四 五" 规 划 教 材
全国住房和城乡建设职业教育教学指导委员会规划推荐教材

建筑法规概论

（第六版）

陈东佐　主编

中国建筑工业出版社

图书在版编目（CIP）数据

建筑法规概论/陈东佐主编. —6 版. —北京：
中国建筑工业出版社，2020.4（2023.2重印）
住房和城乡建设部"十四五"规划教材　全国住房和
城乡建设职业教育教学指导委员会规划推荐教材
ISBN 978-7-112-25805-5

Ⅰ. ①建…　Ⅱ. ①陈…　Ⅲ. ①建筑法-中国-高等职
业教育-教材　Ⅳ.①D922.297

中国版本图书馆 CIP 数据核字（2020）第 267642 号

本教材按照《民法典》《建筑法》等最新颁布或修订的法律法规进行编写，内
容新颖、通俗易懂。教材内容分为 9 个教学单元，即绪论、建筑许可法规、建设
工程发包与承包法规、建设工程合同法规、建设工程监理法规、建设工程安全生
产管理法规、建设工程质量管理法规、建设工程纠纷处理法规、有关工程建设的
其他法规知识等，并配有相关的课程思政内容及二维码案例资源。

本教材可作为高职院校土建类专业建筑法规课程的教材，同时也可作为建设
工程企事业单位管理人员、技术人员学习建设工程法律法规的参考用书。

通过以下方式获取教师课件：1. 邮箱 jckj@cabp.com.cn；2. 电话（010）
58337285；3. 建工书院 http://edu.cabplink.com。

责任编辑：李　阳　李　明
责任校对：焦　乐

住 房 和 城 乡 建 设 部 " 十 四 五 " 规 划 教 材
全国住房和城乡建设职业教育教学指导委员会规划推荐教材

建筑法规概论（第六版）
陈东佐　主编

*

中国建筑工业出版社出版、发行（北京海淀三里河路 9 号）
各地新华书店、建筑书店经销
霸州市顺浩图文科技发展有限公司制版
北京建筑工业印刷厂印刷

*

开本：787 毫米×1092 毫米　1/16　印张：16½　字数：387 千字
2021 年 9 月第六版　　2023 年 2 月第四十九次印刷
定价：45.00 元（赠教师课件）
ISBN 978-7-112-25805-5
（37038）

教材编审委员会名单

主　任：赵　研

副主任：危道军　胡兴福　王　强

委　员（按姓氏笔画为序）：

丁天庭　于　英　卫顺学　王付全　王武齐

王春宁　王爱勋　邓宗国　左　涛　石立安

占启芳　卢经杨　白　俊　白　峰　冯光灿

朱首明　朱勇年　刘　静　刘立新　池　斌

孙玉红　孙现申　李　光　李　辉　李社生

杨太生　吴承霞　何　辉　宋新龙　张　弘

张　伟　张若美　张鲁风　张瑞生　陈东佐

陈年和　武佩牛　林　密　季　翔　周建郑

赵琼梅　赵慧琳　胡伦坚　侯洪涛　姚谨英

夏玲涛　黄春蕾　梁建民　鲁　军　廖　涛

熊　峰　颜晓荣　潘立本　薛国威　魏鸿汉

修订版序言

　　本套教材第一版于2003年由建设部土建学科高职高专教学指导委员会本着"研究、指导、咨询、服务"的工作宗旨，从为院校教育提供优质教学资源出发，在对建筑工程技术专业人才的培养目标、定位、知识与技能内涵进行认真研究论证，整合国内优秀编者团队，并对教材体系进行整体设计的基础上组织编写的，于2004年首批出版了11门主干课程的教材。教材面世以来，应用面广、发行量大，为高职建筑工程技术专业和其他相关专业的教学与培训提供了有效的支撑和服务，得到了广大应用院校师生的普遍欢迎和好评。结合专业建设、课程建设的需求及有关标准规范的出台与修订，本着"动态修订、及时填充、持续养护、常用常新"的宗旨，本套教材于2006年（第二版）、2012年（第三版）又进行了两次系统的修订。由于教材的整体性强、质量高、影响大，本套教材全部被评为住房和城乡建设部"十一五""十二五""十三五""十四五"规划教材，大多数教材被评为"十一五""十二五"国家规划教材，数部教材被评为国家精品教材。

　　目前，本套教材的总量已达25部，内容涵盖高职建筑工程技术专业的基础课程、专业课程、岗位课程、实训教学等全领域，并引入了现代木结构建筑施工等新的选题。结合我国建筑业转型升级的要求，当前正在组织装配式建筑技术相关教材的编写。

　　本次修订是本套教材的第三次系统修订，目的是适应我国建筑业转型发展对高职建筑工程技术专业人才培养的新形势、建筑技术进步对高职建筑工程技术专业人才知识和技能内涵的新要求、管理创新对高职建筑工程技术专业人才管理能力充实的新内涵、教育技术进步对教学手段及教学资源改革的新挑战、标准规范更新对教材内容的新规定。

　　应当着重指出的是，从2015年起，经过认真的论证，主编团队在有关技术企业的支持下，对本套教材中的《建筑识图与构造》《建筑力学》《建筑结构》《建筑施工技术》《建筑施工组织》进行了系统的信息化建设，开发出了与教材紧密配合的MOOC教学系统，其目的是适应当前信息化技术广泛参与院校教学的大形势，探索与创新适应职业教育特色的新型教学资源建设途径，积极构建"人人皆学、时时能学、处处可学"的学习氛围，进一步发挥教学辅助资源对人才培养的积极作用。我们将密切关注上述5部教材及配套MOOC教学资源的应用情况，并不断地进行优化。同时还要继续大力加强与教材配套的信息化资源建设，在总结经验的基础上，选择合适的教材进行信息化资源的立体开发，最终实现"以纸质教材为载体，以信息化技术为支撑，二者相辅相成，为师生提供一流服务，为人才培养提供一流教学资源"的目的。

今后，还要继续坚持"保持先进、动态发展、强调服务、不断完善"的教材建设思路，不简单追求本套教材版次上的整齐划一，而是要根据专业定位、课程建设、标准规范、建筑技术、管理模式的发展实际，及时对具备修订条件的教材进行优化和完善，不断补充适应建筑业对高职建筑工程技术专业人才培养需求的新选题，保证本套教材的活力、生命力和服务能力的延续，为院校提供"更好、更新、更适用"的优质教学资源。

住房和城乡建设职业教育教学指导委员会
土建施工类专业指导委员会

修订版前言

　　本教材的第五版于 2017 年 12 月由中国建筑工业出版社出版，是住房城乡建设部土建类学科专业"十三五"规划教材之一。本教材第六版是在第五版的基础上，依据住房和城乡建设职业教育教学指导委员会对人才培养目标的要求和《中华人民共和国建筑法》颁布以来的建筑法律、法规、规章以及相关的规范性文件修订而成。

　　教材第五版出版发行后，2020 年 5 月 28 日第十三届全国人大第三次会议通过了《中华人民共和国民法典》，自 2021 年 1 月 1 日起施行；2020 年 4 月 29 日第十三届全国人大常委会第 17 次会议对《中华人民共和国固体废物污染环境防治法》进行了修订；2019 年 4 月 23 日第十三届全国人大常委会第 10 次会议对《中华人民共和国建筑法》《中华人民共和国消防法》《中华人民共和国城乡规划法》三部法律进行了修订；2018 年 12 月 29 日第十三届全国人大常委会第 7 次会议对《中华人民共和国劳动法》进行了修订；2018 年 10 月 26 日第十三届全国人大常委会第 6 次会议对《中华人民共和国节约能源法》进行了修订；2017 年 12 月 27 日第十二届全国人大常委会第 31 次会议对《中华人民共和国招标投标法》进行了修订。

　　行政法规中，国务院于 2019 年 4 月 23 日对《建设工程质量管理条例》进行了修订；2018 年 3 月 8 日批复了国家发展改革委员会《必须招标的工程项目规定》。

　　部门规章中，住房和城乡建设部、交通运输部、水利部、人力资源和社会保障部于 2020 年 2 月 28 日联合发布了关于印发《监理工程师职业资格制度规定》《监理工程师职业资格考试实施办法》的通知；2018 年 7 月 20 日联合发布了关于印发《造价工程师职业资格制度规定》《造价工程师职业资格考试实施办法》的通知；2018 年 12 月 22 日住房和城乡建设部第 45 号令对《建筑业企业资质管理规定》《建设工程勘察设计资质管理规定》《工程监理企业资质管理规定》进行了修订。

　　因此，本教材第六版相关内容均按上述新发布（或修订）的法律法规进行了修订。

　　同时，为了与全国注册建造师执业资格考试接轨，本书第六版的各教学单元也都做了针对性的修改。

　　本次修订的主要内容如下：

　　1. 教学单元 1 绪论和教学单元 4 建设工程合同法规，根据最新颁布的《中华人民共和国民法典》，对建筑法律关系和建筑法律责任，建设工程合同的效力、履行、变更、转让、终止等内容进行了修改。

2. 教学单元 2 建筑许可法规，根据新修订的《中华人民共和国建筑法》，对建筑工程施工许可证内容进行了修改。根据住房和城乡建设部第 45 号令，对建筑业企业资质管理制度、建设工程勘察设计资质管理制度、工程监理企业资质管理制度进行了修改。根据住房和城乡建设部第 50 号令，对工程造价咨询企业资质管理制度进行了修改。根据住房和城乡建设部、交通运输部、水利部、人力资源和社会保障部联合颁布的《监理工程师职业资格制度规定》《监理工程师职业资格考试实施办法》《造价工程师职业资格制度规定》《造价工程师职业资格考试实施办法》，对注册监理工程师和注册造价工程师执业资格制度内容进行了修改。

3. 由于招标发包是建设工程发包的一种形式，而且是主要形式，所以将原教学单元 3 建筑工程发包与承包法规和教学单元 4 建设工程招标投标法规进行了合并。

4. 各教学单元增加了二维码扫描的案例和课程思政的内容。

另外，为了使学生对所学知识能够及时消化理解、记忆掌握、灵活运用，本教材第六版精心设计了复习与应用练习题，包括单项选择题、多项选择题和简答题，其中部分练习题选自近几年的全国注册建造师考试真题。

本教材第六版由陈东佐教授和任晓菲副教授修订。陈东佐教授担任主编并统稿。

特别感谢张鲁风先生，对本教材进行了认真细致的审阅，提出了非常宝贵和中肯的建设性意见和建议。

本教材的编写过程中，参考了国内同类优秀教材和相关文献，一并在此致谢。

由于编者水平所限，本教材中不足之处在所难免，敬请读者在使用过程中给予指正并提出宝贵意见。

前 ● 言

随着我国改革开放的不断深入和社会主义市场经济制度的不断完善，建筑业作为国民经济的重要支柱产业得到了长足的发展。不断加强和完善法制建设是市场经济健康发展的重要保障。我国建筑业转入市场机制后，涉及建筑业的法律法规不断地出台和完善，特别是《中华人民共和国建筑法》《中华人民共和国合同法》《中华人民共和国招标投标法》《建设工程质量管理条例》和《建设工程勘察设计管理条例》的发布实施，使得我国建筑业的法制建设出现了一个全新的局面。

在新的世纪里，特别是在中国加入WTO后，面对新的机遇和挑战，需要进一步用法律手段来规范建筑市场行为。为加强建筑业的法制建设，并配合高职院校土建类专业开设建筑法规课程的需要，我们编写了《建筑法规概论》。

本教材以市场经济法律为基础，以《中华人民共和国建筑法》《中华人民共和国招标投标法》《中华人民共和国合同法》和两个"管理条例"为主线，结合其他相关的法律、行政法规、规定、司法解释，特别是《中华人民共和国建筑法》颁布以来的相关法规，对我国建筑法律制度作了简明而全面的论述性介绍，对违反建筑法律法规应负的法律责任也作了必要的阐述。为了强调重点和便于学生自学，在每章之后均附有复习思考题。内容新颖、完整精练、实用性强是本书的特点。

由于学法、懂法、守法是每个公民的义务，学习建筑法规、掌握建筑法规、遵守建筑法规是每个从事建筑业及其相关领域的工作者应当具备的法律素质，因此，本教材也可作为相关领域人员的学习参考用书。

本教材由陈东佐主编。全书内容共分九章，其中，第一、第二、第五、第七、第九章由陈东佐编写；第三、第四章由姬慧编写，第六、第八章由陈蓓编写。

本教材由张学宏主审，谨此表示衷心感谢。

由于编写时间仓促和编者水平所限，本教材中的不足之处在所难免，恳请读者在使用过程中给予指正并提出宝贵意见。

目 ◦ 录

教学单元 1　绪论 ··· 1
　1.1　建筑法规的形式和作用 ·· 2
　1.2　建筑法律关系 ·· 6
　1.3　建筑法律责任 ··· 10
　复习与应用练习题 ··· 13

教学单元 2　建筑许可法规 ··· 16
　2.1　建筑工程施工许可 ·· 17
　2.2　从业单位资格许可 ·· 21
　2.3　专业技术人员执业资格许可 ·· 33
　2.4　法律责任 ··· 43
　复习与应用练习题 ··· 47

教学单元 3　建设工程发包与承包法规 ·· 50
　3.1　建设工程发包法规 ·· 51
　3.2　建设工程招标投标法规 ·· 53
　3.3　建设工程承包法规 ·· 69
　3.4　法律责任 ··· 74
　复习与应用练习题 ··· 81

教学单元 4　建设工程合同法规 ··· 87
　4.1　建设工程合同的类型 ·· 88
　4.2　建设工程合同的订立 ·· 89
　4.3　建设工程合同的效力 ·· 92
　4.4　建设工程合同的履行、转让、解除和终止 ································ 96
　4.5　建设工程合同的违约责任 ·· 103
　4.6　建设工程合同的担保 ·· 106
　复习与应用练习题 ··· 110

教学单元 5　建设工程监理法规 ·· 113
　5.1　工程监理企业的资质管理制度 ·· 114
　5.2　建设工程监理的实施 ·· 117

5.3 法律责任 ·· 120
复习与应用练习题 ··································· 121

教学单元 6 建设工程安全生产管理法规 ··········· 123
6.1 建设工程安全生产管理基本制度 ················ 124
6.2 建筑生产的安全责任体系 ······················ 130
6.3 建筑施工过程中的安全生产管理 ················ 141
6.4 生产安全事故的应急救援和调查处理 ············ 146
6.5 法律责任 ····································· 153
复习与应用练习题 ··································· 164

教学单元 7 建设工程质量管理法规 ·············· 168
7.1 建设工程质量标准化管理制度 ·················· 169
7.2 建设行为主体质量责任制度 ···················· 172
7.3 建设工程竣工验收制度 ························ 179
7.4 建设工程质量保修制度 ························ 187
7.5 住宅室内装饰装修质量管理制度 ················ 190
7.6 法律责任 ····································· 193
复习与应用练习题 ··································· 197

教学单元 8 建设工程纠纷处理法规 ·············· 200
8.1 建设工程纠纷的主要类型和法律解决途径 ·········· 201
8.2 和解与调解 ···································· 201
8.3 仲裁 ··· 202
8.4 民事诉讼 ····································· 209
8.5 建设工程施工合同纠纷案件的司法解释 ············ 218
复习与应用练习题 ··································· 220

教学单元 9 有关工程建设的其他法规知识 ········· 224
9.1 环境保护法规中与工程建设相关的内容 ············ 225
9.2 节约能源法规中与工程建设相关的内容 ············ 230
9.3 劳动法规中与工程建设相关的内容 ················ 236
9.4 文物保护法规中与工程建设相关的内容 ············ 246
复习与应用练习题 ··································· 249

主要参考文献 ··· 252

教学单元1

绪　论

【教学目标】通过本单元学习，使学生了解建筑法规的表现形式和作用，建筑法律关系的构成，建筑法律关系的产生、变更和终止；掌握建筑法律责任的类型以及每一种法律责任的承担方式。

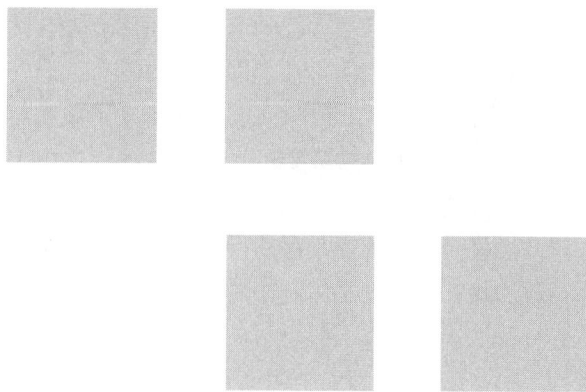

1.1 建筑法规的形式和作用

建筑法规是指有立法权的国家机关制定的，旨在调整政府部门、企事业单位、社会团体、其他经济组织，以及公民个人，在建筑活动中相互之间所发生的各种社会关系的法律规范的总称。建筑活动是指各类房屋及其附属设施的建造和与其配套的线路、管道、设备的安装活动。

1.1.1 建筑法规的形式与效力

1. 建筑法规的形式

根据《中华人民共和国宪法》《中华人民共和国立法法》以及有关规定，建筑法规的形式主要有：宪法、法律、行政法规、地方性法规、自治条例和单行条例，部门规章、地方政府规章以及国际公约等。

（1）宪法

宪法是由全国人民代表大会依照特别程序制定的，具有最高效力的根本法。宪法的主要功能是制约和平衡国家权力，保障公民权利。宪法是我国的根本大法，在我国法律体系中具有最高的法律地位和法律效力，是我国最高的法律形式。

宪法也是建设法规的最高形式，是国家进行建设管理、监督的权力基础。如《宪法》第 89 条规定："国务院行使下列职权：……（6）领导和管理经济工作和城乡建设"；第 107 条规定："县级以上地方各级人民政府依照法律规定的权限，管理本行政区域内的……城乡建设事业……等行政工作，发布决定和命令，任免、培训、考核和奖惩行政工作人员。"

（2）法律

法律是指行使国家立法权的全国人民代表大会常务委员会制定的规范性文件。法律的地位和效力仅次于宪法，在全国范围内具有普遍的约束力，如《中华人民共和国建筑法》《中华人民共和国招标投标法》《中华人民共和国安全生产法》等。

全国人民代表大会常务委员会通过的法律，由国家主席签署主席令予以公布。

（3）行政法规

行政法规是指作为国家最高行政机关的国务院制定颁布的有关行政管理的规范性文件。行政法规在我国立法体制中具有重要地位，其效力低于宪法和法律，在全国范围内有效。行政法规的名称一般为"条例"，如《建设工程质量管理条例》《建设工程勘察设计管理条例》《建设工程安全生产管理条例》《安全生产许可证条例》《生产安全事故报告和调查处理条例》《中华人民共和国招标投标法实施条例》等。

行政法规由国务院总理签署国务院令予以公布。

（4）地方性法规、自治条例和单行条例

1）地方性法规

地方性法规是指省、自治区、直辖市以及省级人民政府所在地的市、经济特区所在地的市和经国务院批准的较大的市的人民代表大会常务委员会制定的，只在本行政区域内具有法律效力的规范性文件，如山西省人民代表大会常务委员会发布的《山西省建筑市场管理条例》、山东省人民代表大会常务委员会发布的《山东省城市房屋拆迁管理条例》《山东省建设工程招标投标管理条例》等。

2）自治条例和单行条例

民族自治条例和单行条例是指民族自治地方的人民代表大会依照当地民族的政治、经济和文化的特点制定的自治条例和单行条例。自治区的自治条例和单行条例，报全国人民代表大会常务委员会批准后生效。自治州、自治县的自治条例和单行条例，报省、自治区、直辖市的人民代表大会常务委员会批准后生效。

自治条例和单行条例可以依照当地民族的特点，对法律和行政法规的规定作出变通规定，但不得违背法律或者行政法规的基本原则，不得对宪法和民族区域自治法的规定以及其他有关法律、行政法规专门就民族自治地方所作的规定作出变通规定。

（5）部门规章

部门规章是指国务院各部、委员会、中国人民银行、审计署和具有行政管理职能的直属机构，可以根据法律和国务院的行政法规、决定、命令，在本部门的权限范围内，制定规章。

目前，大量的建设法规是以部门规章的方式发布，如住房和城乡建设部发布的《建筑工程施工发包与承包违法行为认定查处管理办法》（2019），国家发展和改革委员会发布的《必须招标的工程项目规定》（2018），住房和城乡建设部、交通运输部、水利部、人力资源和社会保障部联合印发《监理工程师职业资格制度规定》《监理工程师职业资格考试实施办法》（建人规〔2020〕3号）等。

（6）地方政府规章

地方政府规章是指由省、自治区、直辖市以及省级人民政府所在地的市和经国务院批准的较大的市人民地方政府制定颁布的规范性文件，如《山西省建筑工程招标投标管理办法》《山东省建设工程施工招标投标暂行规定》等。

地方政府规章由省长或者自治区主席或者市长签署命令予以公布。

（7）国际条约

国际条约是指我国作为国际法主体同外国缔结的双边、多边协议和其他具有条约、协定性质的文件，如《建筑业安全卫生公约》等。除我国在缔结时宣布持保留意见不受其约束的以外，这些条约都与国内法具有同样的法律效力，所以也是我国法的形式。

我国现行的建筑法规主要有：《中华人民共和国建筑法》（以下简称《建筑法》）、《中华人民共和国招标投标法》（以下简称《招标投标法》）、《中华人民共和国安全生产法》（以下简称《安全生产法》）、《建设工程质量管理条例》《建设工程勘察设计管理条例》《建设工程安全生产管理条例》和《中华人民共和国招标投标法实施条例》（以下简称《招标投标法实施条例》）等。

2. 法的效力层级

法的效力层级是指法律体系中的各种法的形式，由于制定的主体、程序、时间、适用范围等的不同，具有不同的效力，形成法的效力等级体系。

（1）宪法至上

宪法是具有最高法律效力的根本大法，具有最高的法律效力。宪法作为根本法和母法，是其他立法活动的最高法律依据。任何法律、法规都必须遵循宪法而产生，无论是维护社会稳定、保障社会秩序，还是规范经济秩序，都不能违背宪法的基本准则。

（2）上位法优于下位法

在我国法律体系中，法律的效力是仅次于宪法而高于其他法的形式。行政法规的法律地位和法律效力仅次于宪法和法律，高于地方性法规和部门规章。地方性法规的效力，高于本级和下级地方政府规章。省、自治区人民政府制定的规章的效力，高于本行政区域内的较大的市人民政府制定的规章。自治条例和单行条例依法对法律、行政法规、地方性法规作变通规定的，在本自治地方适用自治条例和单行条例的规定。经济特区法规根据授权对法律、行政法规、地方性法规作变通规定的，在本经济特区适用经济特区法规的规定。部门规章之间、部门规章与地方政府规章之间具有同等效力，在各自的权限范围内施行。

（3）特别法优于一般法

特别法优于一般法，是指公法权力主体在实施公法权力行为中，当一般规定与特别规定不一致时，优先适用特别规定。《中华人民共和国立法法》（以下简称《立法法》）第 92 条规定，同一机关制定的法律、行政法规、地方性法规、自治条例和单行条例、规章，特别规定与一般规定不一致的，适用特别规定；新的规定与旧规定不一致的，适用新的规定。

（4）需要由有关机关裁决适用的特殊情况

《立法法》第 94 条规定，法律之间对同一事项的新的一般规定与旧的特别规定不一致，不能确定如何适用时，由全国人民代表大会常务委员会裁决。行政法规之间对同一事项的新的一般规定与旧的特别规定不一致，不能确定如何适用时，由国务院裁决。

《立法法》第 95 条规定，地方性法规、规章之间不一致时，由有关机关依照下列规定的权限作出裁决：

1）同一机关制定的新的一般规定与旧的特别规定不一致时，由制定机关裁决。

2）地方性法规与部门规章之间对同一事项的规定不一致，不能确定如何适用时，由国务院提出意见，国务院认为应当适用地方性法规的，应当决定在该地方适用地方性法规的规定；认为应当适用部门规章的，应当提请全国人民代表大会常务委员会裁决。

3）部门规章之间、部门规章与地方政府规章之间对同一事项的规定不一致时，由国务院裁决。根据授权制定的法规与法律规定不一致，不能确定如何适用时，由全国人民代表大会常务委员会裁决。

4）根据授权制定的法规与法律规定不一致，不能确定如何适用时，由全国人民代表大会常务委员会裁决。

1.1.2 建筑法规的作用

建筑业是一个重要行业，它所从事的生产活动，不仅为人类自身的生存发展提供一个最基本的物质环境，而且反映各个历史时期的社会面貌，反映各个地区、各个民族科学技术、社会经济和文化艺术的综合发展水平。建筑产品是人类精神文明发展史的一个重要标志。建筑业是跨越自然科学与社会科学之间的一个特殊产业部门。

在国民经济中，建筑业是一个重要的物质生产部门，建筑法规的作用就是保护、巩固和发展社会主义的经济基础，最大限度地满足人们日益增长的物质和文化生活的需要。具体来讲，建筑法规的作用主要有：规范指导建筑行为；保护合法建筑行为；处罚违法建筑行为。

1. 规范指导建筑行为

人们所进行的各种具体行为必须遵循一定的准则。只有在法律规定的范围内进行的行为才能得到国家的承认与保护，也才能实现行为人预期的目的。从事各种具体的建筑活动所应遵循的行为规范即建筑法律规范。建筑法规对人们建筑行为的规范性表现为：

（1）有些建筑行为必须做。《建筑法》第58条规定，建筑施工企业必须按照工程设计图纸和施工技术标准施工，即为义务性的建筑行为规定。

（2）有些建筑行为禁止做。《招标投标法》第32条规定，投标人不得相互串通投标报价，不得排挤其他投标人的公平竞争，损害招标人或者其他投标人的合法权益；投标人不得与招标人串通投标，损害国家利益、社会公共利益或者他人的合法权益；禁止投标人以向招标人或者评标委员会成员行贿的手段谋取中标，即为禁止性的建筑行为规定。

（3）授权某些建筑行为。即规定人们有权选择某种建筑行为。它既不禁止人们做出这种建筑行为，也不要求人们必须做出这种建筑行为，而是赋予了一个权利，做与不做都不违反法律，一切由当事人自己决定。《建筑法》第24条规定，建筑工程的发包单位可以将建筑工程的勘察、设计、施工、设备采购一并发包给一个工程总承包单位，也可以将建筑工程的勘察、设计、施工、设备采购的一项或者多项发包给一个工程总承包单位，就属于授权性的建筑行为。

正是由于有了上述法律的规定，建筑行为主体才明确了自己可以为、不得为和必须为的建筑行为，并以此指导或制约自己的行为，体现出建筑法规对具体建筑行为的规范和指导作用。

2. 保护合法建筑行为

建筑法规的作用不仅在于对建筑主体的行为加以规范和指导，还应对一切符合法规的建筑行为给予确认和保护。这种确认和保护一般是通过建筑法规的原则规定反映的。《建筑法》第4条规定，国家扶持建筑业的发展，支持建筑科学技术研究，提高房屋建筑设计水平，鼓励节约能源和保护环境，提倡采用先进技术、先进设备、先进工艺、新型建筑材料和现代管理方式；第 5 条规定，任何单位和个人都不得妨碍和阻挠依法进行的建筑活动，即属于保护合法建筑行为的规定。

3. 处罚违法建筑行为

建筑法规要实现对建筑行为的规范和指导作用，必须对违法建筑行为给予应有的处罚。否则，建筑法规所确定的法律制度由于得不到实施过程中强制手段的法律保障，就会变成无实际意义的规范。因此，建筑法规都有对违法建筑行为的处罚规定，如《建筑法》第 72 条指出，建设单位违反本法规定，要求建筑设计单位或者建筑施工企业违反建筑工程质量、安全标准，降低工程质量的，责令改正，可以处以罚款；构成犯罪的，依法追究刑事责任。

• 思政拓展学习 •

《中华人民共和国建筑法》（简称《建筑法》）于 1997 年 11 月 1 日由第八届全国人大常委会第二十八次会议通过，1998 年 3 月 1 日起施行。《建筑法》的作用在于规范指导建筑行为，保护合法建筑行为，处罚违法建筑行为，从而保护、巩固和发展社会主义的经济基础。《建筑法》创立了建筑许可制度、建筑工程发包与承包制度、建筑工程监理制度、建筑安全生产管理制度、建筑工程质量监督制度。

随着全球经济一体化的加快和加深、市场经济机制的发育和完善，以《建筑法》为龙头的我国的建筑法律法规已经形成了一套相对完善的体系，为我们的建筑业发展和国民经济建设保驾护航。

请同学们思考：

1. 学好建筑法规这门课程的重要性？

2. 如何提高自己遵法守法意识，提升建筑法律法规水平，将来在工程建设或其他工作中更好地发挥作用？

1.2 建筑法律关系

1.2.1 自然人和法人

法律关系是指由法律规范所确定和调整的人与人或人与社会之间的权利义务关系。这里的"人"，从法律意义讲，包括两种意义：一是指自然人，另一是指法人。

1. 自然人

自然人是基于出生而成为民事法律关系主体的有生命的人。自然人包括公民、外国人和无国籍的人。自然人作为民事法律关系的主体应当具有相应的民事权利能力和民事行为能力。民事权利能力是法律规定民事主体享有民事权利和承担民事义务的资格，自然人的民事权利能力始于出生，终于死亡，是国家法律直接赋予的。而民事行为能力是指民事主体以自己的行为参与民事法律关系，从而取得享受民事权利和承担民事义务的资格。法律行为主体只有取得了相应的民事权利能力和行为能力以后作出的民事行为法律才能认可。

根据 2020 年 5 月 28 日第十三届全国人民代表大会第三次会议通过的《中华人民共和国民法典》（以下简称《民法典》），自然人民事行为能力的类型有三种：

（1）完全民事行为能力人。这类人能够依自己的意志进行活动，独立享有权利、承担义务和责任。他们包括两种：①年满 18 周岁且智力与精神状态正常的成年人，可以独立进行民事活动，具有完全民事行为能力，可以独立进行民事活动，是完全民事行为能力人。②16 周岁以上不满 18 周岁的公民，以自己的劳动收入为主要生活来源的，视为完全民事行为能力人。

（2）限制民事行为能力人。这类人能够在法律许可的范围内或者经法定代理人同意，独立进行民事活动。他们也包括两种：①8 周岁以上的未成年人，这种人可以进行与他的年龄、智力相适应的民事活动。②不能完全辨认自己行为的精神病人，这种人可以进行与他的精神健康状况相适应的民事活动；其他民事活动由他的法定代理人代理，或者征得他的法定代理人的同意。

（3）无民事行为能力人。从理论上讲，这类人不能实施任何民事行为。他们也包括两种：①不满 8 周岁的未成年人，这种人由他的法定代理人代理民事活动。②不能辨认自己行为的精神病人，这种人也由他的法定代理人代理民事活动。

2. 法人

法人是具有民事权利能力和民事行为能力，依法独立享有民事权利和承担民事义务的组织。根据《民法典》，法人具有下列特点：①依法成立；②有自己的名称、组织机构、住所、财产或者经费。③法人的民事权利能力和民事行为能力，从法人成立时产生，到法人终止时消灭。④法人以其全部财产独立承担民事责任。

人们在社会生活中结成各种社会关系，当某一社会关系为法律规范所调整并在这一关系的参与者之间形成一定权利义务关系时，即构成法律关系。因此，法律关系是诸多社会关系中的一种特殊社会关系。

建筑法律关系则是由建筑法规所确认和调整的，在建筑业管理和建筑活动过程中所产生的具有相关权利、义务内容的社会关系。它是建筑法规与建筑领域中各种活动发生联系的途径，建筑法规是通过建筑法律关系来实现其调整相关社会关系的目的。

建筑法律关系由建筑法律关系主体、建筑法律关系客体和建筑法律关系内容所构成。

1.2.2　建筑法律关系的主体、客体和内容

1. 建筑法律关系主体

建筑法律关系主体是指参加建筑业活动，受建筑法律规范调整，在法律上享有权利和承担义务的当事人。建筑法律关系主体主要有自然人、法人和其他组织，包括发包方、承包方、相关中介组织等。

（1）发包方

发包方可以是房地产开发公司，也可以是工厂、学校、医院，还可以是个人或各级政府委托的资产管理部门。在我国建筑市场上发包方一般被称为建设单位或甲方。

（2）承包方

承包方是指有一定生产能力、机械设备、流动资金，具有承包工程建设任务的营业资格，在建筑市场中能够按照发包方的要求，提供不同形态的建筑产品，并最终得到相应工程价款的建筑企业。按照生产的主要形式，承包方主要有：勘察、设计单位，建筑安装施工企业，建筑装饰施工企业，混凝土构配件、非标准预制件等生产厂家，商品混凝土供应站，建筑机械租赁单位，以及专门提供建筑劳务的企业等。

（3）中介组织

中介组织是指具有相应的专业服务资质，在建筑市场中受发包方、承包方或政府管理机构的委托，对工程建设进行估算测量、咨询代理、建设监理等高智能服务，并取得服务费用的咨询服务机构等。如为工程建设服务的专业会计师事务所、律师事务所、资产与资信评估机构、公证机构，合同纠纷的仲裁调解机构，招标代理机构，工程技术咨询公司等。

2. 建筑法律关系客体

建筑法律关系客体是指建筑法律关系主体享有的权利和承担的义务所共同指向的事物。在通常情况下，建筑法律关系主体都是为了某一客体，彼此才设立一定的权利、义务，从而产生建筑法律关系，这里的权利、义务所指向的事物，便是建筑法律关系的客体。它既包括有形的产品——建筑物，也包括无形的产品——各种服务。客体凝聚着承包方的劳动，发包方则以投入资金的方式，来取得它的使用价值。在不同的生产交易阶段，建筑产品又表现为不同的形态。它可以是中介服务组织提供的咨询报告、咨询意见或其他服务；可以是勘察设计单位提供的设计方案、设计图纸和勘察报告；可以是生产厂家提供的混凝土构件、非标准预制件等产品；也可以是由施工企业提供的，一般也是最终的产品，即各种各样的建筑物、构筑物。

在法学理论上，一般将客体分为财、物、行为和非物质财富。建筑法律关系的客体也不外乎以下 4 类：

（1）表现为财的客体。财一般指资金及各种有价证券。在建筑法律关系中表现为财的客体主要是建设资金，如固定资产投资贷款合同的标的，即一定数量的货币。

（2）表现为物的客体。法律意义上的物是指可为人们控制和支配的并具有经济价值的生产资料和消费资料。在建筑法律关系中表现为物的客体主要是建筑材料，如钢材、木材、水泥等，以及由其构成的建筑物。另外还有建筑机械等设备。某个具体固定资产投资项目即是建筑法律关系中的客体。

（3）表现为行为的客体。作为法律关系客体的行为是指义务人所要完成的能满足权利人要求的结果。这种结果表现为两种：物化的结果与非物化的结果。

物化的结果指的是义务人的行为凝结于一定的物体，产生一定的物化产品。例如，房屋、道路等建设工程项目。

非物化的结果即承担义务人的行为没有转化为物化实体，而仅表现为一定的行为过程，最终产生了权利人所期望的法律效果。例如，企业对员工的培训行为。

（4）表现为非物质财富的客体。法律意义上的非物质财富是指人们脑力劳动的成果，智力方面的创作也称智力成果。例如，文学作品就是这种智力成果，也称为精神产品。在建筑法律关系中，如果设计单位提供的具有创造性的设计图纸，该设计单位依法享有专有权，使用单位未经允许不能无偿使用。

3. 建筑法律关系的内容

建筑法律关系的内容即是建筑法律关系的主体对他方享有的权利和负有的义务，这种内容要由相关的法律或合同来确定，它是连接主体的纽带。如开发权、所有权、经营权以及保证工程质量的经济义务和法律责任都是建筑法律关系的内容。

根据建筑法律关系主体地位不同，其权利义务关系表现为两种不同情况：一是基于主体双方地位平等基础上的对等的权利义务关系；二是在主体双方地位不平等基础上产生的不对等的权利义务关系，如政府有关部门对建设单位和施工企业依法进行的监督和管理活动所形成的法律关系。

我国建筑法规中大部分的规定都是建筑法律关系的内容。

1.2.3　建筑法律关系的产生、变更和终止

1. 建筑法律关系的产生

建筑法律关系的产生是指建筑法律关系的主体之间形成了一定的权利和义务关系。如某建设单位与施工单位签订了建筑工程承包合同，主体双方产生了相应的权利和义务。此时，受建筑法规调整的建筑法律关系即产生。

2. 建筑法律关系的变更

建筑法律关系的变更是指建筑法律关系的三个要素发生变化。

（1）主体变更

主体变更有两种表现形式：

1）主体数目发生变化。主体数目发生变化表现为主体的数目增加或者减少。例如，总承包商将所承揽的工程进行了分包，就导致了主体数目的增加。

2）主体的改变。主体改变也称为合同转让，由另一个新主体代替了原主体享有权利、承担义务。

（2）客体变更

客体变更是指建筑法律关系中权利义务所指向的事物发生变化。客体变更可以是其范围变更，也可以是其性质变更。

1）客体范围的变更。客体范围的变更表现为客体的规模、数量发生了变化。例如，由于设计变更，将某分项工程的工程量由 $200m^3$ 混凝土增加到了 $300m^3$。

2）客体性质的变更。客体性质的变更表现为原有的客体已经不复存在，而由新的客体代替了原来的客体。例如，由于设计变更，将原合同中的小桥改成了涵洞。

（3）内容变更

建筑法律关系主体与客体的变更，必然导致相应的权利和义务的变更，即内容的变

更。内容变更也有两种表现形式：

1) 权利增加。一方的权利增加，也就意味着另一方的义务的增加。例如，建设单位与施工单位之间经过协商修改了原合同，由施工单位提供监理工程师的办公场所。

2) 权利减少。一方的权利减少，也就意味着另一方义务的减少。例如，建设单位与施工单位之间经过协商约定，将原合同中的"定时支付工程款"修改为"达到一定的工程量后，支付工程款"，这就导致了施工单位请求工程款次数的权利减少。

3. 建筑法律关系的终止

建筑法律关系的终止是指建筑法律关系主体之间的权利和义务不复存在，彼此丧失了约束力。建筑法律关系的终止可以分为自然终止、协议终止和违约终止。

（1）自然终止。建筑法律关系自然终止是指某类建筑法律关系所规范的权利义务顺利得到履行，取得了各自的利益，从而使该法律关系达到完结。例如，施工单位按时竣工，建设单位也依合同支付了工程款，他们的法律关系就终止了，这就是自然终止。

（2）协议终止。建筑法律关系协议终止是指建筑法律关系主体之间协商解除某类建筑法律关系规范的权利或义务，致使该法律关系归于消灭。

（3）违约终止。建筑法律关系违约终止是指建筑法律关系主体一方违约，或发生不可抗力，致使某类建筑法律关系规范的权利不能实现。

1.3　建筑法律责任

建筑法律责任根据不同性质的违法行为划分为行政法律责任、民事法律责任和刑事法律责任。

1.3.1　行政法律责任

行政法律责任简称行政责任，是指行政法律关系的主体因违反行政法律规范，但尚未构成犯罪的违法行为而依法应承担的消极性法律后果。行政法律责任一般分为行政处分和行政处罚两类。

1. 行政处分

行政处分是国家行政机关、企事业单位对所属的国家工作人员违法失职行为尚未构成犯罪，依据法律法规所规定的权限而给予的一种惩戒，如《建设工程质量管理条例》第76条规定，国家机关工作人员在建设工程质量监督管理工作中玩忽职守、滥用职权、徇私舞弊，构成犯罪的，依法追究刑事责任；尚不构成犯罪的，依法给予行政处分。

行政处分的种类有：警告、记过、记大过、降级、撤职、开除。

2. 行政处罚

行政处罚是指特定的国家行政机关对违反行政管理法规的单位或者个人依法给予的

制裁。行政处罚是行政法律责任的核心，是国家法律责任制度的重要组成部分，是行政机关依法管理的重要手段之一。

在我国工程建设领域，对于建设单位、勘察、设计单位、施工单位、工程监理单位等参建单位而言，行政处罚是更为常见的行政责任形式。《中华人民共和国行政处罚法》是规范和调整行政处罚的设定和实施的法律依据。

《中华人民共和国行政处罚法》为了使行政处罚做到科学化、规范化，对目前法律、法规中的行政处罚依照上述标准进行规范，将行政处罚明确为 7 种：①警告；②罚款；③没收违法所得，没收非法财物；④责令停产停业；⑤暂扣或者吊销许可证，暂扣或者吊销执照；⑥行政拘留；⑦法律、行政法规规定的其他行政处罚。

1.3.2 民事法律责任

民事法律责任是指民事主体在民事活动中，因实施了民事违法行为，根据民法所应承担的对其不利的法律后果，或者基于法律特别规定而应承担的民事责任。民事责任的功能主要是一种民事救济手段，使受害人的被侵害的权益得以恢复。

1. 民事责任的种类

民事责任可以分为违约责任和侵权责任两类。

违约责任是指合同当事人违反法律规定或合同约定的义务所应承担的责任。侵权责任是指行为人因故意或过失而侵犯国家、集体、他人的合法权利，致使国家、集体或他人的财产权利或人身权利受到损害所应承担的民事法律后果；以及虽没有过错，但在造成损害以后，依法应承担的责任。

2. 民事责任的承担方式

《民法典》第 179 条规定，承担民事责任的方式主要有：①停止侵害；②排除妨碍；③消除危险；④返还财产；⑤恢复原状；⑥修理、重作、更换；⑦继续履行；⑧赔偿损失；⑨支付违约金；⑩消除影响、恢复名誉；⑪赔礼道歉。

3. 建设工程民事责任的主要承担方式

（1）返还财产

当建设工程施工合同无效或被撤销后，应当返还财产。执行返还财产的方式是折价返还，即承包人已经施工完成的工程，发包人按照"折价返还"的规则支付工程价款。主要是 2 种方式：一是参照无效合同中的约定价款；二是按当地市场价、定额量据实结算。

（2）修理

施工合同的承包人对施工中出现质量问题的建设工程或竣工验收不合格的建设工程，应当负责返修。

（3）赔偿损失

赔偿损失是指合同当事人由于不履行合同义务或者履行合同义务不符合约定，给对方造成财产上的损失时，由违约方依法或依照合同约定应承担的损害赔偿责任。

1.3.3 刑事法律责任

刑事法律责任简称刑事责任，是指行为人实施了《中华人民共和国刑法》（以下简称《刑法》）所禁止的犯罪行为而必须承担的法律后果。刑事责任是所有法律责任中最严厉的一种，其承担方式主要是刑罚。

1. 刑罚的种类

根据《刑法》，刑罚分为主刑和附加刑。

（1）主刑

主刑是基本的刑罚方法，只能独立适用，不能附加适用，对一个罪只能适用一个主刑，不能同时适用两个或两个以上的主刑。主刑有管制、拘役、有期徒刑、无期徒刑和死刑 5 种类型。

（2）附加刑

附加刑是既可以独立适用又可以附加于主刑适用的刑罚方法。对一个罪可以适用一个附加刑，也可以适用多个附加刑。附加刑包括：①罚金；②剥夺政治权利；③没收财产；④驱逐出境。

2. 建设工程领域的刑事法律责任

在建设工程领域常见的刑事法律责任如下：

（1）工程重大安全事故罪

《刑法》第 137 条规定，建设单位、设计单位、施工单位、工程监理单位违反国家规定，降低工程质量标准，造成重大安全事故的，对直接责任人员处 5 年以下有期徒刑或者拘役，并处罚金；后果特别严重的，处 5 年以上 10 年以下有期徒刑，并处罚金。

根据 2015 年 12 月颁布的《最高人民法院、最高人民检察院关于办理危害生产安全刑事案件适用法律若干问题的解释》，发生安全事故，具有下列情形之一的，应当认定为"造成重大安全事故"：①造成死亡 1 人以上，或者重伤 3 人以上的；②造成直接经济损失 100 万元以上的；③其他造成严重后果或者重大安全事故的情形。

（2）重大劳动安全事故罪

《刑法》第 135 条规定，安全生产设施或者安全生产条件不符合国家规定，因而发生重大伤亡事故或者造成其他严重后果的，对直接负责的主管人员和其他直接责任人员，处 3 年以下有期徒刑或者拘役；情节特别恶劣的，处 3 年以上 7 年以下有期徒刑。

根据《最高人民法院、最高人民检察院关于办理危害生产安全刑事案件适用法律若干问题的解释》，发生安全事故，具有下列情形之一的，应当认定为"发生重大伤亡事故或者造成其他严重后果"：①造成死亡 1 人以上，或者重伤 3 人以上的；②造成直接经济损失 100 万元以上的；③其他造成严重后果或者重大安全事故的情形。

（3）重大责任事故罪

《刑法》第 134 条规定，在生产、作业中违反有关安全管理的规定，因而发生重大伤亡事故或者造成其他严重后果的，处 3 年以下有期徒刑或者拘役；情节特别恶劣的，处 3 年以上 7 年以下有期徒刑。

强令他人违章冒险作业，因而发生重大伤亡事故或者造成其他严重后果的，处 5 年以下有期徒刑或者拘役；情节特别恶劣的，处 5 年以上有期徒刑。

根据《最高人民法院、最高人民检察院关于办理危害生产安全刑事案件适用法律若干问题的解释》，明知存在事故隐患，继续作业存在危险，仍然违反有关安全管理的规定，实施下列行为之一的，应当认定为刑法第 134 条第二款规定的"强令他人违章冒险作业"：①利用组织、管理、指挥职权，强制他人违章作业的；②采取威逼、胁迫、恐吓等手段，强制他人违章作业的；③故意掩盖事故隐患，组织他人违章作业的；④其他强令他人违章作业的行为。

（4）串通投标罪

《刑法》第 223 条规定，投标人相互串通投标报价，损害招标人或者其他投标人利益，情节严重的，处 3 年以下有期徒刑或者拘役，并处或者单处罚金。

投标人与招标人串通投标，损害国家、集体、公民的合法利益的，依照前款的规定处罚。

复习与应用练习题

1. 单项选择题

（1）行政法规的制定主体是（　　）。

A. 全国人民代表大会　　　　　　B. 国务院

C. 全国人民代表大会常务委员会　　D. 最高人民法院

（2）下列规范性文件中，效力最低的是（　　）。

A. 行政法规　　　　　　　　　　B. 地方政府规章

C. 地方性法规　　　　　　　　　D. 法律

（3）地方性法规与部门规章之间对同一事项的规定不一致，不能确定如何适用时，由（　　）提出意见，其认为应当适用地方性法规的，应当决定在该地方适用地方性法规的规定。

A. 全国人民代表大会　　　　　　B. 国家发展改革委

C. 全国人民代表大会常务委员会　　D. 国务院

（4）发电厂甲与施工单位乙签订了价款为 5000 万元的固定总价建设工程承包合同，则这笔 5000 万元工程价款是（　　）。

A. 建筑法律关系主体　　　　　　B. 建筑法律关系客体

C. 建筑法律关系内容中的义务　　D. 建筑法律关系内容中的权利

（5）消费者王某从某房地产开发公司开发的小区购买别墅一栋，半年后发现屋顶漏水，于是向该公司提出更换别墅。在这个案例中，法律关系的主体是（　　）。

A. 该小区　　　　　　　　　　　B. 王某购买的别墅

C. 别墅的屋顶　　　　　　　　　D. 王某和该房地产开发公司

（6）某工程施工中出现重大安全事故，建设行政主管部门对有关监理公司作出的行政处罚不能包括（　　）。

A. 罚款　　　　　　　　　　　　B. 责令停工

C. 吊销资质证书　　　　　　　　D. 行政处分

（7）某开发商在 A 大型商场项目的开发建设中，违反国家规定，擅自降低工程质量标准，因而造成重大安全事故。该事故责任主体应该承担的刑事责任是（　　　）。

A. 重大责任事故罪   B. 重大劳动安全事故罪

C. 串通投标罪   D. 工程重大安全事故罪

2. 多项选择题

（1）下列国家机关中，有权制定地方性法规的有（　　　）。

A. 省、自治区、直辖市的人民代表大会及其常委会

B. 省、自治区、直辖市的人民政府

C. 省级人民政府所在地的市级人民代表大会及其常委会

D. 省级人民政府所在地的市级人民政府

E. 国务院各部委

（2）民事法律关系的主体包括（　　　）。

A. 法人   B. 债务

C. 权利义务   D. 行为

E. 自然人

（3）建筑法律关系的内容是指（　　　）。

A. 法律权利   B. 客体

C. 标的   D. 价款

E. 法律义务

（4）建筑法律关系的变更包括（　　　）。

A. 合同形式的变更   B. 建筑法律关系主体的变更

C. 建筑法律关系客体的变更   D. 纠纷解决方式的变更

E. 建筑法律关系内容的变更

（5）法律意义上的非物质财富是指人们脑力劳动的成果或智力方面的创作，也称智力成果。下列选项中属于非物质财富的是（　　　）。

A. 股票   B. 太阳光

C. 建筑设计图纸   D. 建筑材料的商标

E. 100 元人民币

（6）下列责任中，属于行政处罚的有（　　　）。

A. 责令停产停业   B. 罚金

C. 暂扣或者吊销执照   D. 赔偿损失

E. 行政拘留

（7）与工程建设相关的刑事犯罪有（　　　）。

A. 重大责任事故罪   B. 受贿罪

C. 重大劳动安全事故罪   D. 渎职罪

E. 工程重大安全事故罪

（8）工程重大安全事故罪是指（　　　）违反国家规定，降低工程质量标准，造成重大安全事故的行为。

A. 建设单位   B. 设计单位

C. 管理单位   D. 施工单位

E. 工程监理单位

（9）重大劳动安全事故犯罪客观方面表现为（   ）的行为。

A. 违反劳动规定   B. 违反国家规定

C. 降低工程质量标准   D. 安全生产设施不符合国家规定

E. 安全生产条件不符合国家规定

3. 简答题

（1）建筑法规有哪些表现形式？它有什么作用？我国目前现行的建筑法规主要由哪些法律规范组成？

（2）什么是建筑法律关系？简述建筑法律关系的主体、客体和内容。

（3）建筑法律责任主要有哪几种形式？什么是行政责任、民事责任、刑事责任？它们又各分为哪几种类型？

教学单元2

建筑许可法规

【**教学目标**】通过本单元学习，使学生了解申领施工许可证的条件，施工许可证的有效期与延期，建筑活动从业单位的条件；熟悉建设工程勘察、设计、施工、监理、工程造价咨询、城市规划编制单位的资质等级及其业务范围，注册建造师、注册监理工程师、注册造价工程师的报考条件和注册内容；掌握办理施工许可证或开工报告中的违法行为及其法律责任，涉及企业资质方面的违法行为及其法律责任，注册建造师等注册人员在注册、执业中的违法行为和法律责任；能处理施工许可证的申请与日常管理，能解释不同等级的建设工程企业的类别及等级的含义，能处理各类建设工程企业资质等级的申请与日常管理。

2.1　建筑工程施工许可

建筑许可制度是《建筑法》中明确规定的一项基本制度。建筑许可包括建筑工程施工许可和从业资格许可两个方面。实行建筑许可制度，有利于保证开工建设的工程符合法定条件并在开工后能够顺利进行，有利于建设行政主管部门对在建项目实施有效的监督管理，有利于确保从事建筑活动的单位和人员的素质，提高建设工程的质量。

2.1.1　施工许可证的申请主体与范围

1. 施工许可证的申请主体

根据《建筑法》，建设单位应当按照国家有关规定向工程所在地县级以上人民政府建设行政主管部门申请领取施工许可证。

建设单位（又称业主或项目法人）是建设项目的投资者，为建设项目开工和施工单位进场做好各项前期准备工作，是建设单位应尽的义务。因此，施工许可证的申请领取，应该是由建设单位负责，而不是施工单位或者其他单位。

2. 申领施工许可证的范围

申领施工许可证的范围，是指什么情况下的建筑工程需要领取施工许可证。

根据《建筑法》和《建筑工程施工许可管理办法》，除下列六类工程不需要办理施工许可证外，其余所有在我国境内的从事各类房屋建筑及其附属设施的建造、装修装饰和与其配套的线路、管道、设备的安装，以及城镇市政基础设施工程的施工，建设单位在开工前应当依照规定，向工程所在地的县级以上地方人民政府住房和城乡建设主管部门（以下简称发证机关）申请领取施工许可证。

这六类工程是：

（1）国务院建设行政主管部门确定的限额以下的小型工程

《建筑工程施工许可管理办法》第 2 条规定，工程投资额在 30 万元以下，或者建筑面积在 300m² 以下的建筑工程，可以不申请办理施工许可证。省、自治区、直辖市人民政府住房城乡建设行政主管部门可以根据当地的实际情况，对限额进行调整，并报国务院建设行政主管部门备案。

（2）作为文物保护的建筑工程

《建筑法》第 83 条规定，依法核定作为文物保护的纪念建筑物和古建筑等的修缮，依照文物保护的有关法律规定执行。

（3）抢险救灾工程

由于此类工程的特殊性，《建筑法》第 83 条同样规定此类工程开工前不需要申请施工许可证。

（4）临时性房屋建筑和农民自建低层住宅

工程建设中经常会出现临时性房屋建筑，如工人的宿舍、食堂等。这些临时性建筑由于其生命周期短，《建筑法》也规定此类工程不需要申请施工许可证。农民自建的低层住宅，由于其建筑规模较小，也没有必要申请施工许可证。

（5）军用房屋建筑

由于此类工程涉及军事秘密，不宜过多公开信息，《建筑法》第84条明确规定：军用房屋建筑工程建筑活动的具体管理办法，由国务院、中央军事委员会依据本法制定。

（6）按照国务院规定的权限和程序批准开工报告的建筑工程

此类工程开工的前提是已经有经批准的开工报告，而不是施工许可证。因此，此类工程自然是不需要申请施工许可证的。

从以上的规定中可以看出，并不是所有的建筑工程都必须申请领取施工许可证，而只是对投资额较大、结构较复杂的工程，才领取施工许可证。限定领取施工许可证的范围，一是考虑我国正在进行大规模的经济建设，工程建设的任务繁重，如果工程不分大小均要领取施工许可证，既无必要，也难以做到；二是考虑要突出政府对工程管理的重点，提高行政办事效率；三是避免与开工报告重复审批。

2.1.2　建筑工程施工许可证的申领条件

施工许可证的申领条件，是指申请领取施工许可证应当达到的要求。

根据《建筑法》，建设单位申请领取施工许可证，须具备下列条件：

1. 已经办理该建筑工程用地批准手续

办理用地批准手续是建筑工程依法取得的土地使用权的必经程序，只有依法取得土地使用权，建筑工程才能开工。

2. 依法应当办理建设工程规划许可证的，已经取得建设工程规划许可证

所谓规划许可证，是指建设单位在向土地管理部门申请征用或划拨土地前，持有关批准文件向城乡规划行政主管部门提出申请，由城乡规划行政主管部门颁发的允许工程建设的证件。规划许可证包括建设用地规划许可证和建设工程规划许可证。

3. 需要拆迁的，其拆迁进度符合施工要求

对在城市旧区进行建筑工程的新建、扩建和改建，拆迁是施工准备的一项重要任务。对成片进行综合开发的，应根据建筑工程建设计划，在满足施工要求的前提下，分期分批进行拆迁。拆迁必须按计划和施工进度要求进行，过迟或过早，都会造成损失和浪费。

4. 已经确定建筑施工企业

在工程开工前，建设单位必须已依法通过招标发包或直接发包的方式确定具备同该工程建设规模和技术要求等相适应的资质条件的建筑施工企业。

按照规定应当招标的工程没有招标，应当公开招标的工程没有公开招标，或者肢解发包工程，以及将工程发包给不具备相应资质条件的企业的，所确定的施工企业无效。

5. 有满足施工需要的资金安排、施工图纸和技术资料

建设资金是建筑工程开工后顺利实施的关键。施工图纸和技术资料是建筑工程进行

施工的必备条件。

6. 有保证工程质量和安全的具体措施

施工企业编制的施工组织设计中有根据建筑工程特点制定的相应质量、安全技术措施。建立工程质量安全责任制并落实到人。专业性较强的工程项目编制了专项质量、安全施工组织设计，并按照规定办理了工程质量、安全监督手续。

另外，根据《中华人民共和国消防法》（以下简称《消防法》），除国务院住房和城乡建设主管部门规定的特殊建设工程以外的其他建设工程，建设单位申请领取施工许可证或者申请批准开工报告时应当提供满足施工需要的消防设计图纸及技术资料。建设单位未提供满足施工需要的消防设计图纸及技术资料的，有关部门不得发放施工许可证或者批准开工报告。

根据《建设工程质量管理条例》，建设单位在开工前，应当按照国家有关规定办理工程质量监督手续，工程质量监督手续可以与施工许可证或者开工报告合并办理。

《建筑法》规定，建设行政主管部门应当自收到申请之日起 7 日内，对符合条件的申请颁发施工许可证。

2.1.3 申请办理施工许可证的程序

1. 建设单位要取得施工许可证，必须先提出申请

建设单位又称业主或项目法人，是指建设项目的投资者。做好各项施工准备工作，是建设单位应尽的义务。因此，施工许可证的申领，应当由建设单位来承担，而不是施工单位或其他单位。

建设单位申请领取施工许可证的工程名称、地点、规模，应当与依法签订的施工承包合同一致。

2. 申请办理施工许可证的程序

根据《建筑法》和《建筑工程施工许可管理办法》，建设单位在提出申请办理施工许可证时，应当按照下列程序进行：

（1）建设单位向有权颁发施工许可证的建设行政主管部门领取《建筑工程施工许可证申请表》。

（2）建设单位持加盖单位及法定代表人印鉴的《建筑工程施工许可证申请表》，并附上规定的证明文件，向发证机关提出申请。

（3）发证机关在收到建设单位报送的《建筑工程施工许可证申请表》和所附证明文件后，要对申请进行认真全面的审查，对于符合条件的，应当自收到申请之日起 7 日内颁发施工许可证；对于证明文件不齐全或者失效的，应当当场或者 5 日内一次告知建设单位需要补正的全部内容，审批时间可以自证明文件补正齐全后作相应顺延；对于不符合条件的，应当自收到申请之日起 7 日内书面通知建设单位，并说明理由。

建筑工程在施工过程中，建设单位或者施工单位发生变更的，应当重新申请领取施工许可证。

施工许可证不得伪造和涂改。施工许可证应当放置在施工现场备查。

2.1.4 施工许可证（开工报告）的管理

颁发给建设单位施工许可证意味着认可了建设单位的开工条件。当这些条件面临变化的情况下，就存在不再符合开工条件的可能，因此就要废止施工许可证或者对其重新进行核验。

1. 施工许可证的有效期与延期

建设单位应当自领取施工许可证之日起3个月内开工。因故不能按期开工的，应当在期满前向发证机关申请延期，并说明理由；延期以两次为限，每次不超过3个月。既不开工又不申请延期或者超过延期次数、时限的，施工许可证自行废止。

2. 施工许可证应当放置在施工现场备查

建设单位申请领取施工许可证的工程名称、地点、规模，应当符合依法签订的施工承包合同。

施工许可证应当放置在施工现场备查，并按规定在施工现场公开。

3. 核验施工许可证的规定

《建筑工程施工许可管理办法》规定，在建的建筑工程因故中止施工的，建设单位应当自中止施工之日起1个月内向发证机关报告，报告内容包括中止施工的时间、原因、在施部位、维修管理措施等，并按照规定做好建筑工程的维护管理工作。

建筑工程恢复施工时，应当向发证机关报告；中止施工满1年的工程恢复施工前，建设单位应当报发证机关核验施工许可证。

4. 重新办理开工报告的批准手续的规定

【案例2-1】伪造施工许可证案

按照国务院有关规定批准开工报告的建筑工程，因故不能按期开工或者中止施工的，应当及时向批准机关报告情况。因故不能按期开工超过6个月的，应当重新办理开工报告的批准手续。

按照国务院有关规定批准开工报告的建筑工程，一般都属于大中型建设项目。对于这类工程因故不能按期开工或者中止施工的，在审查和管理上更应该严格。

· 课程思政拓展思考 ·

2020年8月，廊坊市住房和城乡建设局发布的行政处罚案件信息公示表显示，某钢构有限公司施工的某项目（1号、2号、3号、27—A1号、27—A2号、27—A3号、27—A4号、地库）工程，存在未对现场的进场工人进行安全教育和培训，特种作业人员无证上岗的违法行为。此外，还存在未依法办理施工许可证擅自施工等行为。

请同学们思考：

1. 对进场工人进行安全教育和培训的重要性？

2. 不遵纪守法，无施工许可证擅自施工的危害？

2.2 从业单位资格许可

从业单位资格许可包括从业单位的条件和从业单位的资质。为了建立和维护建筑市场的正常秩序，确立进入建筑市场从事建筑活动的准入规则，《建筑法》第12条和第13条规定了从事建筑活动的建筑施工企业、勘察单位、设计单位、工程监理单位进入建筑市场应当具备的条件和资质审查制度。住房和城乡建设部令第12号、第50号规定了城乡规划编制单位和工程造价咨询企业进入建筑市场应当具备的条件和资质审查制度。

2.2.1 从业单位的条件

建筑活动不同于一般的经济活动，从业单位条件的高低直接影响建筑工程质量和建筑安全生产。因此，从事建筑活动的单位必须符合严格的资格条件。

根据建筑法的规定，从事建筑活动的建筑施工企业、勘察单位、设计单位和工程监理单位，应当具备下列条件：

1. 有符合国家规定的注册资本

注册资本反映的是企业法人的财产权，也是判断企业经济力量的依据之一。建筑从业单位的注册资本必须适应从事建筑活动的需要，不得低于某限额。

（1）根据《建筑业企业资质管理规定》（住房和城乡建设部令第45号）：

1）施工总承包企业注册资本的最低限额：一级企业净资产1亿元以上；二级企业净资产4000万元以上；三级企业净资产800万元以上。

2）工程勘察设计单位注册资本的最低限额为：

① 工程勘察综合类资质注册资本金不少于800万元；工程勘察专业类甲级资质注册资本金不少于150万元，乙级不少于80万元，丙级不少于50万元。

② 工程设计综合类资质注册资本金不少于6000万元；工程设计行业类甲级资质注册资本金不少于600万元，乙级不少于300万元，丙级不少于100万元；工程设计专业类甲级资质注册资本金不少于300万元，乙级不少于100万元，丙级不少于50万元。

3）工程监理单位注册资本的最低限额：工程监理综合类资质注册资本金不少于600万元；工程监理专业类甲级资质注册资本金不少于300万元，乙级不少于100万元，丙级不少于50万元。

（2）《工程造价咨询企业管理办法》（住房和城乡建设部令第50号）对工程造价咨询单位注册资本的最低限额作出的规定是：

甲级工程造价咨询企业近3年工程造价咨询营业收入累计不低于人民币500万元；乙级工程造价咨询企业不低于人民币50万元。

2. 有与其从事的建筑活动相适应的具有法定执业资格的专业技术人员

建筑活动是一种涉及公民生命和财产安全的一种特殊活动，因而从事建筑活动的建筑施工企业、勘察单位、设计单位和工程监理单位必须有与其从事的建筑活动相适应的专业技术人员，且这些专业技术人员，还必须有法定执业资格。这种法定执业资格必须依法通过考试和注册才能取得。例如施工总承包企业一级资质要求：建筑工程、机电工程专业一级注册建造师合计不少于 12 人，其中建筑工程专业一级注册建造师不少于 9 人。

3. 有从事相关建筑活动所应有的技术装备

建筑活动具有专业性强、技术性强的特点，没有相应的技术装备无法进行。如从事建筑施工活动，必须有相应的施工机械设备与质量检验测试手段；从事勘察设计活动的建筑施工企业、勘察单位、设计单位和工程监理单位必须有从事相关建筑活动所应有的技术装备。没有相应技术装备的单位，不得从事建筑活动。

4. 法律、行政法规的其他条件

建筑施工企业、勘察单位、设计单位和工程监理单位，除了应具备以上三项条件外，还必须具备从事经营活动所应具备的其他条件，如根据《民法典》第 58 条的规定，法人应当有自己的名称、组织机构、住所、财产或者经费。根据《公司法》第 11 条、第 12 条的规定，设立公司必须依法制定公司章程。公司的经营范围由公司章程规定，并依法登记。公司可以修改公司章程，改变经营范围，但是应当办理变更登记。

这里需要指出的是"其他条件"仅指法律、行政法规规定的条件，不包括部门规章、地方性法规和规章及其他规范性文件的规定，因为涉及市场准入规则的问题，应当由法律、行政法规作出统一的规定。

2.2.2 建筑施工企业从业资质管理制度

《建筑法》第 13 条对从事建筑活动的各类单位作出了必须进行资质审查的明确规定：从事建筑活动的建筑施工企业、勘察单位、设计单位和工程监理单位，按照其拥有的注册资本、专业技术人员、技术装备和已完成的建筑工程业绩等资质条件，划分不同的资质等级，经资质审查合格，取得相应等级资质证书后，方可在其资质等级许可的范围内从事建筑活动。从而在法律上确定了从业单位资质管理制度。

住房和城乡建设部令第 45 号（2018 年 12 月 22 日）发布了修改《建筑业企业资质管理规定》《建设工程勘察设计资质管理规定》《工程监理企业资质管理规定》的决定；住房和城乡建设部令第 50 号（2020 年 2 月 19 日）发布了修改《工程造价咨询企业管理办法》的决定，均自发布之日起施行。

以上法规的发布施行，对建筑施工企业、勘察设计企业、工程监理企业和工程造价咨询企业的资质等级与标准、申请与审批、监督与管理、业务范围等作出了明确规定。

1. 资质序列、资质类别、资质等级和工程承接范围

根据《建筑业企业资质管理规定》，建筑业企业应当按照其拥有的注册资本、专业技术人员、技术装备和已完成的建筑工程业绩等条件申请资质，经审查合格，取得建筑

业企业资质证书后，方可在资质许可的范围内从事建筑施工活动。根据《建筑业企业资质标准》，建筑业企业资质的序列、类别和等级如下：

（1）资质序列

建筑业企业资质分为施工总承包、专业承包和施工劳务 3 个序列。

（2）资质类别和等级

施工总承包资质、专业承包资质、施工劳务资质这 3 个序列的建筑业企业按照各自的工程性质和技术特点分别划分为若干资质类别。

1）施工总承包企业资质划分为 12 个资质类别，一般分为 4 个等级（特级、一级、二级、三级）。

2）专业承包企业资质设有 36 个类别，一般分为 3 个等级（一级、二级、三级）。

3）施工劳务序列不分类别和等级。

（3）工程承接范围

各个序列的建筑业企业资质工程承接范围见表 2-1。

建筑业企业资质序列划分及工程承接范围　　　　表 2-1

资质序列	工程承接范围	
施工总承包	可以从事资质证书许可范围内的相应工程总承包、工程项目管理等业务	可以对所承接的施工总承包工程内各专业工程全部自行施工，也可以将专业工程或劳务作业依法分包给具有相应资质的专业承包企业或劳务分包企业
专业承包	可以承接施工总承包企业分包的专业工程和建设单位依法发包的专业工程	可以对所承接的专业工程全部自行施工，也可以将劳务作业依法分包给具有相应资质的劳务分包企业
施工劳务	可以承接施工总承包企业或专业承包企业分包的劳务作业	

2. 资质标准

下面以施工总承包序列资质标准为例进行介绍。

施工总承包序列设有 12 个类别，分别是：建筑工程施工总承包、公路工程施工总承包、铁路工程施工总承包、港口与航道工程施工总承包、水利水电工程施工总承包、电力工程施工总承包、矿山工程施工总承包、冶金工程施工总承包、石油化工工程施工总承包、市政公用工程施工总承包、通信工程施工总承包、机电工程施工总承包。

限于篇幅，下面仅介绍建筑工程施工总承包资质标准。

建筑工程施工总承包资质分为特级、一级、二级、三级。

建筑工程施工总承包资质标准由企业资产、企业主要人员和企业工程业绩三部分组成。

（1）建筑工程施工总承包特级资质标准

1）企业资信能力

① 企业注册资本金 3 亿元以上。

② 企业净资产 3.6 亿元以上。

③ 企业近三年上缴建筑业营业税均在 5000 万元以上。

④ 企业银行授信额度近三年均在 5 亿元以上。

2）企业主要管理人员和专业技术人员要求

① 企业经理具有 10 年以上从事工程管理工作经历。

② 技术负责人具有 15 年以上从事工程技术管理工作经历，且具有工程序列高级职称及一级注册建造师或注册工程师执业资格；主持完成过两项及以上施工总承包一级资质要求的代表工程的技术工作或甲级设计资质要求的代表工程或合同额 2 亿元以上的工程总承包项目。

③ 财务负责人具有高级会计师职称及注册会计师资格。

④ 企业具有注册一级建造师（一级项目经理）50 人以上。

⑤ 企业具有本类别相关的行业工程设计甲级资质标准要求的专业技术人员。

3）科技进步水平

① 企业具有省部级（或相当于省部级水平）及以上的企业技术中心。

② 企业近三年科技活动经费支出平均达到营业额的 0.5％以上。

③ 企业具有国家级工法 3 项以上；近五年具有与工程建设相关的，能够推动企业技术进步的专利 3 项以上，累计有效专利 8 项以上，其中至少有一项发明专利。

④ 企业近十年获得过国家级科技进步奖项或主编过工程建设国家或行业标准。

⑤ 企业已建立内部局域网或管理信息平台，实现了内部办公、信息发布、数据交换的网络化；已建立并开通了企业外部网站；使用了综合项目管理信息系统和人事管理系统、工程设计相关软件，实现了档案管理和设计文档管理。

4）企业工程业绩

近 5 年承担过下列 5 项工程总承包或施工总承包项目中的 3 项，工程质量合格。

① 高度 100m 以上的建筑物；

② 28 层以上的建筑工程；

③ 单体建筑面积 5 万 m^2 以上建筑工程；

④ 钢筋混凝土结构单跨 30m 以上的建筑工程或钢结构单跨 36m 以上建筑工程；

⑤ 单项建安合同额 2 亿元以上的建筑工程。

（2）建筑工程施工总承包一级资质标准

1）企业资产：净资产 1 亿元以上。

2）企业主要人员

① 建筑工程、机电工程专业一级注册建造师合计不少于 12 人，其中建筑工程专业一级注册建造师不少于 9 人。

② 技术负责人具有 10 年以上从事工程施工技术管理工作经历，且具有结构专业高级职称；建筑工程相关专业中级以上职称人员不少于 30 人，且结构、给水排水、暖通、电气等专业齐全。

③ 持有岗位证书的施工现场管理人员不少于 50 人，且施工员、质量员、安全员、机械员、造价员、劳务员等人员齐全。

④ 经考核或培训合格的中级工以上技术工人不少于 150 人。

3) 企业工程业绩

近 5 年承担过下列 4 类中的 2 类工程的施工总承包或主体工程承包，工程质量合格。

① 地上 25 层以上的民用建筑工程 1 项或地上 18～24 层的民用建筑工程 2 项。

② 高度 100m 以上的构筑物工程 1 项或高度 80～100m（不含）的构筑物工程 2 项。

③ 建筑面积 3 万 m^2 以上的单体工业、民用建筑工程 1 项或建筑面积 2 万～3 万 m^2（不含）的单体工业、民用建筑工程 2 项。

④ 钢筋混凝土结构单跨 30m 以上（或钢结构单跨 36m 以上）的建筑工程 1 项或钢筋混凝土结构单跨 27～30m（不含）［或钢结构单跨 30～36m（不含）］的建筑工程 2 项。

（3）建筑工程施工总承包二级资质标准

1) 企业资产：净资产 4000 万元以上。

2) 企业主要人员

① 建筑工程、机电工程专业注册建造师合计不少于 12 人，其中建筑工程专业注册建造师不少于 9 人。

② 技术负责人具有 8 年以上从事工程施工技术管理工作经历，且具有结构专业高级职称或建筑工程专业一级注册建造师执业资格；建筑工程相关专业中级以上职称人员不少于 15 人，且结构、给水排水、暖通、电气等专业齐全。

③ 持有岗位证书的施工现场管理人员不少于 30 人，且施工员、质量员、安全员、机械员、造价员、劳务员等人员齐全。

④ 经考核或培训合格的中级工以上技术工人不少于 75 人。

3) 企业工程业绩

近 5 年承担过下列 4 类中的 2 类工程的施工总承包或主体工程承包，工程质量合格。

① 地上 12 层以上的民用建筑工程 1 项或地上 8～11 层的民用建筑工程 2 项。

② 高度 50m 以上的构筑物工程 1 项或高度 35～50m（不含）的构筑物工程 2 项。

③ 建筑面积 1 万 m^2 以上的单体工业、民用建筑工程 1 项或建筑面积 0.6～1m^2（不含）的单体工业、民用建筑工程 2 项。

④ 钢筋混凝土结构单跨 21m 以上（或钢结构单跨 24m 以上）的建筑工程 1 项或钢筋混凝土结构单跨 18～21m（不含）［或钢结构单跨 21～24m（不含）］的建筑工程 2 项。

（4）建筑工程施工总承包三级资质标准

1) 企业资产：净资产 800 万元以上。

2) 企业主要人员

① 建筑工程、机电工程专业注册建造师合计不少于 5 人，其中建筑工程专业注册建造师不少于 4 人。

② 技术负责人具有 5 年以上从事工程施工技术管理工作经历，且具有结构专业中级以上职称或建筑工程专业注册建造师执业资格；建筑工程相关专业中级以上职称人员不少于 6 人，且结构、给水排水、电气等专业齐全。

③ 持有岗位证书的施工现场管理人员不少于 15 人，且施工员、质量员、安全员、机械员、造价员、劳务员等人员齐全。

④ 经考核或培训合格的中级工以上技术工人不少于 30 人。

⑤ 技术负责人（或注册建造师）主持完成过本类别资质二级以上标准要求的工程业绩不少于 2 项。

（5）承包工程范围

1）取得施工总承包特级资质的企业可承担本类别各等级工程的工程总承包、施工总承包和项目管理业务。

2）一级资质可承担单项合同额 3000 万元以上的下列建筑工程的施工：①高度 200m 以下的工业、民用建筑工程；②高度 240m 以下的构筑物工程。

3）二级资质可承担下列建筑工程的施工：①高度 100m 以下的工业、民用建筑工程；②高度 120m 以下的构筑物工程；③建筑面积 4 万 m^2 以下的单体工业、民用建筑工程；④单跨跨度 39m 以下的建筑工程。

4）三级资质可承担下列建筑工程的施工：①高度 50m 以下的工业、民用建筑工程；②高度 70m 以下的构筑物工程；③建筑面积 1.2 万 m^2 以下的单体工业、民用建筑工程；④单跨跨度 27m 以下的建筑工程。

3. 资质许可

建筑业企业资质许可包括资质申请和审批，资质升级和资质增项，资质证书延续、资质证书变更等。

（1）资质申请和审批

建筑业企业可以申请一项或多项建筑业企业资质。企业首次申请或增项申请资质，应当申请最低等级资质。企业发生合并、分立、重组以及改制等事项，需承继原建筑业企业资质的，应当申请重新核定建筑业企业资质等级。

资质申请和审批根据管理机构的管辖权限实行分级申请和审批。

1）下列建筑业企业资质，由国务院住房城乡建设主管部门许可：①施工总承包资质序列特级资质、一级资质及铁路工程施工总承包二级资质；②专业承包资质序列公路、水运、水利、铁路、民航方面的专业承包一级资质及铁路、民航方面的专业承包二级资质；涉及多个专业的专业承包一级资质。

2）下列建筑业企业资质，由企业工商注册所在地省、自治区、直辖市人民政府住房城乡建设主管部门许可：①施工总承包资质序列二级资质及铁路、通信工程施工总承包三级资质；②专业承包资质序列一级资质（不含公路、水运、水利、铁路、民航方面的专业承包一级资质及涉及多个专业的专业承包一级资质）；③专业承包资质序列二级资质（不含铁路、民航方面的专业承包二级资质）；铁路方面专业承包三级资质；特种工程专业承包资质。

3）下列建筑业企业资质，由企业工商注册所在地设区的市人民政府住房城乡建设主管部门许可：①施工总承包资质序列三级资质（不含铁路、通信工程施工总承包三级资质）；②专业承包资质序列三级资质（不含铁路方面专业承包资质）及预拌混凝土、模板脚手架专业承包资质；③施工劳务资质；④燃气燃烧器具安装、维修企业资质。

企业申请建筑业企业资质，应当如实提交有关申请材料。资质许可机关收到申请材料后，应当按照《中华人民共和国行政许可法》的规定办理受理手续。

企业申请建筑业企业资质，应在资质许可机关的官方网站或审批平台上提出申请，提交资金、专业技术人员、技术装备和已完成业绩等电子材料。

（2）资质升级和资质增项

取得建筑业企业资质的企业，申请资质升级、资质增项，需填写"建筑业企业资质升级（增项）申请表"。主要内容包括：①企业基本情况；②升级（增项）资质企业主要承担过的建设项目及质量；③审查审批意见。

取得建筑业企业资质的企业，申请资质升级、资质增项，在申请之日起前一年至资质许可决定作出前，有下列情形之一的，资质许可机关不予批准其建筑业企业资质升级申请和增项申请：

1）超越本企业资质等级或以其他企业的名义承揽工程，或允许其他企业或个人以本企业的名义承揽工程的；

2）与建设单位或企业之间相互串通投标，或以行贿等不正当手段谋取中标的；

3）未取得施工许可证擅自施工的；

4）将承包的工程转包或违法分包的；

5）违反国家工程建设强制性标准施工的；

6）恶意拖欠分包企业工程款或者劳务人员工资的；

7）隐瞒或谎报、拖延报告工程质量安全事故，破坏事故现场、阻碍对事故调查的；

8）按照国家法律、法规和标准规定需要持证上岗的现场管理人员和技术工种作业人员未取得证书上岗的；

9）未依法履行工程质量保修义务或拖延履行保修义务的；

10）伪造、变造、倒卖、出租、出借或者以其他形式非法转让建筑业企业资质证书的；

11）发生过较大以上质量安全事故或者发生过两起以上 ·般质量安全事故的；

12）其他违反法律、法规的行为。

（3）资质的延续

建筑业企业资质证书有效期届满，企业继续从事建筑施工活动的，应当于资质证书有效期届满 3 个月前，向原资质许可机关提出延续申请。

资质许可机关应当在建筑业企业资质证书有效期届满前作出是否准予延续的决定；逾期未作出决定的，视为准予延续。

（4）资质的变更

1）企业在建筑业企业资质证书有效期内名称、地址、注册资本、法定代表人等发生变更的，应当在工商部门办理变更手续后1个月内办理资质证书变更手续。

2）由国务院住房城乡建设主管部门颁发的建筑业企业资质证书的变更，企业应当向企业工商注册所在地省、自治区、直辖市人民政府住房城乡建设主管部门提出变更申请，省、自治区、直辖市人民政府住房城乡建设主管部门应当自受理申请之日起2日内将有关变更证明材料报国务院住房城乡建设主管部门，由国务院住房城乡建设主管部门在2日内办理变更手续。

3）前款规定以外的资质证书的变更，由企业工商注册所在地的省、自治区、直辖市人民政府住房城乡建设主管部门或者设区的市人民政府住房城乡建设主管部门依法另行规定。变更结果应当在资质证书变更后15日内，报国务院住房城乡建设主管部门备案。

4）涉及公路、水运、水利、通信、铁路、民航等方面的建筑业企业资质证书的变更，办理变更手续的住房城乡建设主管部门应当将建筑业企业资质证书变更情况告知同级有关部门。

5）企业发生合并、分立、重组以及改制等事项，需承继原建筑业企业资质的，应当申请重新核定建筑业企业资质等级。

4. 建筑业企业资质证书的监督管理

（1）资质证书的有效期

建筑业企业资质证书分为正本和副本，由国务院住房城乡建设主管部门统一印制，正、副本具备同等法律效力。资质证书有效期为5年。

（2）资质证书的更换和遗失补办

企业需更换、遗失补办建筑业企业资质证书的，应当持建筑业企业资质证书更换、遗失补办申请等材料向资质许可机关申请办理。企业遗失建筑业企业资质证书的，在申请补办前应当在公众媒体上刊登遗失声明。资质许可机关应当在2个工作日内办理完毕。

（3）企业资质证书的撤回

企业取得建筑业企业资质后不再符合相应建筑业企业资质标准要求条件的，县级以上地方人民政府住房城乡建设主管部门、其他有关部门，应当责令其限期改正并向社会公告，整改期限最长不超过3个月；企业整改期间不得申请建筑业企业资质的升级、增项，不能承揽新的工程；逾期仍未达到建筑业企业资质标准要求条件的，资质许可机关可以撤回其建筑业企业资质证书。

被撤回建筑业企业资质证书的企业，可以在资质被撤回后3个月内，向资质许可机关提出核定低于原等级同类别资质的申请。

（4）企业资质证书的撤销

有下列情形之一的，资质许可机关应当撤销建筑业企业资质：①资质许可机关工作人员滥用职权、玩忽职守准予资质许可的；②超越法定职权准予资质许可的；③违反法定程序准予资质许可的；④对不符合资质标准条件的申请企业准予资质许可的；⑤以欺骗、贿赂等不正当手段取得建筑业企业资质证书的；⑥依法可以撤销资质许可的其他情形。

（5）企业资质证书的注销

有下列情形之一的，资质许可机关应当依法注销建筑业企业资质，并向社会公布其建筑业企业资质证书作废，企业应当及时将建筑业企业资质证书交回资质许可机关：①资质证书有效期届满，未依法申请延续的；②企业依法终止的；③资质证书依法被撤回、撤销或吊销的；④企业提出注销申请的；⑤法律、法规规定的应当注销建筑业企业资质的其他情形。

2.2.3 勘察设计单位从业资质管理制度

《建设工程勘察设计企业资质管理规定》对工程勘察设计企业的资质等级与标准、申请与审批、业务范围等作出了明确规定。

1. 工程勘察资质的分类、分级和工程承接范围

根据《建设工程勘察设计企业资质管理规定》，建设工程勘察企业应当按照其拥有的注册资本、专业技术人员、技术装备和勘察设计业绩等条件申请资质，经审查合格，取得建设工程勘察资质证书后，方可在资质等级许可的范围内从事建设工程勘察活动。

工程勘察资质范围包括建设项目的岩土工程、水文地质勘察和工程测量等专业。其中岩土工程是指：岩土工程勘察、岩土工程设计、岩土工程测试监测检测、岩土工程咨询监理、岩土工程治理。

工程勘察资质的分类、分级和工程承接范围见表 2-2。

工程勘察资质的分类、分级和工程承接范围　　　　　表 2-2

资质类别	资质分级	工程承接范围
工程勘察综合资质	只设甲级	可以承接各专业（海洋工程勘察除外）、其规模不受限制（岩土工程勘察丙级项目除外）
工程勘察专业资质	设甲级、乙级，根据工程性质和技术特点，部分专业可以设丙级	可以承接相应等级相应专业的工程勘察业务
工程勘察劳务资质	不分等级	可以承接相应的工程钻探、凿井等工程勘察劳务业务

2. 工程设计资质的分类、分级和工程承接范围

（1）工程设计资质的分类

工程设计资质分为工程设计综合资质、工程设计行业资质、工程设计专业资质和工程设计专项资质 4 个类别。

1）工程设计综合资质是指涵盖 21 个行业的设计资质。

2）工程设计行业资质是指涵盖某个行业资质标准中的全部设计类型的设计资质。

3）工程设计专业资质是指某个行业资质标准中的某一个专业的设计资质。

4）工程设计专项资质是指为适应和满足行业发展的需求，对已形成产业的专项技术独立进行设计以及设计、施工一体化而设立的资质。

（2）工程设计资质的分级

工程设计资质的分级和工程承接范围见表2-3。

3. 资质许可

《建设工程勘察设计资质管理规定》第3条规定，从事建设工程勘察、工程设计活动的企业，应当按照其拥有的注册资本、专业技术人员、技术装备和勘察设计业绩等条件申请资质，经审查合格，取得建设工程勘察、工程设计资质证书后，方可在资质许可的范围内从事建设工程勘察、工程设计活动。建设工程勘察设计的资质许可包括资质申请和审批，资质升级和资质增项，资质证书延续、资质证书变更等。

企业申请工程勘察、工程设计资质，应在资质许可机关的官方网站或审批平台上提出申请，提交资金、专业技术人员、技术装备和已完成的业绩等电子材料。

工程设计资质的分级和工程承接范围　　　　表2-3

资质类别	资质分级	工程承接范围
工程设计综合资质	只设甲级	可以承接各行业、各等级的建设工程设计业务
工程设计行业资质	设甲、乙两个级别；根据工程性质和技术特点，个别行业、专业、专项资质可以设丙级，建筑工程专业资质可以设丁级	可以承接相应行业相应等级的工程设计业务及本行业范围内同级别的相应专业、专项（设计施工一体化资质除外）工程设计业务
工程设计专业资质		可以承接本专业相应等级的专业工程设计业务及同级别的相应专项工程设计业务（设计施工一体化资质除外）
工程设计专项资质		可以承接本专项相应等级的专项工程设计业务

建设工程勘察、设计企业的资质实行分级审批。工程勘察、工程设计资质证书分为正本和副本，正本1份，副本6份，由国务院建设主管部门统一印制，正、副本具备同等法律效力。资质证书有效期为5年。

2.2.4　工程监理企业从业资质管理制度

《工程监理企业资质管理规定》对工程监理企业的资质等级、资质标准、申请与审批、业务范围等作了明确规定，详见教学单元5。

2.2.5　工程造价咨询企业从业资质管理制度

工程造价咨询企业是指接受委托，对建设项目投资、工程造价的确定与控制提供专业咨询服务的企业。

《工程造价咨询企业管理办法》对工程造价咨询企业的资质等级、资质标准、申请与审批、业务范围等作了明确规定。

1. 工程造价咨询企业的资质等级

工程造价咨询企业资质等级分为甲级、乙级。

（1）甲级工程造价咨询企业资质标准

甲级工程造价咨询企业资质标准包括：①已取得乙级工程造价咨询企业资质证书满3年；②技术负责人已取得一级造价工程师注册证书，并具有工程或工程经济类高级专业技术职称，且从事工程造价专业工作15年以上；③专职从事工程造价专业工作的人员不少于12人，其中，具有工程（或工程经济类）中级以上专业技术职称或者取得二级造价工程师注册证书的人员合计不少于10人；取得一级造价工程师注册证书的人员不少于6人，其他人员具有从事工程造价专业的经历；④企业与专职专业人员签订劳动合同，且专职专业人员符合国家规定的职业年龄（出资人除外）；⑤企业近3年工程造价咨询营业收入累计不低于人民币500万元；⑥企业为本单位专职专业人员办理的社会基本养老保险手续齐全；⑦在申请核定资质等级之日前3年内无违法违规行为。

031

（2）乙级工程造价咨询企业资质标准

乙级工程造价咨询企业资质标准包括：①技术负责人已取得一级造价工程师注册证书，并具有工程或工程经济类高级专业技术职称，且从事工程造价专业工作10年以上；②专职专业人员不少于6人，其中，具有工程（或工程经济类）中级以上专业技术职称或者取得二级造价工程师注册证书的人员合计不少于4人；取得一级造价工程师注册证书的人员不少于3人，其他人员具有从事工程造价专业工作的经历；③企业与专职专业人员签订劳动合同，且专职专业人员符合国家规定的职业年龄（出资人除外）；④企业为本单位专职专业人员办理的社会基本养老保险手续齐全；⑤暂定期内工程造价咨询营业收入累计不低于人民币50万元；⑥申请核定资质等级之日前无违法违规行为。

（3）新申请工程造价咨询企业资质

新申请工程造价咨询企业资质的，其资质等级按照规定的资质标准核定为乙级，设暂定期1年。

暂定期届满需继续从事工程造价咨询活动的，应当在暂定期届满30日前，向资质许可机关申请换发资质证书。符合乙级资质条件的，由资质许可机关换发资质证书。

2. 工程造价咨询企业的业务承接范围

工程造价咨询企业依法从事工程造价咨询活动，不受行政区域限制。工程造价咨询企业的资质等级与业务承接范围见表2-4。

工程造价咨询企业的资质等级与业务承接范围　　　　　　　表2-4

资质等级	业务承接范围
甲级	可以从事各类建设项目的工程造价咨询业务
乙级	可以从事工程造价2亿元人民币以下的各类建设项目的工程造价咨询业务

3. 资质许可

工程造价咨询企业的资质许可包括资质申请和许可、资质证书延续、资质证书变更等。

工程造价咨询企业的资质实行分级审批。工程造价咨询企业资质证书由国务院建设主管部门统一印制，分正本和副本。正本和副本具有同等法律效力。

工程造价咨询企业资质有效期为3年。

2.2.6 城乡规划设计单位从业资质管理制度

为了加强城乡规划设计单位的管理，提高城乡规划设计质量，促进技术进步，维护城乡规划设计市场正常秩序，2012年7月，住房和城乡建设部首次发布了《城乡规划编制单位资质管理规定》，2016年1月11日又进行了修订。

1. 城乡规划编制单位资质与业务承接范围

根据《城乡规划编制单位资质管理规定》，城乡规划编制单位分为甲、乙、丙三级。城乡规划编制单位的资质等级与业务承接范围见表2-5。

城乡规划编制单位的资质等级与业务承接范围　　　　　　　表2-5

资质等级	业务承接范围
甲级	承担城乡规划编制业务的范围不受限制
乙级	可以在全国承担下列任务：①镇、20万现状人口以下城市总体规划的编制；②镇、登记注册所在地城市和100万现状人口以下城市相关专项规划的编制；③详细规划的编制；④乡、村庄规划的编制；⑤建设工程项目规划选址的可行性研究
丙级	可以在全国承担下列业务：①镇总体规划(县人民政府所在地镇除外)的编制；②镇、登记注册所在地城市和20万现状人口以下城市的相关专项规划及控制性详细规划的编制；③修建性详细规划的编制；④乡、村庄规划的编制；⑤中、小型建设工程项目规划选址的可行性研究

2. 城乡规划编制单位资质申请与审批

申请城乡规划编制资质的单位，应当提出申请，填写《资质证书》申请表。

申请甲级资质的，由省、自治区、直辖市人民政府城市规划行政主管部门初审，国务院城乡规划行政主管部门审批，核发《资质证书》。

申请乙级、丙级资质的，由所在地市、县人民政府城乡规划行政主管部门初审，省、自治区、直辖市人民政府城乡规划行政主管部门审批，核发《资质证书》，并报国务院城乡规划行政主管部门备案。

城乡规划编制单位初次申请，其申请资质等级最高不超过乙级。

乙级、丙级城乡规划编制单位取得资质证书满2年后，可以申请高一级别的城乡规划编制单位资质。

《资质证书》有效期为5年。《资质证书》有效期届满，城乡规划编制单位需要延续《资质证书》有效期的，应当在《资质证书》有效期届满前3个月，申请办理资质延续手续。

对在《资质证书》有效期内遵守有关法律、法规、规章、技术标准，信用档案中无不良行为记录，满足资质标准要求的城乡规划编制单位，经资质许可机关同意，有效期延续5年。

2.3 专业技术人员执业资格许可

执业资格许可制度是指对具备一定专业学历的从事建筑活动的专业技术人员，通过考试和注册确定其执业的技术资格，获得相应建筑工程文件签字权的一种制度。

对从事建筑活动的专业技术人员实行执业资格制度是非常必要的。《建筑法》第 14 条对此作出了规定：从事建筑活动的专业技术人员，应当依法取得相应的执业资格证书，并在执业资格证书许可的范围内从事建筑活动。

目前，我国对从事建筑活动的专业技术人员已建立起 13 种执业资格制度，即注册城乡规划师、注册建筑师、注册结构工程师、注册建造师、注册土木工程师（岩土）、注册土木工程师（港口与航道工程）、注册监理工程师、注册造价工程师、注册房地产估价师、注册安全工程师、注册公用设备工程师、注册电气工程师、注册化工工程师的执业资格制度。下面重点介绍注册建造师、注册监理工程师、注册造价工程师的执业资格制度。

2.3.1 注册建造师执业资格制度

注册建造师是指通过考核认定或考试合格取得中华人民共和国建造师资格证书，并按照规定注册，取得中华人民共和国建造师注册证书和执业印章，担任施工单位项目负责人及从事相关活动的专业技术人员。

我国注册建造师分为两级，即一级注册建造师和二级注册建造师。

1. 注册建造师的管理体制

建造师管理体制遵循"分级管理、条块结合"的原则。住房和城乡建设部负责对全国注册建造师实行统一的监督管理，国务院各专业部门按照职责分工，负责对本专业注册建造师监督管理。各省建设厅和同级的各专业部门负责本省和本专业的二级注册建造师监督管理。

建造师执业资格制度遵循"分级别、分专业"的原则。根据我国现行行政管理体制实际情况，结合现行的施工企业资质管理办法，将建造师划分为两个级别，每个级别划分若干个专业。其中，一级设置 10 个专业，二级设置 6 个专业。

2. 建造师的执业资格考试

（1）考试的级别和科目

我国建造师执业资格考试分为一级建造师执业资格考试和二级建造师执业资格考试两个级别。

1）一级建造师执业资格考试

一级建造师执业资格考试设《建设工程经济》《建设工程法规及相关知识》《建设工

程项目管理》和《专业工程管理与实务》4个科目。前三个科目属综合知识与能力部分，第四个科目属于专业知识与能力部分。《专业工程管理与实务》按照建设工程的专业要求进行，由考生根据工作需要选择10个专业的其中一个专业参加考试。这10个专业是：建筑工程、公路工程、铁路工程、民航机场工程、港口与航道工程、水利水电工程、市政公用工程、通信与广电工程、矿业工程和机电工程。

2）二级建造师执业资格考试

二级建造师执业资格实行全国统一大纲，各省、自治区、直辖市组织命题考试的制度。同时，考生也可以选择参加二级建造师执业资格全国统一考试。全国统一考试由国家统一组织命题和考试。

二级建造师执业资格考试设《建设工程施工管理》《建设工程法规及相关知识》和《专业工程管理与实务》3个科目。《专业工程管理与实务》按照建设工程的专业分为：建筑工程、公路工程、水利水电工程、市政公用工程、矿业工程和机电工程6个专业类别。

两个级别的考试成绩均实行2年为一个周期的滚动管理办法，即必须在连续的两个考试年度内通过全部科目。

（2）考试报名条件

申请参加注册建造师考试，必须符合国家规定的教育标准和职业实践要求。

1）一级注册建造师考试报名的条件

凡中华人民共和国公民，遵守国家法律、法规，恪守职业道德，并具备下列条件之一者，可以申请参加一级建造师执业资格考试：①取得工程类或工程经济类大学专科学历，工作满6年，其中从事建设工程项目施工管理工作满4年；②取得工程类或工程经济类大学本科学历，工作满4年，其中从事建设工程项目施工管理工作满3年；③取得工程类或工程经济类双学士学位或研究生班毕业，工作满3年，其中从事建设工程项目施工管理工作满2年；④取得工程类或工程经济类硕士学位，工作满2年，其中从事建设工程项目施工管理工作满1年；⑤取得工程类或工程经济类博士学位，从事建设工程项目施工管理工作满1年。

已取得一级建造师执业资格证书的人员，也可根据实际工作需要，选择《专业工程管理与实务》科目的相应专业，报名参加考试。考试合格后核发国家统一印制的相应专业合格证明。该证明作为注册时增加执业专业类别的依据。

2）二级注册建造师考试报名的条件

凡遵纪守法并具备工程类或工程经济类中等专科以上学历并从事建设工程项目施工管理工作满2年，可报名参加二级建造师执业资格考试。

（3）考试合格证书的颁发

参加一级建造师执业资格考试合格者，由各省、自治区、直辖市人力资源和社会保障部门颁发人力资源和社会保障部统一印制，人力资源和社会保障部、住房和城乡建设部用印的《中华人民共和国一级建造师执业资格证书》。该证书在全国范围内有效。

参加二级建造师执业资格考试合格者，由省、自治区、直辖市人力资源和社会保障部门颁发由人力资源和社会保障部、住房和城乡建设部统一格式的《中华人民共和国二级建造师执业资格证书》。该证书在所在行政区域内有效。其中通过二级建造师资格考核认定，或参加全国统考取得二级建造师资格证书的，该证书在全国范围内有效。

3. 建造师的注册

注册建造师实行注册执业管理制度。取得建造师执业资格证书的人员，必须经过注册登记，方可以注册建造师的名义执业。建造师的注册，根据注册内容的不同分为4种形式，即初始注册、延续注册、变更注册和增项注册。注册证书和执业印章是注册建造师的执业凭证，由注册建造师本人保管、使用。

住房和城乡建设部或其授权的机构为一级建造师执业资格的注册管理机构。省、自治区、直辖市建设行政主管部门或其授权的机构为二级建造师执业资格的注册管理机构。

4. 注册建造师的执业

取得建造师资格证书的人员应当受聘于一个具有建设工程勘察、设计、施工、监理、招标代理、造价咨询等一项或者多项资质的单位，经注册后有权以注册建造师名义从事建设工程项目总承包管理或施工管理、建设工程项目管理服务、建设工程技术经济咨询，以及法律、行政法规和国务院建设主管部门规定的其他业务。

注册建造师担任施工单位项目负责人的，应当受聘并注册于一个具有施工资质的企业。注册建造师不得同时在两个及两个以上的建设工程项目上担任施工单位项目负责人。

建设工程施工活动中形成的有关工程施工管理文件，应当由注册建造师签字并加盖执业印章。施工单位签署质量合格的文件上，必须有注册建造师的签字盖章。注册建造师签章完整的工程施工管理文件方为有效。

注册建造师执业工程规模标准依据不同专业设置为多个工程类别，不同的工程类别又进一步细分为不同的项目。这些项目依据相应的、不同的计量单位分为大型、中型和小型工程。大中型工程项目施工负责人必须由本专业注册建造师担任，其中大型工程项目负责人必须由本专业一级注册建造师担任。

5. 注册建造师的继续教育

注册建造师应按规定接受继续教育，更新专业知识，提高业务水平，并作为再次注册的依据。

6. 注册建造师的权利和义务

（1）注册建造师的权利

注册建造师享有下列权利：①使用注册建造师名称；②在规定范围内从事执业活动；③在本人执业活动中形成的文件上签字并加盖执业印章；④保管和使用本人注册证书、执业印章；⑤对本人执业活动进行解释和辩护；⑥接受继续教育；⑦获得相应的劳动报酬；⑧对侵犯本人权利的行为进行申述。

（2）注册建造师的义务

注册建造师应当履行下列义务：①遵守法律、法规和有关管理规定，恪守职业道德；②执行技术标准、规范和规程；③保证执业成果的质量，并承担相应责任；④接受继续教育，努力提高执业水准；⑤保守在执业中知悉的国家秘密和他人的商业、技术等秘密；⑥与当事人有利害关系的，应当主动回避；⑦协助注册管理机关完成相关工作。

7. 注册建造师的行为规范

注册建造师不得有下列行为：①不按设计图纸施工；②使用不合格建筑材料；③使用不合格设备、建筑构配件；④违反工程质量、安全、环保和用工方面的规定；⑤在执业过程中，索贿、行贿、受贿或者谋取合同约定费用外的其他不法利益；⑥签署弄虚作假或在不合格文件上签章；⑦以他人名义或允许他人以自己的名义从事执业活动；⑧同时在两个或者两个以上企业受聘并执业；⑨超出执业范围和聘用企业业务范围从事执业活动；⑩未变更注册单位，而在另一家企业从事执业活动；⑪所负责工程未办理竣工验收或移交手续前，变更注册到另一企业；⑫伪造、涂改、倒卖、出租、出借或以其他形式非法转让资格证书、注册证书和执业印章；⑬不履行注册建造师义务和法律、法规、规章禁止的其他行为。

8. 注册建造师的监督管理

（1）注册证书和执业印章失效

注册建造师有下列情形之一的，其注册证书和执业印章失效：①聘用单位破产的；②聘用单位被吊销营业执照的；③聘用单位被吊销或者撤回资质证书的；④已与聘用单位解除聘用合同关系的；⑤注册有效期满且未延续注册的；⑥年龄超过 65 周岁的；⑦死亡或不具有完全民事行为能力的；⑧其他导致注册失效的情形。

（2）注销注册

注册建造师有下列情形之一的，负责审批的部门应当办理注销手续，收回注册证书和执业印章或者公告其注册证书和执业印章作废：①有上述注册证书和执业印章失效所列情形发生的；②依法被撤销注册的；③依法被吊销注册证书的；④受到刑事处罚的；⑤法律、法规规定应当注销注册的其他情形。

注册建造师有上述所列情形之一的，注册建造师本人和聘用单位应当及时向注册机关提出注销注册申请；有关单位和个人有权向注册机关举报；县级以上地方人民政府建设主管部门或者有关部门应当及时告知注册机关。

（3）撤销注册

有下列情形之一的，注册机关依据职权或者根据利害关系人的请求，可以撤销注册建造师的注册：①注册机关工作人员滥用职权、玩忽职守作出准予注册许可的；②超越法定职权作出准予注册许可的；③违反法定程序作出准予注册许可的；④对不符合法定条件的申请人颁发注册证书和执业印章的；⑤依法可以撤销注册的其他情形。

申请人以欺骗、贿赂等不正当手段获准注册的，应当予以撤销。

2.3.2 注册监理工程师执业资格制度

注册监理工程师是指通过职业资格考试取得中华人民共和国监理工程师职业资格证书，并经注册后从事建设工程监理及相关业务活动的专业技术人员。

1. 注册监理工程师的管理体制

监理工程师管理体制遵循"分级管理、条块结合"的原则。根据住房和城乡建设部、交通运输部、水利部、人力资源和社会保障部关于印发《监理工程师职业资格制度规定》《监理工程师职业资格考试实施办法》的通知（建人规〔2020〕3 号），国家设置监理工程师准入类职业资格，纳入国家职业资格目录。凡从事工程监理活动的单位，应当配备监理工程师。

（1）住房和城乡建设部、交通运输部、水利部、人力资源和社会保障部共同制定监理工程师职业资格制度，并按照职责分工分别负责监理工程师职业资格制度的实施与监管。

各省、自治区、直辖市住房和城乡建设、交通运输、水利、人力资源和社会保障行政主管部门，按照职责分工负责本行政区域内监理工程师职业资格制度的实施与监管。

（2）住房和城乡建设部牵头组织，交通运输部、水利部参与，拟定监理工程师职业资格考试基础科目的考试大纲，组织监理工程师基础科目命审题工作。

（3）住房和城乡建设部、交通运输部、水利部按照职责分工分别负责拟定监理工程师职业资格考试专业科目的考试大纲，组织监理工程师专业科目命审题工作。

（4）人力资源和社会保障部负责审定监理工程师职业资格考试科目和考试大纲，负责监理工程师职业资格考试考务工作，并会同住房和城乡建设部、交通运输部、水利部对监理工程师职业资格考试工作进行指导、监督、检查。

（5）人力资源和社会保障部会同住房和城乡建设部、交通运输部、水利部确定监理工程师职业资格考试合格标准。

2. 监理工程师的职业资格考试

监理工程师职业资格考试全国统一大纲、统一命题、统一组织，原则上每年一次。

（1）考试报名条件

凡遵守中华人民共和国宪法、法律、法规，具有良好的业务素质和道德品行，具备下列条件之一者，可以申请参加监理工程师职业资格考试：

1）具有各工程大类专业大学专科学历（或高等职业教育），从事工程施工、监理、设计等业务工作满 6 年；

2）具有工学、管理科学与工程类专业大学本科学历或学位，从事工程施工、监理、设计等业务工作满 4 年；

3）具有工学、管理科学与工程一级学科硕士学位或专业学位，从事工程施工、监理、设计等业务工作满 2 年；

4）具有工学、管理科学与工程一级学科博士学位。

经批准同意开展试点的地区，申请参加监理工程师职业资格考试的，应当具有大学本科及以上学历或学位。

（2）考试科目及成绩管理

监理工程师职业资格考试设《建设工程监理基本理论和相关法规》《建设工程合同管理》《建设工程目标控制》《建设工程监理案例分析》4 个科目。其中《建设工程监理基本理论和相关法规》《建设工程合同管理》为基础科目，《建设工程目标控制》《建设工程监理案例分析》为专业科目。

监理工程师职业资格考试专业科目分为土木建筑工程、交通运输工程、水利工程3个专业类别。土木建筑工程专业由住房和城乡建设部负责；交通运输工程专业由交通运输部负责；水利工程专业由水利部负责。

监理工程师职业资格考试成绩实行4年为一个周期的滚动管理办法，在连续的4个考试年度内通过全部考试科目，方可取得监理工程师职业资格证书。

（3）基础科目免考条件

具备以下条件之一的，参加监理工程师职业资格考试可免考基础科目：①已取得公路水运工程监理工程师资格证书；②已取得水利工程建设监理工程师资格证书。

申请免考部分科目的人员在报名时应提供相应材料。

（4）职业资格增项考试

已取得监理工程师一种专业职业资格证书的人员，报名参加其他专业科目考试的，可免考基础科目。考试合格后，核发人力资源社会保障部门统一印制的相应专业考试合格证明。该证明作为注册时增加执业专业类别的依据。免考基础科目和增加专业类别的人员，专业科目成绩按照2年为一个周期滚动管理。

（5）考试合格证书的颁发

监理工程师职业资格考试合格者，由各省、自治区、直辖市人力资源社会保障行政主管部门颁发中华人民共和国监理工程师职业资格证书（或电子证书）。该证书由人力资源社会保障部统一印制，住房和城乡建设部、交通运输部、水利部按专业类别分别与人力资源社会保障部用印，在全国范围内有效。

3. 监理工程师的注册

（1）国家对监理工程师职业资格实行执业注册管理制度。取得监理工程师职业资格证书且从事工程监理及相关业务活动的人员，经注册方可以监理工程师名义执业。

住房和城乡建设部、交通运输部、水利部按照职责分工，制定相应监理工程师注册管理办法并监督执行。

住房和城乡建设部、交通运输部、水利部按专业类别分别负责监理工程师注册及相关工作。

经批准注册的申请人，由住房和城乡建设部、交通运输部、水利部分别核发《中华人民共和国监理工程师注册证》（或电子证书）。

（2）监理工程师执业时应持注册证书和执业印章。注册证书、执业印章样式以及注册证书编号规则由住房和城乡建设部会同交通运输部、水利部统一制定。执业印章由监理工程师按照统一规定自行制作。注册证书和执业印章由监理工程师本人保管和使用。

（3）住房和城乡建设部、交通运输部、水利部按照职责分工建立监理工程师注册管理信息平台，保持通用数据标准统一。住房和城乡建设部负责归集全国监理工程师注册信息，促进监理工程师注册、执业和信用信息互通共享。

（4）住房和城乡建设部、交通运输部、水利部负责建立完善监理工程师的注册和退出机制，对以不正当手段取得注册证书等违法违规行为，依照注册管理的有关规定撤销其注册证书。

4. 注册监理工程师的执业

（1）监理工程师在工作中，必须遵纪守法，恪守职业道德和从业规范，诚信执业，主动接受有关部门的监督检查，加强行业自律。

住房和城乡建设部、交通运输部、水利部按照职责分工建立健全监理工程师诚信体系，制定相关规章制度或从业标准规范，并指导监督信用评价工作。

（2）监理工程师不得同时受聘于两个或两个以上单位执业，不得允许他人以本人名义执业，严禁"证书挂靠"。出租出借注册证书的，依据相关法律法规进行处罚；构成犯罪的，依法追究刑事责任。

（3）监理工程师依据职责开展工作，在本人执业活动中形成的工程监理文件上签章，并承担相应责任。监理工程师的具体执业范围由住房和城乡建设部、交通运输部、水利部按照职责另行制定。

（4）监理工程师未执行法律、法规和工程建设强制性标准实施监理，造成质量安全事故的，依据相关法律法规进行处罚；构成犯罪的，依法追究刑事责任。

5. 注册监理工程师的继续教育

取得监理工程师注册证书的人员，应当按照国家专业技术人员继续教育的有关规定接受继续教育，更新专业知识，提高业务水平。

6. 监理工程师职业资格证书效用

（1）本规定施行之前取得的公路水运工程监理工程师资格证书以及水利工程建设监理工程师资格证书，效用不变；按有关规定，通过人力资源社会保障部、住房和城乡建设部组织的全国统一考试，取得的监理工程师执业资格证书与本规定中监理工程师职业资格证书效用等同。

（2）专业技术人员取得监理工程师职业资格，可认定其具备工程师职称，并可作为申报高一级职称的条件。

2.3.3 注册造价工程师执业资格制度

注册造价工程师是指通过职业资格考试取得中华人民共和国造价工程师执业资格证书，并按照规定的程序注册，取得中华人民共和国造价工程师注册执业证书和执业印章，从事工程造价活动的专业技术人员。

未取得注册证书和执业印章的人员，不得以注册造价工程师的名义从事工程造价活动。

1. 注册造价工程师的管理体制

造价工程师管理体制遵循"分级管理、条块结合"的原则。根据住房和城乡建设部、交通运输部、水利部、人力资源和社会保障部关于印发《造价工程师职业资格制度规定》《造价工程师职业资格考试实施办法》的通知（建人〔2018〕67号），我国注册造价工程师分为两级，即一级注册造价工程师和二级注册造价工程师。

（1）住房和城乡建设部、交通运输部、水利部、人力资源和社会保障部共同制定造价工程师职业资格制度，并按照职责分工负责全国的造价工程师职业资格制度的实施与监管。

各省、自治区、直辖市住房和城乡建设、交通运输、水利、人力资源和社会保障行政主管部门，按照职责分工负责本行政区域内造价工程师职业资格制度的实施与监管。

（2）住房和城乡建设部组织拟定一级造价工程师和二级造价工程师职业资格考试基础科目的考试大纲，组织一级造价工程师基础科目命审题工作。

住房和城乡建设部、交通运输部、水利部按照职责分别负责拟定一级造价工程师和二级造价工程师职业资格考试专业科目的考试大纲，组织一级造价工程师专业科目命审题工作。

（3）人力资源和社会保障部负责审定一级造价工程师和二级造价工程师职业资格考试科目和考试大纲，负责一级造价工程师职业资格考试考务工作，并会同住房和城乡建设部、交通运输部、水利部对造价工程师职业资格考试工作进行指导、监督、检查。

（4）各省、自治区、直辖市住房和城乡建设、交通运输、水利行政主管部门会同人力资源和社会保障行政主管部门，按照全国统一的考试大纲和相关规定组织实施二级造价工程师职业资格考试。

（5）人力资源和社会保障部会同住房和城乡建设部、交通运输部、水利部确定一级造价工程师职业资格考试合格标准。

各省、自治区、直辖市人力资源和社会保障行政主管部门会同住房和城乡建设、交通运输、水利行政主管部门确定二级造价工程师职业资格考试合格标准。

2. 造价工程师的职业资格考试

（1）考试的级别和科目

我国造价工程师的职业资格考试分为一级造价工程师职业资格考试和二级造价工程师职业资格考试两个级别。

一级和二级造价工程师职业资格考试均设置基础科目和专业科目。

一级造价工程师职业资格考试全国统一大纲、统一命题、统一组织。二级造价工程师职业资格考试全国统一大纲，各省、自治区、直辖市自主命题并组织实施。

1）一级造价工程师职业资格考试

一级造价工程师职业资格考试设《建设工程造价管理》《建设工程计价》《建设工程技术与计量》和《建设工程造价案例分析》4个科目。其中，《建设工程造价管理》和《建设工程计价》为基础科目，《建设工程技术与计量》和《建设工程造价案例分析》为专业科目。

造价工程师职业资格考试专业科目分为土木建筑工程、交通运输工程、水利工程和安装工程4个专业类别，考生在报名时可根据实际工作需要选择其一。其中，土木建筑工程安装工程专业由住房和城乡建设部负责；交通运输工程专业由交通运输部负责；水利工程专业由水利部负责。

2）二级造价工程师职业资格考试

二级造价工程师职业资格考试设《建设工程造价管理基础知识》《建设工程计量与计价实务》2个科目。其中，《建设工程造价管理基础知识》为基础科目，《建设工程计量与计价实务》为专业科目。

（2）考试报名条件

1）一级造价工程师考试报名条件

凡遵守中华人民共和国宪法、法律、法规，具有良好的业务素质和道德品行，具备下列条件之一者，可以申请参加一级造价工程师职业资格考试：

① 具有工程造价专业大学专科（或高等职业教育）学历，从事工程造价业务工作满5年；具有土木建筑、水利、装备制造、交通运输、电子信息、财经商贸大类大学专科（或高等职业教育）学历，从事工程造价业务工作满6年。

② 具有通过工程教育专业评估（认证）的工程管理、工程造价专业大学本科学历或学位，从事工程造价业务工作满4年；具有工学、管理学、经济学门类大学本科学历或学位，从事工程造价业务工作满5年。

③ 具有工学、管理学、经济学门类硕士学位或者第二学士学位，从事工程造价业务工作满3年。

④ 具有工学、管理学、经济学门类博士学位，从事工程造价业务工作满1年。

⑤ 具有其他专业相应学历或者学位的人员，从事工程造价业务工作年限相应增加1年。

2）二级造价工程师考试报名条件

凡遵守中华人民共和国宪法、法律、法规，具有良好的业务素质和道德品行，具备下列条件之一者，可以申请参加二级造价工程师职业资格考试：

① 具有工程造价专业大学专科（或高等职业教育）学历，从事工程造价业务工作满2年；具有土木建筑、水利、装备制造、交通运输、电子信息、财经商贸大类大学专科（或高等职业教育）学历，从事工程造价业务工作满3年。

② 具有工程管理、工程造价专业大学本科及以上学历或学位，从事工程造价业务工作满1年；具有工学、管理学、经济学门类大学本科及以上学历或学位，从事工程造价业务工作满2年。

③ 具有其他专业相应学历或学位的人员，从事工程造价业务工作年限相应增加1年。

3. 造价工程师的注册

国家对造价工程师职业资格实行执业注册管理制度。取得造价工程师职业资格证书且从事工程造价相关工作的人员，经注册方可以造价工程师名义执业。

住房和城乡建设部、交通运输部、水利部按照职责分工，制定相应注册造价工程师管理办法并监督执行。

住房和城乡建设部、交通运输部、水利部分别负责一级造价工程师注册及相关工作。各省、自治区、直辖市住房城乡建设、交通运输、水利行政主管部门按专业类别分别负责二级造价工程师注册及相关工作。

经批准注册的申请人，由住房和城乡建设部、交通运输部、水利部核发《中华人民共和国一级造价工程师注册证》（或电子证书）；或由各省、自治区、直辖市住房和城乡建设、交通运输、水利行政主管部门核发《中华人民共和国二级造价工程师注册证》（或电子证书）。

造价工程师执业时应持注册证书和执业印章。注册证书、执业印章样式以及注册证书编号规则由住房和城乡建设部会同交通运输部、水利部统一制定。执业印章由注册造价工程师按照统一规定自行制作。

住房和城乡建设部、交通运输部、水利部按照职责分工建立造价工程师注册管理信息平台，保持通用数据标准统一。住房和城乡建设部负责归集全国造价工程师注册信息，促进造价工程师注册、执业和信用信息互通共享。

住房和城乡建设部、交通运输部、水利部负责建立完善造价工程师的注册和退出机制，对以不正当手段取得注册证书等违法违规行为，将依照有关规定撤销其注册证书。

4. 造价工程师的执业

造价工程师在工作中，必须遵纪守法，恪守职业道德和从业规范，诚信执业，主动接受有关主管部门的监督检查，加强行业自律。

造价工程师不得同时受聘于两个或两个以上单位执业，不得允许他人以本人名义执业，严禁"证书挂靠"。出租出借注册证书的，依据相关法律法规进行处罚；构成犯罪的，依法追究刑事责任。

（1）一级造价工程师的执业范围

一级造价工程师的执业范围包括建设项目全过程的工程造价管理与咨询等，具体工作内容：

1）项目建议书、可行性研究投资估算与审核，项目评价造价分析；

2）建设工程设计概算、施工预算编制和审核；

3）建设工程招标投标文件工程量和造价的编制与审核；

4）建设工程合同价款、结算价款、竣工决算价款的编制与管理；

5）建设工程审计、仲裁、诉讼、保险中的造价鉴定，工程造价纠纷调解；

6）建设工程计价依据、造价指标的编制与管理；

7）与工程造价管理有关的其他事项。

（2）二级造价工程师的执业范围

二级造价工程师主要协助一级造价工程师开展相关工作，可独立开展以下具体工作：

1）建设工程工料分析、计划、组织与成本管理，施工图预算、设计概算编制；

2）建设工程量清单、最高投标限价、投标报价编制；

3）建设工程合同价款、结算价款和竣工决算价款的编制。

5. 造价工程师的继续教育

注册造价工程师应按规定接受继续教育，更新专业知识，提高业务水平，并作为再次注册的依据。

• 思政拓展学习 •

注册建造师应当履行下列义务：①遵守法律、法规和有关管理规定，恪守职业道德；②执行技术标准、规范和规程；③保证执行成果的质量，并承担相应责任；④接受继续教育，努力提高执业水准；⑤保守在执业中知悉的国家秘密和他人的商业、技术等秘密；⑥与当事人有利害关系的，应当主动回避；⑦协助注册管理机关完成相关工作。

请同学们思考下列问题：

1. 注册建造师的职业道德是什么？

2. 注册建造师为什么要接受继续教育？继续教育的内容有哪些？

2.4 法律责任

2.4.1 办理施工许可证或开工报告中的违法行为及其法律责任

1. 未经许可擅自开工应承担的法律责任

根据《建筑法》和《建设工程质量管理条例》，违反规定，未取得施工许可证或者开工报告未经批准，擅自施工的，责令停止施工，限期改正，可以处以罚款。

2. 规避办理施工许可证应承担的法律责任

《建筑工程施工许可管理办法》第12条规定：对于未取得施工许可证或者为规避办理施工许可证将工程项目分解后擅自施工的，由有管辖权的发证机关责令停止施工，限期改正，对建设单位处工程合同价款1%以上2%以下罚款；对施工单位处3万元以下罚款。

3. 采用欺骗、贿赂等不正当手段取得施工许可证应承担的法律责任

《建筑工程施工许可管理办法》第13条规定：建设单位采用欺骗、贿赂等不正当手段取得施工许可证的，由原发证机关撤销施工许可证，责令停止施工，并处1万元以上3万元以下罚款；构成犯罪的，依法追究刑事责任。

4. 隐瞒或者提供虚假材料申请施工许可证应承担的法律责任

《建筑工程施工许可管理办法》第14条第1款规定：建设单位隐瞒有关情况或者提供虚假材料申请施工许可证的，发证机关不予受理或者不予许可，并处1万元以上3万元以下罚款；构成犯罪的，依法追究刑事责任。

5. 伪造或者涂改施工许可证应承担的法律责任

《建筑工程施工许可管理办法》第14条第2款规定：建设单位伪造或者涂改施工许可证的，由发证机关责令停止施工，并处1万元以上3万元以下罚款；构成犯罪的，依法追究刑事责任。

2.4.2 涉及企业资质方面的违法行为及其法律责任

1. 企业在申请办理资质中的违法行为应承担的法律责任

（1）企业隐瞒有关情况或者提供虚假材料申请资质的，资质许可机关不予受理或者不予行政许可，并给予警告，该企业在 1 年内不得再次申请该资质。

（2）企业以欺骗、贿赂等不正当手段取得资质证书的，由县级以上地方人民政府建设主管部门或者有关部门给予警告，并依法处以罚款；该企业在 3 年内不得再次申请该资质。

（3）企业不及时办理资质证书变更手续的，由资质许可机关责令限期办理；逾期不办理的，可处以 1000 元以上 1 万元以下的罚款。

（4）企业未按照规定提供信用档案信息的，由县级以上地方人民政府建设主管部门给予警告，责令限期改正；逾期未改正的，可处以 1000 元以上 1 万元以下的罚款。

（5）涂改、倒卖、出租、出借或者以其他形式非法转让资质证书的，由县级以上地方人民政府建设主管部门或者有关部门给予警告，责令改正，并处以 1 万元以上 3 万元以下的罚款；造成损失的，依法承担赔偿责任；构成犯罪的，依法追究刑事责任。

2. 无资质承揽工程应承担的法律责任

《建筑法》规定，发包单位将工程发包给不具有相应资质条件的承包单位的，或者违反本法规定将建筑工程肢解发包的，责令改正，处以罚款。未取得资质证书承揽工程的，予以取缔，并处罚款；有违法所得的，予以没收。

《建设工程质量管理条例》进一步规定，建设单位将建设工程发包给不具有相应资质等级的勘察、设计、施工单位或者委托给不具有相应资质等级的工程监理单位的，责令改正，处 50 万元以上 100 万元以下的罚款。未取得资质证书承揽工程的，予以取缔，对施工单位处工程合同价款 2％以上 4％以下的罚款；有违法所得的，予以没收。

《住宅室内装饰装修管理办法》规定，装修人违反本办法规定，将住宅室内装饰装修工程委托给不具有相应资质等级企业的，由城市房地产行政主管部门责令改正，处 500 元以上 1000 元以下的罚款。

3. 超越资质等级承揽工程应承担的法律责任

《建筑法》规定，超越本单位资质等级承揽工程的，责令停止违法行为，处以罚款，可以责令停业整顿，降低资质等级；情节严重的，吊销资质证书；有违法所得的，予以没收。

《建设工程质量管理条例》进一步规定，勘察、设计、施工、工程监理单位超越本单位资质等级承揽工程的，责令停止违法行为……；对施工单位处工程合同价款 2％以上 4％以下的罚款，可以责令停业整顿，降低资质等级；情节严重的，吊销资质证书；有违法所得的，予以没收。

4. 允许其他单位或者个人以本单位名义承揽工程应承担的法律责任

《建筑法》规定，建筑施工企业转让、出借资质证书或者以其他方式允许他人以本企业的名义承揽工程的，责令改正，没收违法所得，并处罚款，可以责令停业整顿，降低资质等级；情节严重的，吊销资质证书。对因该项承揽工程不符合规定的质量标准造成的损失，建筑施工企业与使用本企业名义的单位或者个人承担连带赔偿责任。

《建设工程质量管理条例》规定，勘察、设计、施工、工程监理单位允许其他单位或者个人以本单位名义承揽工程的，责令改正，没收违法所得……；对施工单位处工程合同价款 2% 以上 4% 以下的罚款；可以责令停业整顿，降低资质等级；情节严重的，吊销资质证书。

5. 将建设工程转包或者违法分包应承担的法律责任

《建筑法》规定，承包单位将承包的工程转包的，或者违反本法规定进行分包的，责令改正，没收违法所得，并处罚款，可以责令停业整顿，降低资质等级；情节严重的，吊销资质证书。承包单位有以上规定的违法行为的，对因转包工程或者违法分包的工程不符合规定的质量标准造成的损失，与接受转包或者分包的单位承担连带赔偿责任。

《建设工程质量管理条例》规定，承包单位将承包的工程转包或者违法分包的，责令改正，没收违法所得……；对施工单位处工程合同价款 0.5% 以上 1% 以下的罚款；可以责令停业整顿，降低资质等级；情节严重的，吊销资质证书。

《房屋建筑和市政基础设施工程施工分包管理办法》规定，转包、违法分包或者允许他人以本企业名义承揽工程的，按照《建筑法》《招标投标法》和《建设工程质量管理条例》的规定予以处罚；对于接受转包、违法分包和用他人名义承揽工程的，处 1 万元以上 3 万元以下的罚款。

6. 以欺骗手段取得资质证书承揽工程应承担的法律责任

《建设工程质量管理条例》规定，以欺骗手段取得资质证书承揽工程的，吊销资质证书，处工程合同价款 2% 以上 4% 以下的罚款；有违法所得的，予以没收。

7. 资质许可机关在资质申请和资质许可中的违法行为和法律责任

（1）建设主管部门及其工作人员，违反规定，有下列情形之一的，由其上级行政机关或者监察机关责令改正；情节严重的，对直接负责的主管人员和其他直接责任人员，依法给予行政处分：

1）对不符合条件的申请人准予工程勘察、设计资质许可的。

2）对符合条件的申请人不予工程勘察、设计资质许可或者未在法定期限内作出许可决定的。

3）对符合条件的申请不予受理或者未在法定期限内初审完毕的。

4）利用职务上的便利，收受他人财物或者其他好处的。

5）不依法履行监督职责或者监督不力，造成严重后果的。

（2）负责颁发建筑工程施工许可证的部门及其工作人员对不符合施工条件的建筑工程颁发施工许可证的，由上级机关责令改正，对责任人员给予行政处分；构成犯罪的，依法追究刑事责任；造成损失的，由该部门承担相应的赔偿责任。

2.4.3　注册建造师等注册人员及其聘用单位、政府工作人员的法律责任

《勘察设计注册工程师管理规定》对注册建筑师、结构工程师、土木工程师、建造师、监理工程师、造价工程师等注册人员规定了法律责任。

1. 注册建造师等注册人员在注册、执业中的违法行为和法律责任

（1）隐瞒有关情况或者提供虚假材料申请注册的，审批部门不予受理，并给予警告，申请人一年之内不得再次申请注册。

（2）以欺骗、贿赂等不正当手段取得注册证书的，由负责审批的部门撤销其注册，3年内不得再次申请注册，并由县级以上人民政府住房城乡建设主管部门或者有关部门处以罚款，其中没有违法所得的，处以1万元以下的罚款；有违法所得的，处以违法所得3倍以下且不超过3万元的罚款；构成犯罪的，依法追究刑事责任。

（3）未办理变更注册而继续执业的，由县级以上人民政府住房城乡建设主管部门责令限期改正；逾期未改正的，可处以5000元以下的罚款。

（4）注册人员或者其聘用单位未按照要求提供注册人员信用档案信息的，由县级以上地方人民政府住房城乡建设主管部门或者其他有关部门责令限期改正；逾期未改正的，可处以1000元以上1万元以下的罚款。

（5）注册建筑师、注册结构工程师、监理工程师等注册执业人员违反规定，因过错造成质量事故的，责令停止执业1年；造成重大质量事故的，吊销执业资格证书，5年以内不予注册；情节特别恶劣的，终身不予注册。

（6）注册勘察设计工程师、监理工程师在执业活动中有下列行为之一的，由县级以上人民政府住房城乡建设主管部门或者有关部门予以警告，责令其改正，没有违法所得的，处以1万元以下的罚款；有违法所得的，处以违法所得3倍以下且不超过3万元的罚款；造成损失的，应当承担赔偿责任；构成犯罪的，依法追究刑事责任：

1）以个人名义承接业务的；

2）涂改、出租、出借或者以非法形式转让注册证书或者执业印章的；

3）泄露执业中应当保守的秘密并造成严重后果的；

4）超出本专业规定范围或者聘用单位业务范围从事执业活动的；

5）弄虚作假提供执业活动成果的；

6）同时受聘于两个或者两个以上的单位，从事执业活动的；

7）其他违反法律、法规、规章的行为。

（7）建筑师未受聘并注册于中华人民共和国境内一个具有工程设计资质的单位，从事建筑工程设计执业活动的，由县级以上人民政府住房城乡建设主管部门给予警告，责令停止违法活动，并可处以1万元以上3万元以下的罚款。

（8）建造师未取得注册证书和执业印章，担任大中型建设工程项目施工单位项目负责人，或者以注册建造师的名义从事相关活动的，其所签署的工程文件无效，由县级以上地方人民政府住房城乡建设主管部门或者其他有关部门给予警告，责令停止违法活动，并可处以1万元以上3万元以下的罚款。

（9）监理工程师未经注册，擅自以注册监理工程师的名义从事工程监理及相关业务活动的，由县级以上地方人民政府住房城乡建设主管部门给予警告，责令停止违法行为，处3万元以下罚款；造成损失的，依法承担赔偿责任。

（10）造价工程师未经注册而以注册造价工程师的名义从事工程造价活动的，所签

署的工程造价成果文件无效，由县级以上地方人民政府住房城乡建设主管部门或者其他有关部门给予警告，责令停止违法活动，并可处以 1 万元以上 3 万元以下的罚款。

（11）注册执业人员在执业中未执行法律、法规和工程建设强制性标准的，责令停止执业 3 个月以上 1 年以下；情节严重的，吊销执业资格证书，5 年内不予注册；造成重大安全事故的，终身不予注册；构成犯罪的，依照刑法有关规定追究刑事责任。

（12）对注册执业人员违反法律法规规定，因过错造成质量事故的，责令停止执业 1 年；造成重大质量事故的，吊销执业资格证书，5 年内不予注册；情节特别恶劣的，终身不予注册。

2. 聘用单位的违法行为和法律责任

聘用单位为申请人提供虚假注册材料的，由县级以上地方人民政府住房城乡建设主管部门或者其他有关部门给予警告，并可处以 1 万元以上 3 万元以下的罚款。

3. 主管部门及有关部门的工作人员的违法行为和法律责任

县级以上人民政府住房城乡建设主管部门及有关部门的工作人员，在注册工程师管理工作中，有下列情形之一的，依法给予行政处分；构成犯罪的，依法追究刑事责任：

（1）对不符合法定条件的申请人颁发注册证书和执业印章的。

（2）对符合法定条件的申请人不予颁发注册证书和执业印章的。

（3）对符合法定条件的申请人未在法定期限内颁发注册证书和执业印章的。

（4）利用职务上的便利，收受他人财物或者其他好处的。

（5）不依法履行监督管理职责，或者发现违法行为不予查处的。

复习与应用练习题

1. 单项选择题

（1）某公司欲建一住宅小区，预计于 2018 年 2 月 10 日开工，该单位于 2018 年 1 月 30 日领到工程施工许可证。领取施工许可证后因故不能按规定期限正常开工，故向发证机关申请延期。根据《建筑法》的规定，该工程如正常开工，最迟允许日期为（　　）。

　　A. 2018 年 4 月 29 日　　　　　　　B. 2018 年 5 月 9 日

　　C. 2019 年 4 月 30 日　　　　　　　D. 2019 年 5 月 10 日

（2）某建筑单位因故中止施工已满一年，在恢复施工前，建设单位已领取的施工许可证应当（　　）。

　　A. 申请延期　　　B. 自行报废　　　C. 报发证机关核验　　　D. 重新更换

（3）某建设单位于 2019 年 9 月 1 日领取了施工许可证，但由于特殊原因不能按期开工，故向发证机关申请延期。根据《建筑法》的规定，下列关于延期的说法正确的是（　　）。

　　A. 领取施工许可证不能延期

　　B. 可以延期，但只能延期一次

　　C. 延期以两次为限，每次不超过 2 个月

　　D. 既不开工又不申请延期或者超过延期时限的，施工许可证自行废止

（4）根据《建筑法》及相关法规，建设单位应当办理施工许可证的工程是（　　）。

　　A. 国务院批准开工报告的工程　　　　　B. 城镇市政基础设施工程

C. 建筑面积 200m² 以下的工程　　　　　D. 工程投资额在 20 万元以下的工程

（5）施工企业新聘用的项目经理因变更注册不及时影响了注册建造师执业，导致项目损失，对建设单位的民事赔偿责任由（　　）承担。

A. 建造师原注册单位　　　　　　　　　B. 建设行政主管部门

C. 项目经理本人　　　　　　　　　　　D. 施工企业

（6）按照建筑业企业资质管理的有关规定，我国建筑业企业的三个资质序列是（　　）。

A. 工程总承包、专业总承包、劳务承包

B. 综合总承包、建筑专业承包、建筑劳务承包

C. 施工总承包、专业承包、劳务分包

D. 项目总承包、建筑总承包、劳务专业分包

（7）根据《建筑业企业资质管理规定》，施工企业隐瞒相关情况或提供虚假材料申请建筑业企业资质的，不予受理并给予警告，申请人在（　　）内不得再次申请。

A. 4 年　　　　　B. 3 年　　　　　C. 2 年　　　　　D. 1 年

（8）根据《建筑工程施工许可管理办法》，对于未取得施工许可证不符合开工条件的项目责令停止施工，应对（　　）处以罚款。

A. 勘察单位　　　　　　　　　　　　　B. 建设单位和施工企业

C. 设计单位　　　　　　　　　　　　　D. 建设单位和监理单位

（9）建筑施工企业出借资质证书允许他人以本企业的名义承揽工程，情节严重的，可能受到的最严重的行政处罚是（　　）。

A. 吊销资质证书　　　　　　　　　　　B. 责令改正，没收违法所得

C. 降低资质等级　　　　　　　　　　　D. 处以罚款

（10）因企业分立而新设立的建筑业企业，其资质等级应按（　　）。

A. 原企业的资质等级确定　　　　　　　B. 降低一级原企业的资质等级确定

C. 最低资质等级核定　　　　　　　　　D. 实际达到的资质条件核定

2. 多项选择题

（1）根据《建设工程施工许可管理办法》的规定，下列工程项目无需申请施工许可证的是（　　）。

A. 北京故宫修缮工程　　　　　　　　　B. 长江汛期抢险工程

C. 工地上的工人宿舍　　　　　　　　　D. 某私人投资工程

E. 部队导弹发射塔

（2）建筑工程项目申请领取施工许可证应当具备的条件包括（　　）。

A. 已经办理该建筑工程用地批准手续

B. 需要拆迁的，其拆迁进度符合施工要求

C. 有满足施工需要的资金安排、施工图纸及技术资料

D. 有保证工程质量和安全的具体措施

E. 已经办理了招标投标核准手续

（3）甲建设单位改建办公大楼，由乙建筑公司承建，下列有关施工许可证的说法，正确的有（　　）。

A. 该改建工程无需领取施工许可证

B. 应由甲向建设行政主管部门申领施工许可证

C. 应由乙向建设行政主管部门申领施工许可证

D. 申请施工许可证时，应当提供安全施工措施的资料

E. 申请施工许可证时，该工程应当有满足施工需要的施工图纸

3. 简答题

（1）简述施工许可证的申领时间、申领范围、申领条件和申领程序。

（2）施工许可证的有效期与延期的含义是什么？

（3）中止施工后，建设单位应做好哪些工作？恢复施工时，建设单位要办理哪些手续？

（4）建筑活动从业单位应具备哪些条件？

（5）简述建筑勘察、设计、施工、工程造价咨询企业、城市规划编制单位的资质等级，资质标准及其业务范围。

（6）简述注册建造师、注册监理工程师、注册造价工程师的注册内容，执业范围，享有的权利和应履行的义务。

教学单元 3

建设工程发包与承包法规

【教学目标】通过本单元的学习，使学生了解建设工程发包的方式，建设工程的承包制度，强制招标的工程建设项目范围和规模标准；熟悉可以不进行招标和邀请招标的情况，招标、投标、开标、评标和中标法律制度；掌握工程发包与承包中的法律责任；能够运用法律法规解释建设工程发包承包中的现象，按照建设工程发包承包法律法规依法从事工程建设活动。

3.1 建设工程发包法规

建设工程发包、承包是指经济活动中，作为交易一方的建设单位，将需要完成的建设工程勘察、设计、施工等工作全部或者其中一部分工作交给交易的另一方勘察、设计、施工单位去完成，并按照双方约定支付报酬的行为。其中，建设单位是以建设工程所有者的身份委托他人完成勘察、设计、施工、安装等工作并支付报酬的公民、法人或其他组织是发包人，又称甲方；以建设工程勘察、设计、施工、安装者的身份向建设单位承包，有义务完成发包人交给的建设工程勘察、设计、施工、安装等工作，并有权获得报酬的企业是承包人，又称乙方。

建设工程发包、承包制度，是土木建筑业适应市场经济的产物。建设工程勘察、设计、施工、安装单位要通过参加市场竞争来承揽建设工程项目。这样，可以激发企业活力，改变计划经济体制下土木建筑活动僵化的体制，有利于土木建筑业健康发展，有利于土木建筑市场的活跃和繁荣。

3.1.1 建设工程发包方式

建设工程的发包方式可分为招标发包和直接发包两种。

1. 招标发包

招标发包是指建设单位通过招标确定承包单位的一种发包方式。招标发包又有两种方式：一种是公开招标发包，即由建设单位按照法定程序，在规定的公开的媒体上发布招标公告，公开提供招标文件，使所有潜在的投标人都可以平等参加投标竞争，从中择优选定中标人；另一种方式是邀请招标发包，即招标人根据自己所掌握的情况，预先确定一定数量的符合招标项目基本要求的潜在投标人并发出邀请，从中确定承包单位。全部或者部分使用国有资金投资或者国家融资的建设工程，应当依法采用招标方式发包。

2. 直接发包

直接发包是指发包方直接与承包方签订承包合同的一种发包方式。如建设单位直接同一个有资质证书的建筑施工企业商谈建筑工程的事宜，通过商谈来确定承包单位。

《建筑法》第 19 条规定，对不适于招标发包的建筑工程，可以直接发包。

根据《建筑法》《招标投标法》和《招标投标法实施条例》，下列工程可以直接发包：

（1）涉及国家安全、国家秘密、抢险救灾或者属于利用扶贫资金实行以工代赈、需要使用农民工等特殊情况，不适宜进行招标的工程项目。

（2）需要采用不可替代的专利或者专有技术的工程项目。

（3）采购人依法能够自行建设、生产或者提供的工程项目。

（4）已通过招标方式选定的特许经营项目，投资人依法能够自行建设、生产或者提供的。

（5）需要向原中标人采购工程、货物或者服务，否则将影响施工或者功能配套要求的。

【案例 3-1】
直接发包案

（6）国家规定的其他特殊情形。

3.1.2 建设工程违法发包行为的认定与查处

2019 年 1 月 3 日，住房和城乡建设部以建市规［2019］1 号文印发了《建筑工程施工发包与承包违法行为认定查处管理办法》。

1. 违法发包行为的认定

根据《建筑工程施工发包与承包违法行为认定查处管理办法》，违法发包是指建设单位将工程发包给个人或不具有相应资质的单位、肢解发包、违反法定程序发包及其他违反法律法规规定发包的行为。

存在下列情形之一的，属于违法发包：

（1）建设单位将工程发包给个人的；

（2）建设单位将工程发包给不具有相应资质的单位的；

（3）依法应当招标未招标或未按照法定招标程序发包的；

（4）建设单位设置不合理的招标投标条件，限制、排斥潜在投标人或者投标人的；

（5）建设单位将一个单位工程的施工分解成若干部分发包给不同的施工总承包或专业承包单位的。

2. 违法发包行为的查处

（1）对建设单位将工程发包给个人的，或者将工程发包给不具有相应资质的单位的，依据《建筑法》第 65 条、《建设工程质量管理条例》第 54 条规定进行处罚，即责令改正，处以 50 万元以上 100 万元以下罚款。

（2）对建设单位依法应当招标未招标或未按照法定招标程序发包的，依据《招标投标法》第 49 条、《招标投标法实施条例》第 64 条规定进行处罚，即责令限期改正，可以处项目合同金额千分之五以上千分之十以下的罚款；对全部或者部分使用国有资金的项目，可以暂停项目执行或者暂停资金拨付；对单位直接负责的主管人员和其他直接责任人员依法给予处分。

（3）对建设单位设置不合理的招标投标条件，限制、排斥潜在投标人或者投标人的，依据《招标投标法》第 51 条、《招标投标法实施条例》第 63 条规定进行处罚，即责令改正，可以处 1 万元以上 5 万元以下的罚款。

（4）对建设单位将一个单位工程的施工分解成若干部分发包给不同的施工总承包或专业承包单位的，依据《建筑法》第 65 条、《建设工程质量管理条例》第 55 条规定进行处罚，即责令改正，处工程合同价款百分之零点五以上百分之一以下的罚款；对全部或者部分使用国有资金的项目，并可以暂停项目执行或者暂停资金拨付。

（5）建设单位违法发包，拒不整改或者整改后仍达不到要求的，视为没有依法确定施工企业，将其违法行为记入诚信档案，实行联合惩戒。对全部或部分使用国有资金的项目，同时将建设单位违法发包的行为告知其上级主管部门及纪检监察部门，并建议对建设单位直接负责的主管人员和其他直接责任人员给予相应的行政处分。

3.2　建设工程招标投标法规

建设工程招标投标，是在市场经济条件下进行工程建设项目的发包与承包时，所采用的一种交易方式。采用招标投标方式进行交易活动的最显著特征，是将竞争机制引入了交易过程，它具有公平竞争、减少或杜绝行贿受贿等腐败和不正当竞争行为、节省和合理使用资金、保证建设项目质量等明显的优越性。

1999 年 8 月 30 日，第九届全国人民代表大会常务委员会第十一次会议审议并通过了《中华人民共和国招标投标法》（以下简称《招标投标法》），于 2017 年进行了修正。《招标投标法》是招标投标法律体系中的基本法律。《招标投标法》的颁布实施，标志着我国的招标投标活动在法制的轨道上，已经进入规范的、公平竞争的崭新阶段。

为了更好地贯彻执行《招标投标法》，加强对工程建设项目的管理，国务院于 2011 年 12 月 20 日发布了《中华人民共和国招标投标法实施条例》（以下简称《招标投标法实施条例》），于 2019 年进行了第 3 次修正。

3.2.1　招标投标活动应遵循的基本原则

《招标投标法》第 5 条规定了招标投标活动必须遵循的基本原则，即"公开、公平、公正、诚实信用"的原则，这是招标投标必须遵循的最基本的原则。

1. 公开原则

公开原则要求招标投标活动具有较高的透明度，实行招标信息、招标程序、评标的标准和办法、中标结果公开。

2. 公平原则

公平原则要求给予所有投标人平等的机会，使其享有同等的权利，履行同等的义务。不能有意排斥、歧视任何一方。投标人不得采用不正当竞争手段参加投标竞争。

3. 公正原则

公正原则要求在招标投标活动中，评标结果要公正。评标时对所有投标者一视同仁，严格按照事先公布的标准和规则统一对待各投标人。不得向任何投标人泄露标底或其他可能妨碍公平竞争的信息；任何单位和个人不得非法干预、影响评标过程和结果。

4. 诚实信用原则

诚实信用是民事活动的基本原则之一。本原则的含义是在招标投标活动中，招标人或招标代理机构、投标人等均应以诚实、善意的态度参与招标投标活动，严格按照法律的规定行使自己的权利和义务，坚持良好的信用，不得弄虚作假、欺骗他人、牟取不正当利益，不得损害对方、第三者或者社会的利益。对违反诚实信用原则，给他方造成损失的，要依法承担赔偿责任。《招标投标法》第53条～第60条明确规定了各种违背诚实信用原则的行为的法律责任。

3.2.2 强制招标制度

强制招标是指法律、法规规定某些特定类型的采购项目，必须通过招标进行采购，否则采购单位要承担法律责任。

1. 强制招标的工程建设项目范围和规模标准

（1）强制招标的工程建设项目范围

根据《招标投标法》第3条，在中华人民共和国境内进行下列工程建设项目包括项目的勘察、设计、施工、监理以及与工程建设有关的重要设备、材料等的采购，必须进行招标：大型基础设施、公用事业等关系社会公共利益、公众安全的项目；全部或者部分使用国有资金投资或者国家融资的项目；使用国际组织或者外国政府贷款、援助资金的项目。

为了增加强制招标工作的可操作性，根据《招标投标法》的授权，经国务院批准，国家发展和改革委员会制定了《必须招标的工程项目规定》，自2018年6月1日起施行。

《必须招标的工程项目规定》第2～4条规定，必须进行招标的工程建设项目的具体范围：

1）全部或者部分使用国有资金投资或者国家融资的项目包括：

① 使用预算资金200万元人民币以上，并且该资金占投资额10%以上的项目；

② 使用国有企业事业单位资金，并且该资金占控股或者主导地位的项目。

2）使用国际组织或者外国政府贷款、援助资金的项目包括：

① 使用世界银行、亚洲开发银行等国际组织贷款、援助资金的项目；

② 使用外国政府及其机构贷款、援助资金的项目。

3）不属于上述规定情形的大型基础设施、公用事业等关系社会公共利益、公众安全的项目，必须招标的具体范围由国务院发展改革部门会同国务院有关部门按照确有必要、严格限定的原则制订，报国务院批准。

（2）强制招标的工程建设项目规模标准

以上规定范围内的各类工程建设项目，包括项目的勘察、设计、施工、监理以及与工程建设有关的重要设备、材料等的采购，达到下列标准之一的，必须进行招标：

1）施工单项合同估算价在400万元人民币以上的。

2）重要设备、材料等货物的采购，单项合同估算价在200万元人民币以上的。

3）勘察、设计、监理等服务的采购，单项合同估算价在100万元人民币以上的。

4）同一项目中可以合并进行的勘察、设计、施工、监理以及与工程建设有关的重要设备、材料等的采购，合同估算价合计达到前款规定标准的，必须招标。

2. 可以不进行招标的工程建设项目

如果建设项目不属于强制招标的项目则可以招标也可以不招标。但是，即使符合强制招标项目的条件但是属于某些特殊情形的，也可以不进行招标。

（1）可以不进行招标的施工项目

《招标投标法》第 66 条和《招标投标法实施条例》第 9 条规定，下列建设工程的施工项目，经有关主管部门批准，可以不进行招标：

1）涉及国家安全、国家秘密、抢险救灾或者属于利用扶贫资金实行以工代赈、需要使用农民工等特殊情况，不适宜进行招标的项目，按照国家有关规定可以不进行招标。

2）需要采用不可替代的专利或者专有技术。

3）采购人依法能够自行建设、生产或者提供。

4）已通过招标方式选定的特许经营项目投资人依法能够自行建设、生产或者提供。

5）需要向原中标人采购工程、货物或者服务，否则将影响施工或者功能配套要求。

6）国家规定的其他特殊情形。

（2）可以不进行招标的勘察、设计项目

《建设工程勘察设计管理条例》第 16 条规定，下列建设工程的勘察、设计，经有关主管部门批准，可以直接发包：

1）采用特定的专利或者专有技术的。

2）建筑艺术造型有特殊要求的。

3）国务院规定的其他可以直接发包的建设工程的勘察、设计。

3.2.3 建设工程招标方式

《招标投标法》第 10 条规定，招标方式分为公开招标和邀请招标。

1. 公开招标

公开招标也称"无限竞争性招标"，是指由招标人以招标公告的方式邀请不特定的法人或者其他组织投标。招标人采用公开招标方式的，应当发布招标公告。依法必须进行招标的工程建设项目的招标公告，应当通过国家指定的报刊、信息网络或者其他媒介发布。

国家发改委确定的国家重点建设项目和各省、自治区、直辖市人民政府确定的地方重点建设项目，以及全部使用国有资金投资或者国有资金投资占控股或者主导地位的工程建设项目，应当公开招标。

2. 邀请招标

邀请招标也称"有限竞争性招标"或"限制性招标"，是指招标方根据自己所掌握的情况，预先确定一定数量的符合招标项目基本要求的潜在投标人并向其发出投标邀请书，由被邀请的潜在投标人参加投标竞争，招标人从中择优确定中标人的一种招标方式。

（1）邀请招标的特点

1）根据《招标投标法》第 17 条规定，采用邀请招标方式的招标人应当向 3 个以上的潜在投标人发出投标邀请书。

2）邀请招标的招标人要以投标邀请书的方式向一定数量的潜在投标人发出投标邀请，只有接受投标邀请书的法人或者其他组织才可以参加投标竞争，其他法人或组织无权参加投标。

（2）邀请招标的范围

《招标投标法实施条例》第8条规定，国有资金占控股或者主导地位的依法必须进行招标的项目，应当公开招标；但有下列情形之一的，可以邀请招标：

1）技术复杂、有特殊要求或者受自然环境限制，只有少量潜在投标人可供选择。

2）采用公开招标方式的费用占项目合同金额的比例过大。

国家重点建设项目的邀请招标，应当经国家发改委批准；地方重点建设项目的邀请招标，应当经各省、自治区、直辖市人民政府批准。全部使用国有资金投资或者国有资金投资占控股或者主导地位的并需要审批的工程建设项目的邀请招标，应当经项目审批部门批准，但项目审批部门只审批立项的，由有关行政监督部门批准。

3. 总承包招标和两阶段招标

根据《招标投标法实施条例》，招标人可以依法对工程以及与工程建设有关的货物、服务全部或者部分实行总承包招标。以暂估价形式包括在总承包范围内的工程、货物、服务属于依法必须进行招标的项目范围且达到国家规定规模标准的，应当依法进行招标。以上所称暂估价，是指总承包招标时不能确定价格而由招标人在招标文件中暂时估定的工程、货物、服务的金额。

《招标投标法实施条例》还规定，对技术复杂或者无法精确拟定技术规格的项目，招标人可以分两阶段进行招标。

第一阶段，投标人按照招标公告或者投标邀请书的要求提交不带报价的技术建议，招标人根据投标人提交的技术建议确定技术标准和要求，编制招标文件。

第二阶段，招标人向在第一阶段提交技术建议的投标人提供招标文件，投标人按照招标文件的要求提交包括最终技术方案和投标报价的投标文件。

3.2.4 建设工程招标基本程序

招标是招标人从投标人中选择并确定中标人的过程，招标应有一系列的工作程序。

根据《招标投标法》《招标投标法实施条例》，招标工作程序如下：

（1）履行项目审批手续。

（2）成立招标组织，由招标人自行招标或委托招标。

（3）发布资格预审公告或者招标公告。

（4）编制资格预审文件或者招标文件和标底（如果有）。

（5）发售资格预审文件或者招标文件。

（6）对潜在投标人或者投标人的资格审查。

（7）组织投标人踏勘现场，并对招标文件答疑。

（8）确定投标人编制投标文件所需要的合理时间。

（9）接受投标书。

（10）开标、评标、定标，签发中标通知书。

（11）与中标人签订合同。

1. 履行项目审批手续

《招标投标法》规定，招标项目按照国家有关规定需要履行项目审批手续的，应当先履行审批手续，取得批准。招标人应当有进行招标项目的相应资金或者资金来源已经落实，并应当在招标文件中如实载明。

《招标投标法实施条例》进一步规定，按照国家有关规定需要履行项目审批、核准手续的依法必须进行招标的项目，其招标范围、招标方式、招标组织形式应当报项目审批、核准部门审批、核准。项目审批、核准部门应当及时将审批、核准确定的招标范围、招标方式、招标组织形式通报有关行政监督部门。

2. 成立招标组织，由招标人自行招标或委托招标

依法必须招标的项目经批准后，招标人应当成立招标组织，并根据项目实际情况需要和自身条件，可以自行招标或选择招标代理机构进行委托招标。

招标人自行招标，必须具有编制招标文件和组织评标能力。依法必须进行招标的工程建设项目，招标人自行办理招标事宜的，应当向有关行政监督部门备案。

招标代理机构应当拥有一定数量的具备编制招标文件、组织评标等相应能力的专业人员。招标代理机构在招标人委托的范围内开展招标代理业务，任何单位和个人不得非法干涉。招标代理机构不得在所代理的招标项目中投标或者代理投标，也不得为所代理的招标项目的投标人提供咨询。

3. 发布招标公告、资格预审公告或投标邀请书

（1）公开招标应当发布招标公告

招标公告是招标人以公告方式邀请不特定的潜在投标人就招标项目参加投标的意思表示。公开招标的招标信息必须通过公告的途径予以通知，使所有合格的投标人都有同等机会了解招标要求。

（2）招标公告的发布方式

《招标投标法实施条例》第15条规定：公开招标的项目，应当依照招标投标法和本条例的规定发布招标公告、编制招标文件。

招标人采用资格预审办法对潜在投标人进行资格审查的，应当发布资格预审公告、编制资格预审文件。

（3）招标公告的主要内容

招标公告的主要目的是发布招标项目的有关信息，使那些有兴趣的潜在投标人根据项目有关的主要情况，决定是否参加投标。因此，招标公告的内容对潜在投标人是至关重要的。

1）施工招标公告的主要内容

《工程建设项目施工招标投标办法》第14条规定，施工招标的招标公告或者投标邀请书应当至少载明下列内容：①招标人的名称和地址；②招标项目的内容、规模、资金来源；③招标项目的实施地点和工期；④获取招标文件或者资格预审文件的地点和时间；⑤对招标文件或者资格预审文件收取的费用；⑥对投标人的资质等级的要求。

2）设计招标公告的主要内容

《建筑工程设计招标投标管理办法》第 7 条规定，设计招标的招标公告或者投标邀请书应当载明招标人的名称和地址、招标项目的基本要求、投标人的资质以及获取要求招标文件的办法等事项。

（4）发布投标邀请书

根据《招标投标法》，招标人采用邀请招标方式的，应当向 3 个以上具备承担招标项目的能力、资信良好的特定的法人或者其他组织发出投标邀请书。投标邀请书应当载明招标人的名称和地址、招标项目的性质、数量、实施地点和时间以及获取招标文件的办法等事项。

4. 招标文件的编制和发售

（1）编制招标文件应遵守的原则

为了规范招标人的行为，保证招标文件的公正合理，《招标投标法》及其相关法规要求招标人在编制招标文件时，应当遵守以下基本原则：

1）招标人应当根据招标项目的特点和需要编制招标文件。招标文件应当包括招标项目的技术要求、对投标人资格审查的标准、投标报价要求和评标标准等所有实质性要求和条件以及拟签订合同的主要条款。

2）国家对招标项目的技术、标准有规定的，招标人应当按照其规定在招标文件中提出相应要求。

3）招标项目需要划分标段、确定工期的，招标人应当合理划分标段、确定工期，并在招标文件中载明。

4）招标文件不得要求或者标明特定的生产供应者以及含有倾向或者排斥潜在投标人的其他内容。

（2）关于时间方面招标文件应遵守的规定

1）可以澄清、修改招标文件的时间

《招标投标法》第 23 条规定，招标人对已发出的招标文件进行必要的澄清或者修改的，应当在招标文件要求提交投标文件截止时间至少十五日前，以书面形式通知所有招标文件收受人。该澄清或者修改的内容为招标文件的组成部分。

2）确定编制投标文件的时间

《招标投标法》第 24 条规定，招标人应当确定投标人编制投标文件所需要的合理时间；但是，依法必须进行招标的项目，自招标文件开始发出之日起至投标人提交投标文件截止之日止，最短不得少于二十日。

【案例 3-2】投标文件截止日期案

3）确定投标有效期

投标有效期是招标文件中规定的投标文件有效期。《招标投标法实施条例》第 25 条规定，招标人应当在招标文件中载明投标有效期。投标有效期从提交投标文件的截止之日起算。

（3）设计招标文件的编制

1）设计招标文件的一般要求

根据《建筑工程设计招标投标管理办法》，设计招标文件的一般要求是：①招标人应当在招标文件中规定实质性要求和条件，并用醒目的方式标明；②招标文件应具有严肃性，一经发出，招标人不得随意变更，确需进行必要的澄清或者修改，应当在提交投标文件截止日期 15 日前，书面通知所有招标文件收受人；③招标人要求投标人提交投标文件的时限为：特级和一级建筑工程不少于 45 日；二级以下建筑工程不少于 30 日；进行概念设计招标的，不少于 20 日。

2）设计招标文件的主要内容

根据《建筑工程设计招标投标管理办法》，设计招标文件应包括以下主要内容：①工程名称、地址、占地面积、建筑面积等；②已批准的项目建议书或者可行性研究报告；③工程经济技术要求；④城市规划管理部门确定的规划控制条件和用地红线图；⑤可供参考的工程地质、水文地质、工程测量等建设场地勘察成果报告；⑥供水、供电、供气、供热、环保、市政道路等方面的基础资料；⑦招标文件答疑、踏勘现场的时间和地点；⑧投标文件编制要求及评标原则；⑨投标文件送达的截止时间；⑩拟签订合同的主要条款；⑪未中标方案的补偿办法。

（4）施工招标文件的编制

1）施工招标文件的一般要求

根据《工程建设项目施工招标投标办法》，施工招标文件的一般要求是：

① 招标人应当在招标文件中规定实质性要求和条件，并用醒目的方式标明。

② 招标人可以要求投标人在提交符合招标文件规定要求的投标文件外，提交备选投标方案，但应当在招标文件中作出说明，并提出相应的评审和比较办法。

③ 招标文件规定的各项技术标准均应符合国家强制性标准，均不得要求或标明某一特定的专利、商标、名称、设计、原产地或生产供应者，不得含有倾向或者排斥潜在投标人的其他内容。

④ 招标项目需要划分标段、确定工期的，招标人应当合理划分标段、确定工期，并在招标文件中载明。在工程技术上紧密相连、不可分割的单位工程不得分割标段。招标人不得以不合理的标段或工期限制或者排斥潜在投标人或者投标人。

⑤ 招标文件应当明确规定评标时除价格以外的所有评标因素，以及如何将这些因素量化或者据以进行评估。

⑥ 招标文件应当规定一个适当的投标有效期。

⑦ 招标项目工期超过 12 个月的，招标文件中可以规定工程造价指数体系、价格调整因素和调整方法。

⑧ 招标人应当确定投标人编制投标文件所需要的合理时间。

⑨ 招标人根据招标项目的具体情况，可以组织潜在投标人踏勘项目现场，向其介绍工程场地和相关环境的有关情况。但招标人不得单独或者分别组织任何一个投标人进

059

行现场踏勘。潜在投标人依据招标人介绍情况作出的判断和决策，由投标人自行负责。

⑩ 对于潜在投标人在阅读招标文件和现场踏勘中提出的疑问，招标人可以书面形式或召开投标预备会的方式解答，但需同时将解答以书面方式通知所有购买招标文件的潜在投标人。该解答的内容为招标文件的组成部分。

2）施工招标文件的主要内容

根据《工程建设项目施工招标投标办法》，施工招标文件应包括以下主要内容：

1）投标邀请书。

2）投标人须知。包括工程概况，招标范围，资格审查条件，工程资金来源或者落实情况（包括银行出具的资金证明），标段划分，工期要求，质量标准，现场踏勘和答疑安排，投标文件编制、提交、修改、撤回的要求，投标报价要求，投标有效期，开标的时间和地点，评标的方法和标准等。

3）拟签订合同的主要条款。

4）投标文件格式。

5）技术条款和设计图纸。

6）采用工程量清单招标的，应当提供工程量清单。

7）评标标准和方法。

8）投标辅助材料。如投标保证金或其他形式的担保。

5. 标底及其编制

建筑工程的标底是指招标人认可的招标项目的预算价格。

《招标投标法实施条例》第 27 条规定，招标人可以自行决定是否编制标底。一个招标项目只能有一个标底。标底必须保密。接受委托编制标底的中介机构不得参加受托编制标底项目的投标，也不得为该项目的投标人编制投标文件或者提供咨询。招标人设有最高投标限价的，应当在招标文件中明确最高投标限价或者最高投标限价的计算方法。招标人不得规定最低投标限价。

6. 招标文件的发售

《招标投标法实施条例》第 16 条的规定，招标人应当按照资格预审公告、招标公告或者投标邀请书规定的时间、地点发售资格预审文件或者招标文件。资格预审文件或者招标文件的发售期最短不得少于 5 日。

招标人发售资格预审文件、招标文件收取的费用应当限于补偿印刷、邮寄的成本支出，不得以营利为目的。

7. 终止招标

《招标投标法实施条例》第 31 条规定，招标人终止招标的，应当及时发布公告，或者以书面形式通知被邀请的或者已经获取资格预审文件、招标文件的潜在投标人。已经发售资格预审文件、招标文件或者已经收取投标保证金的，招标人应当及时退还所收取的资格预审文件、招标文件的费用，以及所收取的投标保证金及银行同期存款利息。

8. 有异议的招标文件的处理

《招标投标法实施条例》第 22 条规定，潜在投标人或者其他利害关系人对招标文件有异议的，应当在投标截止时间 10 日前提出。招标人应当自收到异议之日起 3 日内作出答复；作出答复前，应当暂停招标投标活动。

招标人编制的招标文件的内容违反法律、行政法规的强制性规定，违反公开、公平、公正和诚实信用原则，影响潜在投标人投标的，依法必须进行招标的项目的招标人应当在修改招标文件后重新招标。

9. 对潜在投标人或者投标人的资格审查

招标人可以根据招标项目本身的特点和需要，要求潜在投标人或者投标人提供满足其资格要求的文件，对潜在投标人或者投标人进行资格审查。资格审查分为资格预审和资格后审。

（1）资格预审

资格预审是指在投标前对潜在投标人进行的资格审查。

1）资格预审的原则

资格预审应遵循如下的原则：①资格预审应当发布资格预审公告、编制资格预审文件；②资格预审应当按照资格预审文件载明的标准和方法进行；③招标人可以对已发出的资格预审文件进行必要的澄清或者修改。澄清或者修改的内容可能影响资格预审申请文件编制的，招标人应当在提交资格预审申请文件截止时间至少 3 日前，以书面形式通知所有获取资格预审文件的潜在投标人；不足 3 日的，招标人应当顺延提交资格预审申请文件的截止时间。

2）资格预审文件的发售

招标人应当按照资格预审公告规定的时间、地点发售资格预审文件。资格预审文件的发售期不得少于 5 日。

招标人发售资格预审文件收取的费用应当限于补偿印刷、邮寄的成本支出，不得以营利为目的。

3）资格预审申请文件的提交

招标人应当合理确定提交资格预审申请文件的时间。依法必须进行招标的项目提交资格预审申请文件的时间，自资格预审文件停止发售之日起不得少于 5 日。

4）资格预审结果通知

资格预审结束后，招标人应当及时向资格预审申请人发出资格预审结果通知书。未通过资格预审的申请人不具有投标资格，不得参加投标。

通过资格预审的申请人少于 3 个的，应当重新招标。

5）有异议的资格预审文件的处理

潜在投标人或者其他利害关系人对资格预审文件有异议的，应当在提交资格预审申请文件截止时间 2 日前提出；招标人应当自收到异议之日起 3 日内作出答复；作出答复前，应当暂停招标投标活动。

（2）资格后审

资格后审是指在开标后对投标人进行的资格审查。进行资格预审的，一般不再进行资格后审，但招标文件另有规定的除外。

3.2.5　建设工程投标

在招标人以招标公告或者投标邀请书的方式发出招标邀请后，具备承担该招标项目能力的法人或者其他组织即可在招标文件指定的提交投标文件的截止时间之前，向招标人提交投标文件，参加投标竞争。

1. 投标人

《招标投标法》第 25 条规定，投标人是响应招标、参加投标竞争的法人或者其他组织。依法招标的科研项目允许个人参加投标的，投标的个人适用本法有关投标人的规定。

所有对招标公告或投标邀请书感兴趣的并有可能参加投标的人，称为潜在投标人。所谓响应招标，是指潜在投标人获得了招标的信息或者投标邀请书以后购买招标文件，接受资格审查，并编制投标文件，按照招标人的要求参加投标。参加投标竞争是指按照招标文件的要求并在规定的时间内提交投标文件的活动。

按照法律规定，投标人必须是法人或者其他组织，不包括自然人。但是，考虑科研项目的特殊性，法律条文中增加了个人对科研项目投标的规定，个人可以作为投标主体参加科研项目投标活动。这是对科研项目投标的特殊规定。

参加投标活动必须具备一定的条件，不是所有感兴趣的法人或经济组织都可以投标。《招标投标法》第 26 条规定，投标人应当具备承担招标项目的能力；国家有关规定对投标人资格条件或者招标文件对投标人资格有规定的，投标人应当具备规定的资格条件。

2. 共同投标

（1）共同投标的概念

共同投标指的是某承包单位为了承揽不适于自己单独承包的工程项目而与其他单位联合，以一个投标人的身份参与投标的投标方式。

《招标投标法》第 31 条规定，两个以上法人或者其他组织可以组成一个联合体，以一个投标人的身份共同投标。

（2）共同投标的联合体应具备的条件

《招标投标法》第 31 条和《招标投标法实施条例》第 37 条对联合体投标作出了以下规定：

1）招标人应当在资格预审公告、招标公告或者投标邀请书中载明是否接受联合体投标。

2）招标人接受联合体投标并进行资格预审的，联合体应当在提交资格预审申请文件前组成。资格预审后联合体增减、更换成员的，其投标无效。联合体各方在同一招标项目中以自己名义单独投标或者参加其他联合体投标的，相关投标均无效。

3）联合体各方均应具备承担招标项目的相应能力。承担招标项目的相应能力，是指完成招标项目所需要的技术、资金、设备、管理等方面的能力。

4）国家有关规定或者招标文件对投标人资格条件有规定的，联合体各方均应具备规定的相应资格条件。

5）由同一专业的单位组成的联合体，按照资质等级较低的施工企业的业务范围承揽工程。

（3）共同投标协议

联合体各方应当签订共同投标协议，明确约定各方拟承担的工作和责任，并将共同投标协议连同投标文件一并提交招标人。

共同投标协议约定了组成联合体各成员单位在联合体中所承担的各自的工作范围，这个范围的确定也为建设单位判断该成员单位是否具备"相应的资格条件"提供了依据。

共同投标协议也约定了组成联合体各成员单位在联合体中所承担的各自的责任，这也为将来可能引发纠纷的解决提供了必要的依据。因此，共同投标协议对于联合体投标这种投标的形式是非常必要的，也正是基于此，《工程建设项目施工招标投标办法》第50条规定：对于投标联合体没有提交共同投标协议的，评标委员会应当否决其投标。

（4）共同投标联合体各方的责任义务

1）联合体各方签订共同投标协议后，不得再以自己名义单独投标，也不得组成新的联合体或参加其他联合体在同一项目中投标。

2）招标人接受联合体投标并进行资格预审的，联合体应当在提交资格预审申请文件前组成。资格预审后联合体增减、更换成员的，其投标无效。

3）联合体各方应当指定牵头人，授权其代表所有联合体成员负责投标和合同实施阶段的主办、协调工作，并应当向招标人提交由所有联合体成员法定代表人签署的授权书。

4）联合体投标的，应当以联合体各方或者联合体中牵头人的名义提交投标保证金。以联合体中牵头人名义提交的投标保证金，对联合体各成员具有约束力。

5）中标的联合体各方应当共同与招标人签订合同，并就中标项目向招标人承担连带责任。

3. 投标文件的编制

（1）基本要求

《招标投标法》第27条第1款规定，编制投标文件应当符合下述两项要求：①按照招标文件的要求编制投标文件；②对招标文件提出的实质性要求和条件做出响应。

（2）建筑工程设计投标文件内容

根据《建筑工程设计招标投标管理办法》，投标人应当按照招标文件、建筑方案设计文件编制深度规定的要求编制投标文件；进行概念设计招标的，应当按照招标文件要求编制投标文件。投标文件应当由具有相应资格的注册建筑师签章，并加盖单位公章。

（3）建设工程施工投标文件内容

根据《工程建设项目施工招标投标办法》，施工投标文件应当包括下列内容：①投标函；②投标报价；③施工组织设计；④商务和技术偏差表。另外，投标人根据招标文件载明的项目实际情况，拟在中标后将中标项目的部分非主体、非关键性工作进行分包的，应当在投标文件中载明。

《招标投标法》第 27 条第 2 款规定，编制建设施工项目的投标文件，还应当包括如下的特殊要求：①拟派出的项目负责人的简历；②主要技术人员的简历；③业绩；④拟用于完成招标项目的机械设备等。

4. 对投标文件的补充、修改和撤回

《招标投标法》第 29 条规定，投标人在招标文件要求提交投标的截止时间前，可以补充、修改或者撤回已提交的投标文件，并书面通知招标人。补充、修改内容为投标文件的组成部分。

补充是指对投标文件中遗漏和不足的部分进行增补。修改是指对投标文件中已有的内容进行修订。撤回是指收回全部投标文件，或者放弃投标，或者以新的投标文件重新投标。

《招标投标法实施条例》第 35 条进一步规定，投标人撤回已提交的投标文件，应当在投标截止时间前书面通知招标人。招标人已收取投标保证金的，应当自收到投标人书面撤回通知之日起 5 日内退还。投标截止后投标人撤销投标文件的，招标人可以不退还投标保证金。

5. 投标文件的送达和拒收

（1）投标文件的送达

投标人应当在招标文件要求提交投标文件的截止时间前，将投标文件送达投标地点。招标人收到投标文件后，应当签收保存，不得开启。

（2）投标文件的拒收

未通过资格预审的申请人提交的投标文件，以及逾期送达或者不按照招标文件要求密封的投标文件，招标人应当拒收。

招标人应当如实记载投标文件的送达时间和密封情况，并存档备查。

6. 投标保证金

在招标投标过程中，如果投标人投标后擅自撤回投标，或者投标被接受后由于投标人的原因不能签订合同，那么招标人就可能遭受损失（如重新进行招标的费用和招标推迟造成的损失等）。因此，招标人可以在招标文件中要求投标人提供投标保证金或其他形式的担保，以防投标人违约，并在投标人违约时得到补偿。

《招标投标法实施条例》第 26 条规定，招标人在招标文件中要求投标人提交投标保证金的，投标保证金不得超过招标项目估算价的 2%。投标保证金有效期应当与投标有效期一致。依法必须进行招标的项目的境内投标单位，以现金或者支票形式提交的投标保证金应当从其基本账户转出。招标人不得挪用投标保证金。

【案例 3-3】提交投标保证金案

《招标投标法实施条例》同时规定，实行两阶段招标的，招标人要求投标人提交投标保证金的，应当在第二阶段提出。招标人终止招标，已经收取投标保证金的，招标人应当及时退还所收取的投标保证金及银行同期存款利息。投标人撤回已提交的投标文件，招标人已收取投标保证金的，应当自收到投标人书面撤回通知之日起 5 日内退还。投标截止后投标人撤销投标文件的，招标人可以不退还投标保证金。

招标人最迟应当在书面合同签订后 5 日内向中标人和未中标的投标人退还投标保证金及银行同期存款利息。

3.2.6　招标投标活动中的禁止性规定

1. 严厉禁止串通投标

串通投标包括两种情况：一是投标人之间串通投标；二是投标人与招标人之间相互串通投标。

（1）投标人之间相互串通投标

《招标投标法实施条例》第 39 条规定，有下列情形之一的，属于投标人相互串通投标：①投标人之间协商投标报价等投标文件的实质性内容；②投标人之间约定中标人；③投标人之间约定部分投标人放弃投标或者中标；④属于同一集团、协会、商会等组织成员的投标人按照该组织要求协同投标；⑤投标人之间为谋取中标或者排斥特定投标人而采取的其他联合行动。

《招标投标法实施条例》第 40 条规定，有下列情形之一的，视为投标人相互串通投标：①不同投标人的投标文件由同一单位或者个人编制；②不同投标人委托同一单位或者个人办理投标事宜；③不同投标人的投标文件载明的项目管理成员为同一人；④不同投标人的投标文件异常一致或者投标报价呈规律性差异；⑤不同投标人的投标文件相互混装；⑥不同投标人的投标保证金从同一单位或者个人的账户转出。

（2）投标人与招标人之间相互串通投标

《招标投标法实施条例》第 41 条规定，有下列情形之一的，属于招标人与投标人串通投标：①招标人在开标前开启投标文件并将有关信息泄露给其他投标人；②招标人直接或者间接向投标人泄露标底、评标委员会成员等信息；③招标人明示或者暗示投标人压低或者抬高投标报价；④招标人授意投标人撤换、修改投标文件；⑤招标人明示或者暗示投标人为特定投标人中标提供方便；⑥招标人与投标人为谋求特定投标人中标而采取的其他串通行为。

2. 严厉禁止投标人行贿

投标人不得以向招标人或者评标委员会成员行贿的手段来谋取中标。如果有行贿受贿行为的，中标无效，情节严重的还要依法追究刑事责任。

《招标投标法》之所以禁止串通投标行为和行贿投标行为，是因为这些行为严重破坏了招标投标活动应当遵守的公平竞争的原则，损害了招标人和其他投标人的合法权益，损害了国家利益和社会公共利益，同时也助长了腐败现象的蔓延。因此，对上述行为将依法追究其法律责任。

3. 严厉禁止以低于成本的价格竞标

《招标投标法》第 33 条规定，投标人不得以低于成本的报价竞标。在这里，所谓"成本"，应指投标人的个别成本，该成本是根据投标人的企业定额测定的成本。如果投标人以低于成本的报价竞标时，将很难保证建设工程的安全和质量。

4. 严厉禁止以他人名义投标或以其他方式弄虚作假，骗取中标

《招标投标法》第 33 条规定，投标人不得以他人的名义投标或者以其他方式弄虚作假，骗取中标。

《招标投标法实施条例》第 42 条规定，使用通过受让或者租借等方式获取的资格、资质证书投标的，属于招标投标法第 33 条规定的以他人名义投标。

投标人有下列情形之一的，属于《招标投标法》第 33 条规定的以其他方式弄虚作假的行为：①使用伪造、变造的许可证件；②提供虚假的财务状况或者业绩；③提供虚假的项目负责人或者主要技术人员简历、劳动关系证明；④提供虚假的信用状况；⑤其他弄虚作假的行为。

3.2.7 开标、评标和中标

开标、评标和中标，是招标投标过程中非常重要的环节，是决定投标人能否最后中标的关键阶段，同时也是最容易产生腐败的一个阶段，对于体现招标投标的公开、公平、公正原则，也具有极其重要的意义。

1. 开标

开标就是招标人依据招标文件的时间、地点，当众开启所有投标人提交的投标文件，公开宣布投标人的姓名、投标报价和其他主要内容的行为。

（1）公开开标

《招标投标法》为了贯彻公开、公平、公正的原则，规定开标应当公开进行，而不得秘密开标。这是法律的强制性规定，任何当事人不得违反或变更。

（2）开标的时间和地点

根据《招标投标法》，开标时间应当是招标文件确定的提交投标文件截止时间的同一时间；开标地点应当是招标文件中预先确定的地点。

根据《招标投标法实施条例》，投标人少于 3 个的，不得开标；招标人应当重新招标。投标人对开标有异议的，应当在开标现场提出，招标人应当当场作出答复，并制作记录。

（3）开标的主持人和参加人

开标由招标人主持，邀请所有投标人参加。开标时，由投标人或者其推选的代表检查投标文件的密封情况，也可以由招标人委托的公证机构检查并公证；经确认无误后，由工作人员当众拆封，宣读投标人名称、投标价格和投标的其他主要内容。开标过程应当记录，并存档备查。

（4）开标程序

开标一般按下列程序进行：

1）主持人宣布开标开始，宣布参加开标人员名单，以及评标、决标的原则和纪律。

2）宣布开标后的程序安排。

3）验证唱标。在公证员（或纪检、监察人员）的监督下，由投标人或者其推选的

代表检查投标文件的密封情况，也可以由招标人委托的公证机构检查并公证，经确认无误后，由工作人员当众拆封，宣读投标人名称、投标价格和投标的其他主要内容。若是涉外招标投标的，要分别用中英文宣读投标人名称、投标价格和投标文件的其他主要内容，并在事先备好的唱标记录上登记。

4）开标过程应当记录，并存档备查。开标结束后，应编写一份开标会议纪要，并送有关方面。

2. 评标

根据《招标投标法》《招标投标法实施条例》，评标必须由专门的评标委员会来负责，以确保评标结果的科学性和公正性。评标委员会由招标人负责组建。评标委员会成员名单一般应于开标前确定。

评标委员会完成评标工作后，应当向招标人提出书面评标报告。评标报告应阐明评标委员会对各投标文件的评审和比较意见，并按照招标文件中规定的评标方法，推荐不超过 3 名有排序的合格的中标候选人或中标候选方案。

3. 中标

（1）推荐中标候选人

评标委员会推荐的中标候选人应当限定在 1~3 人，并标明排列顺序。

依法必须进行招标的项目，招标人应当自收到评标报告之日起 3 日内公示中标候选人，公示期不得少于 3 日。

投标人或者其他利害关系人对依法必须进行招标的项目的评标结果有异议的，应当在中标候选人公示期间提出。招标人应当自收到异议之日起 3 日内作出答复；作出答复前，应当暂停招标投标活动。

（2）确定中标人

在确定中标人之前，招标人不得与投标人就投标价格、投标方案等实质性内容进行谈判。

中标人的投标应当符合下列条件之一：

1）能够最大限度满足招标文件中规定的各项综合评价标准；

2）能够满足招标文件的实质性要求，并且经评审的投标价格最低，但是投标价格低于成本的除外。

招标人应当接受评标委员会推荐的中标候选人，不得在评标委员会推荐的中标候选人之外确定中标人。

国有资金占控股或者主导地位的依法必须进行招标的项目，招标人应当确定排名第一的中标候选人为中标人。

（3）中标通知书

中标人确定后，招标人应当向中标人发出中标通知书，并同时将中标结果通知所有未中标的投标人。

中标通知书对招标人和投标人具有法律效力。中标通知书发出后，招标人改变中标结果的，或者中标人放弃中标项目的，应当依法承担法律责任。

4. 招标人和中标人订立合同

（1）签订合同的要求

根据《招标投标法》和《招标投标法实施条例》，招标人和中标人应当自中标通知书发出之日起 30 日内，按照招标文件和中标人的投标文件订立书面合同，合同的标的、价款、质量、履行期限等主要条款应当与招标文件和中标人的投标文件的内容一致。招标人和中标人不得再行订立背离合同实质性内容的其他协议。

招标人最迟应当在书面合同签订后 5 日内向中标人和未中标的投标人退还投标保证金及银行同期存款利息。

（2）履约保证金

《招标投标法实施条例》第 58 条规定，招标文件要求中标人提交履约保证金的，中标人应当按照招标文件的要求提交。履约保证金不得超过中标合同金额的 10%。

（3）合同履行

《招标投标法实施条例》第 59 条规定，中标人应当按照合同约定履行义务，完成中标项目。中标人不得向他人转让中标项目，也不得将中标项目肢解后分别向他人转让。

中标人按照合同约定或者经招标人同意，可以将中标项目的部分非主体、非关键性工作分包给他人完成。接受分包的人应当具备相应的资格条件，并不得再次分包。

中标人应当就分包项目向招标人负责，接受分包的人就分包项目承担连带责任。

5. 招标投标备案制度

《招标投标法》第 47 条规定，依法必须进行招标的项目，招标人应当自确定中标人之日起 15 日内，向工程所在地的县级以上地方人民政府建设行政主管部门提交包括以下内容的招标投标情况的书面报告：①招标范围；②招标方式和发布招标公告的媒介；③招标文件中投标人须知、技术条款、评标标准和方法、合同主要条款等内容；④评标委员会的组成和评标报告；⑤中标结果。

法律对此作出强制性规定是非常必要的，体现了国家对这种民事活动的干预和监督。

需要注意的是：只有依法必须进行招标的项目，《招标投标法》才要求招标人向有关部门提交书面报告。提交书面报告并不是说合法的中标结果和合同必须经行政部门审查批准后才能生效，而是为了通过审查备案，及时发现问题、解决问题，追究其中的违法行为。

6. 重新招标和招标投标投诉

（1）重新招标

评标委员会按照招标文件中规定的评标标准，对每一份投标文件的各项指标进行评审后，如果认为所有的投标都不符合招标文件要求，即所有投标均被否决，或者投标人少于 3 个，招标人应当依法重新招标。

（2）招标投标投诉

1）投标人或者其他利害关系人认为招标投标活动不符合法律、行政法规规定的，可以自知道或者应当知道之日起 10 日内向有关行政监督部门投诉。投诉应当有明确的请求和必要的证明材料。

就资格预审文件、开标的时间和地点、中标候选人事项投诉的，应当先向招标人提出异议，异议答复期间不计算在前款规定的期限内。

2）投诉人就同一事项向两个以上有权受理的行政监督部门投诉的，由最先收到投诉的行政监督部门负责处理。

行政监督部门应当自收到投诉之日起 3 个工作日内决定是否受理投诉，并自受理投诉之日起 30 个工作日内作出书面处理决定；需要检验、检测、鉴定、专家评审的，所需时间不计算在内。

投诉人捏造事实、伪造材料或者以非法手段取得证明材料进行投诉的，行政监督部门应当予以驳回。

3）行政监督部门处理投诉，有权查阅、复制有关文件、资料，调查有关情况，相关单位和人员应当予以配合。必要时，行政监督部门可以责令暂停招标投标活动。

行政监督部门的工作人员对监督检查过程中知悉的国家秘密、商业秘密，应当依法予以保密。

【案例 3-4】
邀请招标案

思政拓展学习

《中华人民共和国招标投标法》第 5 条规定，招标投标活动应当遵循公开、公平、公正和诚实信用的原则。这是我国社会主义核心价值观在建设工程项目招标投标活动中的具体体现。

请同学们思考：

1. 社会主义核心价值观包括哪些内容？

2. 招标投标中的违法行为给社会和企业带来哪些危害？

3.3 建设工程承包法规

建设工程承包制度包括总承包、共同承包、分包等制度。

3.3.1 承包单位的资质管理

《建筑法》第 26 条规定，承包建筑工程的单位应当持有依法取得的资质证书，并在其资质等级许可的业务范围内承包工程。

承包建筑工程的单位，因其单位性质和技术、设备不同，其资质等级也不完全一样。级别不同，所从事的业务范围也不完全相同。承包建筑工程的单位应当"在其资质等级许可的业务范围内承揽工程。"若违反此项规定，则应当承担法律责任。

《建筑法》第 26 条还规定，禁止建筑施工企业超越本企业资质等级许可的业务范围或者以任何形式用其他建筑施工企业的名义承揽工程。禁止建筑施工企业以任何形式允许其他单位或者个人使用本企业的资质证书、营业执照，以本企业的名义承揽工程。这就要求建筑施工企业必须根据自己所具备的资质等级从事建筑承揽活动，不能以借用其他建筑施工企业的资质或者以挂靠等形式以其他建筑施工企业的名义来承揽工程。另外，建筑施工企业也不得出借自己的资质证书、营业执照，不得出租自己的资质证书、营业执照，不得允许其他建筑施工企业挂靠在自己企业之下。这些规定都是强制性规定，建筑施工企业必须遵守，否则应承担法律责任。

3.3.2　建设工程总承包制度

《建筑法》第 24 条规定，国家提倡建筑工程实行总承包制度。即提倡将一个建筑工程由一个承包单位负责组织实施，由其统一指挥协调，并向发包单位承担统一的经济法律责任的承包形式。

目前，在建筑工程总承包中，有以下 2 种情况：

（1）全部建筑工程的总承包。即建筑工程的发包单位将建筑工程的勘察、设计、施工、设备采购和试运行一并发包给一个工程总承包单位，由总承包单位直接向发包单位负责。总承包单位可以自己负责整个建筑工程的全过程，也可以依法再分包给若干个专业分包单位来完成。

（2）分项总承包。即建筑工程的发包单位将建筑工程勘察、设计、施工、设备采购的一项或者多项发包给一个工程总承包单位。

3.3.3　建设工程联合共同承包制度

《建筑法》第 27 条规定，大型建筑工程或者结构复杂的建筑工程，可以由两个以上的承包单位联合共同承包。共同承包的各方对承包合同的履行承担连带责任。联合共同承包须注意下列问题：

1. 联合共同承包的前提条件

承包单位联合共同承包的前提是大型建筑工程或者是结构复杂的建筑工程。也就是说，一些中小型工程以及结构不复杂的不可以采取联合承包工程的方式。对于什么是大型建筑工程和结构复杂的建筑工程应以国务院、地方政府或者国务院有关部门确定的标准为准。大型建筑工程以建筑面积或者总造价来划分为宜，结构复杂的建筑工程一般应是结构的专业性较强的建筑工程。

2. 联合共同承包的责任分担

共同承包的各方对承包合同的履行应承担连带责任。

所谓连带责任，是指依照法律规定或者当事人约定，两个或者两个以上当事人对其共同债务全部承担或部分承担，并能因此引起其内部债务关系的一种民事责任。当责任人为多人时，每个人都负有清偿全部债务的责任，各责任人之间有连带关系。

3. 高资质与低资质联合承包

在联合共同承包过程中，如果企业资质等级不同，要按照资质等级低的业务许可范围来承包工程。

4. 不同类别资质联合承包

两个以上资质类别不同的承包单位实行联合共同承包的，应当按照联合体的内部分工，各自按资质类别及等级的许可范围承担工程。

3.3.4　建设工程分包制度

1. 分包的类型

分包分为专业工程分包和劳务作业分包。

专业工程分包是指总承包单位将其所承包工程中的专业工程发包给具有相应资质的其他承包单位完成的活动。

劳务作业分包是指施工总承包企业或者专业承包企业将其承包工程中的劳务作业发包给劳务分包企业完成的活动。

2. 分包的资质管理

《建筑法》第 29 条规定，建筑工程总承包单位可以将承包工程中的部分工程发包给具有相应资质条件的分包单位。施工总承包的建筑工程主体结构的施工必须由总承包单位自行完成。建筑业企业可依据下列原则承揽工程：

（1）施工总承包企业

获得施工总承包资质的企业，可以对工程实行施工总承包或者对主体工程实行施工承包。承担施工总承包的企业可以对所承接的工程全部自行施工，也可以将非主体工程或者劳务作业分包给具有相应专业承包资质或者劳务分包资质的其他建筑业企业。

（2）专业承包企业

获得专业承包资质的企业，可以承接施工总承包企业分包的专业工程或者建设单位按照规定发包的专业工程。专业承包企业可以对所承接的工程全部自行施工，也可以将劳务作业分包给具有相应劳务分包资质的劳务分包企业。

（3）劳务分包企业

获得劳务分包资质的企业，可以承接施工总承包企业或者专业承包企业分包的劳务作业。

3. 对分包单位的认可

《建筑法》第 29 条规定，除总承包合同中约定的分包外，分包必须经建设单位认可。这实际上赋予了建设单位对分包单位的否决权，即没有经过建设单位认可的分包单位是违法的分包单位。

4. 总承包单位与分包单位的连带责任

《建筑法》第 29 条第 2 款规定，建筑工程总承包单位按照总承包合同的约定对建设单位负责；分包单位按照分包合同的约定对总承包单位负责。总承包单位和分包单位就分包工程对建设单位承担连带责任。

连带责任既可以依合同约定产生，也可以依法律规定产生。建设单位虽然和分包单位之间没有合同关系，但是当分包工程发生质量、安全、进度等方面问题给建设单位造成损失时，建设单位既可以根据总承包合同向总承包单位追究违约责任，也可以根据法律规定直接要求分包单位承担损害赔偿责任，分包单位不得拒绝。总承包单位和分包单位之间的责任划分，应当根据双方的合同约定或者各自过错大小确定；一方向建设单位承担的责任超过其应承担份额的，有权向另一方追偿。

3.3.5　建设工程施工转包、违法分包、挂靠等违法行为的认定与查处

1. 施工转包、违法分包、挂靠等违法行为的认定

（1）施工转包违法行为的认定

转包是指承包单位承包工程后，不履行合同约定的责任和义务，将其承包的全部工程或者将其承包的全部工程肢解后以分包的名义分别转给其他单位或个人施工的行为。

《建筑工程施工发包与承包违法行为认定查处管理办法》第8条规定，存在下列情形之一的，应当认定为转包，但有证据证明属于挂靠或者其他违法行为的除外：

1）承包单位将其承包的全部工程转给其他单位（包括母公司承接建筑工程后将所承接工程交由具有独立法人资格的子公司施工的情形）或个人施工的；

2）承包单位将其承包的全部工程肢解以后，以分包的名义分别转给其他单位或个人施工的；

3）施工总承包单位或专业承包单位未派驻项目负责人、技术负责人、质量管理负责人、安全管理负责人等主要管理人员，或派驻的项目负责人、技术负责人、质量管理负责人、安全管理负责人中一人及以上与施工单位没有订立劳动合同且没有建立劳动工资和社会养老保险关系，或派驻的项目负责人未对该工程的施工活动进行组织管理，又不能进行合理解释并提供相应证明的；

4）合同约定由承包单位负责采购的主要建筑材料、构配件及工程设备或租赁的施工机械设备，由其他单位或个人采购、租赁，或施工单位不能提供有关采购、租赁合同及发票等证明，又不能进行合理解释并提供相应证明的；

5）专业作业承包人承包的范围是承包单位承包的全部工程，专业作业承包人计取的是除上缴给承包单位"管理费"之外的全部工程价款的；

6）承包单位通过采取合作、联营、个人承包等形式或名义，直接或变相将其承包的全部工程转给其他单位或个人施工的；

7）专业工程的发包单位不是该工程的施工总承包或专业承包单位的，但建设单位依约作为发包单位的除外；

8）专业作业的发包单位不是该工程承包单位的；

9）施工合同主体之间没有工程款收付关系，或者承包单位收到款项后又将款项转拨给其他单位和个人，又不能进行合理解释并提供材料证明的。

两个以上的单位组成联合体承包工程，在联合体分工协议中约定或者在项目实际实施

过程中，联合体一方不进行施工也未对施工活动进行组织管理的，并且向联合体其他方收取管理费或者其他类似费用的，视为联合体一方将承包的工程转包给联合体其他方。

（2）施工违法分包行为的认定

违法分包是指承包单位承包工程后违反法律法规规定，把单位工程或分部分项工程分包给其他单位或个人施工的行为。

《建筑工程施工发包与承包违法行为认定查处管理办法》第12条规定，存在下列情形之一的，属于违法分包：

1）承包单位将其承包的工程分包给个人的；

2）施工总承包单位或专业承包单位将工程分包给不具备相应资质单位的；

3）施工总承包单位将施工总承包合同范围内工程主体结构的施工分包给其他单位的，钢结构工程除外；

4）专业分包单位将其承包的专业工程中非劳务作业部分再分包的；

5）专业作业承包人将其承包的劳务再分包的；

6）专业作业承包人除计取劳务作业费用外，还计取主要建筑材料款和大中型施工机械设备、主要周转材料费用的。

（3）施工挂靠违法行为的认定

挂靠是指单位或个人以其他有资质的施工单位的名义承揽工程的行为。这里的承揽工程，包括参与投标、订立合同、办理有关施工手续、从事施工等活动。

《建筑工程施工发包与承包违法行为认定查处管理办法》第10条规定，存在下列情形之一的，属于挂靠：

1）没有资质的单位或个人借用其他施工单位的资质承揽工程的；

2）有资质的施工单位相互借用资质承揽工程的，包括资质等级低的借用资质等级高的，资质等级高的借用资质等级低的，相同资质等级相互借用的；

3）具有施工转包第3）至第9）项规定的情形，并有证据证明属于挂靠的。

2. 对认定有施工转包、违法分包、挂靠等违法行为的查处

《建筑工程施工发包与承包违法行为认定查处管理办法》加大了对认定有施工转包、违法分包、挂靠等违法行为的查处力度。

（1）对认定有转包、违法分包违法行为的施工单位，依据《建筑法》第67条和《建设工程质量管理条例》第62条规定，责令其改正，没收违法所得，并处工程合同价款0.5%以上1%以下的罚款；可以责令停业整顿，降低资质等级；情节严重的，吊销资质证书。

（2）对认定有挂靠行为的施工单位或个人，依据《建筑法》第65条和《建设工程质量管理条例》第60条规定，对超越本单位资质等级承揽工程的施工单位，责令停止违法行为，并处工程合同价款2%以上4%以下的罚款；可以责令停业整顿，降低资质等级；情节严重的，吊销资质证书；有违法所得的，予以没收。对未取得资质证书承揽工程的单位和个人，予以取缔，并处工程合同价款2%以上4%以下的罚款；有违法所得的，予以没收。对其他借用资质承揽工程的施工单位，按照超越本单位资质等级承揽

工程予以处罚。

（3）对认定有转让、出借资质证书或者以其他方式允许他人以本单位的名义承揽工程的施工单位，依据《建筑法》第66条和《建设工程质量管理条例》第61条规定，责令改正，没收违法所得，并处工程合同价款2%以上4%以下的罚款；可以责令停业整顿，降低资质等级；情节严重的，吊销资质证书。

（4）对建设单位、施工单位给予单位罚款处罚的，依据《建设工程质量管理条例》第73条、《招标投标法》第49条、《招标投标法实施条例》第64条规定，对单位直接负责的主管人员和其他直接责任人员进行处分和罚款，罚款数额为单位罚款数额5%以上10%以下。

（5）对认定有转包、违法分包、挂靠、转让出借资质证书或者以其他方式允许他人以本单位的名义承揽工程等违法行为的施工单位，可依法限制其参加工程投标活动、承揽新的工程项目，并对其企业资质是否满足资质标准条件进行核查，对达不到资质标准要求的限期整改，整改后仍达不到要求的，资质审批机关撤回其资质证书。

对2年内发生2次及以上转包、违法分包、挂靠、转让出借资质证书或者以其他方式允许他人以本单位的名义承揽工程的施工单位，应当依法按照情节严重情形给予处罚。

（6）因违法发包、转包、违法分包、挂靠等违法行为导致发生质量安全事故的，应当依法按照情节严重情形给予处罚。

（7）对于违法发包、转包、违法分包、挂靠等违法行为的行政处罚追溯期限，应当按照法工办发［2017］223号文件的规定，从存在违法发包、转包、违法分包、挂靠的建筑工程竣工验收之日起计算；合同工程量未全部完成而解除或终止履行合同的，自合同解除或终止之日起计算。

（8）县级以上人民政府住房城乡建设主管部门应将查处的违法发包、转包、违法分包、挂靠等违法行为和处罚结果记入相关单位或个人信用档案，同时向社会公示，并逐级上报至住房和城乡建设部，在全国建筑市场监管公共服务平台公示。

3.4 法律责任

3.4.1 招标投标活动中的违法行为及其法律责任

1. 招标人违法行为应承担的法律责任

《招标投标法》和《招标投标法实施条例》中共有10条规定了招标人违法行为应承担的法律责任。

（1）《招标投标法》第49条规定，必须进行招标的项目而不招标的，将必须进行招标的项目化整为零或者以其他任何方式规避招标的，责令限期改正，可以处项目合同金额 5‰以上 10‰以下的罚款；对全部或者部分使用国有资金的项目，可以暂停项目执行或者暂停资金拨付；对单位直接负责的主管人员和其他直接责任人员依法给予处分。

《招标投标法实施条例》第 63 条规定，依法必须进行招标的项目的招标人不按照规定发布资格预审公告或者招标公告，构成规避招标的，依照《招标投标法》第 49 条的规定处罚。

（2）《招标投标法》第 51 条规定，招标人以不合理的条件限制或者排斥潜在投标人的，对潜在投标人实行歧视待遇的，强制要求投标人组成联合体共同投标的，或者限制投标人之间竞争的，责令改正，可以处 1 万元以上 5 万元以下的罚款。

《招标投标法实施条例》第 63 条规定，招标人有下列行为之一的，属于限制或者排斥潜在投标人的行为，由有关行政监督部门依照《招标投标法》第 51 条的规定处罚：

1）依法应当公开招标的项目不按照规定在指定媒介发布资格预审公告或者招标公告；

2）在不同媒介发布的同一招标项目的资格预审公告或者招标公告的内容不一致，影响潜在投标人申请资格预审或者投标。

（3）《招标投标法》第 52 条规定，依法必须进行招标的项目的招标人向他人透露已获取招标文件的潜在投标人的名称、数量或者可能影响公平竞争的有关招标投标的其他情况的，或者泄露标底的，给予警告，可以并处 1 万元以上 10 万元以下的罚款；对单位直接负责的主管人员和其他直接责任人员依法给予处分；构成犯罪的，依法追究刑事责任。若该行为影响中标结果的，中标无效。

（4）《招标投标法》第 57 条规定，招标人在评标委员会依法推荐的中标候选人以外确定中标人的，依法必须进行招标的项目在所有投标被评标委员会否决后自行确定中标人的，中标无效，责令改正，可以处中标项目金额 5‰以上 10‰以下的罚款；对单位直接负责的主管人员和其他直接责任人员依法给予处分。

（5）《招标投标法实施条例》第 64 条规定，招标人有下列情形之一的，由有关行政监督部门责令改正，可以处 10 万元以下的罚款：

1）依法应当公开招标而采用邀请招标。

2）招标文件、资格预审文件的发售、澄清、修改的时限，或者确定的提交资格预审申请文件、投标文件的时限不符合招标投标法和本条例规定。

3）接受未通过资格预审的单位或者个人参加投标。

4）接受应当拒收的投标文件。

招标人有前款第（1）项、第（3）项、第（4）项所列行为之一的，对单位直接负责的主管人员和其他直接责任人员依法给予处分。

（6）《招标投标法实施条例》第 66 条规定，招标人超过本条例规定的比例收取投标保证金、履约保证金或者不按照规定退还投标保证金及银行同期存款利息的，由有关行政监督部门责令改正，可以处 5 万元以下的罚款；给他人造成损失的，依法承担赔偿责任。

（7）《招标投标法实施条例》第 70 条规定，依法必须进行招标的项目的招标人不按照规定组建评标委员会，或者确定、更换评标委员会成员违反招标投标法和本条例规定的，由有关行政监督部门责令改正，可以处 10 万元以下的罚款，对单位直接负责的主管人员和其他直接责任人员依法给予处分；违法确定或者更换的评标委员会成员作出的评审结论无效，依法重新进行评审。

国家工作人员以任何方式非法干涉选取评标委员会成员的，依法给予记过或者记大过处分；情节严重的，依法给予降级或者撤职处分；情节特别严重的，依法给予开除处分；构成犯罪的，依法追究刑事责任。

（8）《招标投标法实施条例》第 73 条规定，依法必须进行招标的项目的招标人有下列情形之一的，由有关行政监督部门责令改正，可以处中标项目金额 10‰ 以下的罚款；给他人造成损失的，依法承担赔偿责任；对单位直接负责的主管人员和其他直接责任人员依法给予处分：

1）无正当理由不发出中标通知书；

2）不按照规定确定中标人；

3）中标通知书发出后无正当理由改变中标结果；

4）无正当理由不与中标人订立合同；

5）在订立合同时向中标人提出附加条件。

（9）《招标投标法实施条例》第 77 条规定，招标人不按照规定对招标投标活动中提出的异议作出答复，继续进行招标投标活动的，由有关行政监督部门责令改正，拒不改正或者不能改正并影响中标结果的，招标、投标、中标无效，应当依法重新招标或者评标。

2. 投标人违法行为应当承担的法律责任

《招标投标法》和《招标投标法实施条例》中共有 6 条规定了投标人违法行为应承担的法律责任。

（1）《招标投标法》第 53 条规定，投标人相互串通投标或者与招标人串通投标的，投标人以向招标人或者评标委员会成员行贿的手段谋取中标的，中标无效，处中标项目金额 5‰ 以上 10‰ 以下的罚款，对单位直接负责的主管人员和其他直接责任人员处单位罚款数额 5% 以上 10% 以下的罚款；有违法所得的，并处没收违法所得；情节严重尚不构成犯罪的，取消其 1~2 年内参加依法必须进行招标项目的投标资格并予以公告，直至由工商行政管理机关吊销营业执照；构成犯罪的，依法追究刑事责任。给他人造成损失的，依法承担赔偿责任。

《招标投标法实施条例》第 67 条规定，投标人有下列行为之一的，属于招标投标法第 53 条规定的情节严重行为，由有关行政监督部门取消其 1~2 年内参加依法必须进行招标的项目的投标资格：

1）以行贿谋取中标；

2）3 年内 2 次以上串通投标；

3）串通投标行为损害招标人、其他投标人或者国家、集体、公民的合法利益，造成直接经济损失 30 万元以上；

4）其他串通投标情节严重的行为。

投标人自上述情节严重行为规定的处罚执行期限届满之日起 3 年内又有该款所列违法行为之一的，或者串通投标、以行贿谋取中标情节特别严重的，由工商行政管理机关吊销营业执照。

投标人未中标的，对单位的罚款金额按照招标项目合同金额依照招标投标法规定的比例计算。

法律、行政法规对串通投标报价行为的处罚另有规定的，从其规定。

（2）《招标投标法》第 54 条规定，投标人以他人名义投标或者以其他方式弄虚作假，骗取中标的，中标无效；给招标人造成损失的，依法承担赔偿责任；构成犯罪的，依法追究刑事责任。

依法必须进行招标的项目的投标人有以上行为尚未构成犯罪的，处中标项目金额 5‰以上 10‰以下的罚款，对单位直接负责的主管人员和其他直接责任人员处单位罚款数额 5%以上 10%以下的罚款；有违法所得的，并处没收违法所得，情节严重的，取消其 1～3 年内参加依法必须进行招标的项目的投标资格并予以公告，直至由工商行政管理机关吊销营业执照。

《招标投标法实施条例》第 68 条规定，投标人有下列行为之一的，属于《招标投标法》第 54 条规定的情节严重行为，由有关行政监督部门取消其 1～3 年内参加依法必须进行招标的项目的投标资格：

1）伪造、变造资格、资质证书或者其他许可证件骗取中标；

2）3 年内 2 次以上使用他人名义投标；

3）弄虚作假骗取中标给招标人造成直接经济损失 30 万元以上；

4）其他弄虚作假骗取中标情节严重的行为。

投标人自上述情节严重行为规定的处罚执行期限届满之日起 3 年内又有该款所列违法行为之一的，或者弄虚作假骗取中标情节特别严重的，由工商行政管理机关吊销营业执照。

（3）《招标投标法实施条例》第 69 条规定，出让或者出租资格、资质证书供他人投标的，依照法律、行政法规的规定给予行政处罚；构成犯罪的，依法追究刑事责任。

（4）《招标投标法实施条例》第 77 条规定，投标人或者其他利害关系人捏造事实、伪造材料或者以非法手段取得证明材料进行投诉，给他人造成损失的，依法承担赔偿责任。

3. 中标人违法行为应承担的法律责任

《招标投标法》和《招标投标法实施条例》中共有 4 条规定了中标人违法行为应承担的法律责任。

（1）《招标投标法》第 58 条规定，中标人将中标项目转让给他人的，将中标项目肢解后分别转让给他人的，违反《招标投标法》规定将中标项目的部分主体、关键性工作分包给他人的，或者分包人再次分包的，转让、分包无效，并处转让、分包项目金额 5‰以上 10‰以下的罚款，有违法所得的，并处没收违法所得，可以责令停业整顿；情节严重的，由工商行政管理机关吊销营业执照。

（2）《招标投标法》第60条规定，中标人不履行与招标人订立的合同的，履约保证金不予退还，给招标人造成的损失超过履约保证金数额的，还应当对超过部分予以赔偿；没有提交履约保证金的，应当对招标人的损失承担赔偿责任。中标人不按照与招标人签订的合同履行义务，情节严重的，取消其2~5年内参加依法必须进行招标项目的投标资格并予以公告，直至由工商行政管理机关吊销营业执照。

（3）《招标投标法实施条例》第74条规定，中标人无正当理由不与招标人订立合同，在签订合同时向招标人提出附加条件，或者不按照招标文件要求提交履约保证金的，取消其中标资格，投标保证金不予退还。对依法必须进行招标的项目的中标人，由有关行政监督部门责令改正，可以处中标项目金额10‰以下的罚款。

（4）《招标投标法实施条例》第76条规定，中标人将中标项目转让给他人的，将中标项目肢解后分别转让给他人的，违反招标投标法和本条例规定将中标项目的部分主体、关键性工作分包给他人的，或者分包人再次分包的，转让、分包无效，处转让、分包项目金额5‰以上10‰以下的罚款；有违法所得的，并处没收违法所得；可以责令停业整顿；情节严重的，由工商行政管理机关吊销营业执照。

4. 招标人与投标人或中标人共同违法行为应承担的法律责任

（1）《招标投标法》第55条规定，依法必须进行招标的项目，招标人违反规定，与投标人就投标价格、投标方案等实质性内容进行谈判的，给予警告，对单位直接负责的主管人员和其他直接责任人员依法给予处分。若该行为影响中标结果的，中标无效。

（2）《招标投标法》第59条规定，招标人与中标人不按照招标文件和中标人的投标文件签订合同，合同的主要条款与招标文件、中标人的投标文件的内容不一致，或者招标人、中标人订立背离合同实质性内容的协议的，由有关行政监督部门责令改正，可以处中标项目金额5‰以上10‰以下的罚款。

5. 招标代理机构及其工作人员违法行为应当承担的法律责任

（1）《招标投标法》第50条规定，招标代理机构违反规定，泄露应当保密的与招标投标活动有关的情况和资料的，或者与招标人、投标人串通损害国家利益、社会公共利益或者他人合法权益的，处5万元以上25万元以下的罚款，对单位直接负责的主管人员和其他直接责任人员处数额5%以上10%以下的罚款；有违法所得的，并处没收违法所得；情节严重的，暂停直至取消招标代理资格；构成犯罪的，依法追究刑事责任；给他人造成损失的，依法承担赔偿责任；若该行为影响中标结果的，中标无效。

（2）《招标投标法实施条例》第65条规定，招标代理机构在所代理的招标项目中投标、代理投标或者向该项目投标人提供咨询的，接受委托编制标底的中介机构参加受托编制标底项目的投标或者为该项目的投标人编制投标文件、提供咨询的，依照招标投标法第50条的规定追究法律责任。

（3）《招标投标法实施条例》第78条规定，取得招标职业资格的专业人员违反国家有关规定办理招标业务的，责令改正，给予警告；情节严重的，暂停一定期限内从事招标业务；情节特别严重的，取消招标职业资格。

6. 评标委员会成员违法行为应承担的法律责任

（1）《招标投标法》第 56 条规定，评标委员会成员收受投标人的财物或者其他好处的，评标委员会成员或者参加评标的有关工作人员向他人透露对投标文件的评审和比较，中标候选人的推荐以及与评标有关的其他情况的，给予警告，没收财物，可以并处 3000 元以上 5 万元以下的罚款，对有所列违法行为的评标委员会成员取消担任评标委员会成员的资格，不得再参加任何依法必须进行招标的项目的评标；构成犯罪的，依法追究刑事责任。

（2）《招标投标法实施条例》第 71 条规定，评标委员会成员有下列行为之一的，由有关行政监督部门责令改正；情节严重的，禁止其在一定期限内参加依法必须进行招标的项目的评标；情节特别严重的，取消其担任评标委员会成员的资格：

1）应当回避而不回避；

2）擅离职守；

3）不按照招标文件规定的评标标准和方法评标；

4）私下接触投标人；

5）向招标人征询确定中标人的意向或者接受任何单位或者个人明示或者暗示提出的倾向或者排斥特定投标人的要求；

6）对依法应当否决的投标不提出否决意见；

7）暗示或者诱导投标人作出澄清、说明或者接受投标人主动提出的澄清、说明；

8）其他不客观、不公正履行职务的行为。

7. 国家机关工作人员违法行为应当承担的法律责任

（1）《招标投标法》第 63 条规定，对招标投标活动依法负有行政监督职责的国家机关工作人员徇私舞弊、滥用职权或者玩忽职守，构成犯罪的，依法追究刑事责任；不构成犯罪的，依法给予行政处分。

（2）《招标投标法实施条例》第 81 条规定，国家工作人员利用职务便利，以直接或者间接、明示或者暗示等任何方式非法干涉招标投标活动，有下列情形之一的，依法给予记过或者记大过处分；情节严重的，依法给予降级或者撤职处分；情节特别严重的，依法给予开除处分；构成犯罪的，依法追究刑事责任：

1）要求对依法必须进行招标的项目不招标，或者要求对依法应当公开招标的项目不公开招标；

2）要求评标委员会成员或者招标人以其指定的投标人作为中标候选人或者中标人，或者以其他方式非法干涉评标活动，影响中标结果；

3）以其他方式非法干涉招标投标活动。

8. 其他违法行为应当承担的法律责任

（1）单位或个人非法干涉招标投标活动应负的法律责任

《招标投标法》第 62 条规定，任何单位和个人违反法律规定，限制或者排斥本地区、本系统以外的法人或者其他组织参加投标的，为招标人指定招标代理机构的，强制招标人委托招标代理机构办理招标事宜的，或者以其他方式干涉招标投标活动的，责令改正；对单位直接负责的主管人员和其他直接责任人员依法给予警告、记过、记大过的处分；情节较重的，依法给予降级、撤职、开除的处分。

（2）项目审批、核准部门和有关行政监督部门的违法行为应当承担的法律责任

《招标投标法实施条例》第80条规定，项目审批、核准部门不依法审批、核准项目招标范围、招标方式、招标组织形式的，对单位直接负责的主管人员和其他直接责任人员依法给予处分。

有关行政监督部门不依法履行职责，对违反招标投标法和本条例规定的行为不依法查处，或者不按照规定处理投诉、不依法公告对招标投标当事人违法行为的行政处理决定的，对直接负责的主管人员和其他直接责任人员依法给予处分。

项目审批、核准部门和有关行政监督部门的工作人员徇私舞弊、滥用职权、玩忽职守，构成犯罪的，依法追究刑事责任。

3.4.2 发包承包中其他种类的违法行为应承担的法律责任

1. 发包单位违法行为应承担的法律责任

《建筑法》第65条规定，建设工程发包单位将工程发包给不具有相应资质条件的承包单位的，或者违反本法规定将建筑工程肢解发包的，责令改正，处以罚款。

2. 承包单位违法行为应承担的法律责任

（1）《建筑法》第65条规定，超越本单位资质等级承揽工程的，责令停止违法行为，处以罚款，可以责令停业整顿，降低资质等级；情节严重的，吊销资质证书；有违法所得的，予以没收。

未取得资质证书承揽工程的，予以取缔，并处罚款；有违法所得的，予以没收。

以欺骗手段取得资质证书的，吊销资质证书，处以罚款；构成犯罪的，依法追究其刑事责任。

（2）《建筑法》第66条规定，建筑施工企业转让、出借资质证书或者以其他方式允许他人以本企业的名义承揽工程的，责令改正，没收违法所得，并处罚款，可以责令停业整顿，降低资质等级；情节严重的，吊销资质证书。对因该项承揽工程不符合规定的质量标准造成的损失，建筑施工企业与使用本企业名义的单位或者个人承担连带赔偿责任。

（3）《建设工程质量管理条例》第18条、第25条、第34条规定，勘察、设计、施工、工程监理单位超越本单位资质等级承揽工程的，要受到如下的行政处罚：

1）责令停止违法行为并处罚款。罚款的幅度和数额分别为：①对勘察、设计、监理单位视情节处合同约定的勘察费、设计费、监理酬金1倍以上2倍以下的罚款；②对施工单位视情节处工程施工合同价款2%以上4%以下的罚款。

2）视情节可责令以上单位停业整顿，降低资质等级；情节严重的，可吊销资质证书；有违法所得的，予以没收。

（4）未取得资质证书承揽工程勘察、设计、施工、监理任务的，因其本身就不具备行为资格能力，其行为是严重违法行为，无论是否造成危害后果都应当给予取缔，同时按照上面的规定处以罚款。有违法所得的，予以没收。

(5) 以欺骗手段取得资质证书承揽工程的，由于其本身就不够资质条件，就不能有行为资格，因此，无论是否造成危害后果都应当吊销资质证书。与此同时，对于这种明知违法而采取不正当的行为，还应按照上面的规定处以罚款。有违法所得的，予以没收。构成犯罪的，依法追究其刑事责任。

(6)《建筑法》第26条规定，《建设工程质量管理条例》第18条、第25条、第34条，勘察、设计、施工、工程监理单位违反规定，允许其他单位或者个人以本单位名义承揽工程，承担下列法律责任：

1) 由主管部门责令违法单位改正违法行为；

2) 有违法所得者，没收违法所得；

3) 对违法单位罚款，罚款的幅度和数额分别为：a. 勘察、设计、监理单位视情节处合同约定的勘察费、设计费、监理酬金1倍以上2倍以下的罚款；b. 施工单位视情节处工程施工合同价款2%以上4%以下的罚款；

4) 对违法单位并处其他行政处罚，视情节可责令停业整顿，降低资质等级；严重的，吊销资质证书。

(7)《建筑法》第67条规定，承包单位将承包的工程转包的，或者违反规定进行分包的，责令改正，没收违法所得，并处罚款；可以责令停业整顿，降低资质等级；情节严重的，吊销资质证书。

承包单位违反规定，对因转包工程或者违法分包的工程不符合规定的质量标准造成的损失，与接受转包或者分包的单位承担连带赔偿责任。

(8)《建设工程质量管理条例》第62条规定，承包单位将承包的工程转包的，或者将不可再分的部分工程进行分包的，将工程分包给不具备相应资质条件的单位承包的，处罚措施为：

1) 由主管部门责令改正；

2) 没收其违法所得；

3) 并处罚款，罚款的幅度分别为：对勘察、设计单位处合同约定的勘察费、设计费25%以上50%以下；对施工单位处工程合同价款0.5%以上1%以下；对监理单位处合同约定的监理酬金25%以上50%以下；

4) 视情节可责令停业整顿，降低资质等级；严重的，吊销资质证书。

3. 索贿、受贿、行贿的法律责任

《建筑法》第68条规定，在工程发包与承包中索贿、受贿、行贿，构成犯罪的，依法追究刑事责任；不构成犯罪的，分别处以罚款，没收贿赂的财物，对直接负责的主管人员和其他直接责任人员给予处分。

对在工程承包中行贿的承包单位，除依照以上规定处罚外，可以责令停业整顿，降低资质等级或者吊销资质证书。

复习与应用练习题

1. 单项选择题

(1) 下列关于建设工程分包的说法中，承包人不违法的是（   ）。

A. 未经建设单位许可将承包工程中的劳务进行分包

B. 专业工程分包给不具备资质的承包人

C. 将劳务作业分包给不具备资质的承包人

D. 未经建设单位许可将承包工程中的专业工程分包给他人

（2）下列选项中，《建筑法》未禁止的行为是（　　）。

A. 将建设工程肢解发包　　　　　　　B. 由两个以上不同资质等级的单位联合承包

C. 分包单位将工程再分包　　　　　　D. 用其他建设施工企业的名义承揽工程

（3）根据《建筑法》，以下正确的说法是（　　）。

A. 建设企业集团公司可以允许所属法人公司以其名义承揽工程

B. 建设企业可以在其资质等级之上承揽工程

C. 联合体共同承包的，按照资质等级高的单位的业务许可范围承揽工程

D. 施工企业不允许将承包的全部建设工程转包给他人

（4）在依法必须进行招标的工程范围内，对于委托监理合同，其单项合同估算价最低金额在（　　）万元以上的，必须进行招标。

A. 50　　　　　　　　B. 100　　　　　　　　C. 150　　　　　　　　D. 200

（5）关于投标的说法，正确的是（　　）。

A. 投标文件未按照招标文件要求密封的，招标人应当拒收

B. 投标文件未经投标单位盖章和单位负责人签字的，招标人应当拒收

C. 投标人逾期送达投标文件的，应当向招标人作出合理说明

D. 联合体投标时，可以在评标委员会提出书面评标报告前更换成员

（6）大地房地产开发公司采取招标公告的方式对某工程项目进行施工招标，于 2017 年 3 月 3 日开始发售招标文件，3 月 6 日停售；招标文件规定投标保证金为 100 万元；3 月 22 日招标人对已发出的招标文件做了必要的澄清和修改，投标截止日期为同年 3 月 25 日。上述事实中错误有（　　）处。

A. 1　　　　　　　　B. 2　　　　　　　　C. 3　　　　　　　　D. 4

（7）关于招标程序和要求的说法，正确的是（　　）。

A. 依法必须进行招标的项目，招标人必须委托有资质的招标代理机构办理招标事宜

B. 招标项目按照国家有关规定需要履行项目审批手续的，应当先履行审批手续

C. 招标文件可以不包括拟签订合同的主要条款

D. 招标人对已发出的招标文件进行澄清或者修改的应当重新招标

（8）关于履约保证金的说法，正确的是（　　）。

A. 中标人必须缴纳履约保证金

B. 履约保证金不得超过中标合同金额的 20%

C. 履约保证金是投标保证金的另一种表述

D. 中标人违反招标文件的要求拒绝提交履约保证金的，视为放弃中标项目

（9）依法应当招标的项目，在下列情形中，可以不进行施工招标的情形是（　　）。

A. 技术复杂，有特殊要求的

B. 已通过招标方式选定的特许经营项目投资人依法能够自行建设、生产的

C. 采购人自行建设、生产或者提供更为节省成本的

D. 需要向原中标人采购工程、货物或者服务，否则所需费用将大幅增加

（10）投标人或者其他利害关系人对依法必须进行招标的项目的评标结果有异议的，应当在（　　）提出。

A. 中标候选人公示期间　　　　　B. 中标通知书发出之后

C. 合同谈判期间　　　　　　　　D. 评标报告提交之前

（11）建设单位向他人透露已获取招标文件的潜在投标人的名称，除给予警告外，可以并处罚款，罚款额度为（　　）。

A. 1万～5万元　　　　　　　　　B. 1万～10万元

C. 3万～5万元　　　　　　　　　D. 5万～10万元

（12）依法必须进行招标的项目而不招标的、将必须进行招标的项目化整为零规避招标的，有关行政监督部门责令限期改正，可以处以项目合同金额（　　）的罚款。

A. 2％以上8％以下　　　　　　　B. 5‰以上8‰以下

C. 2‰以上10‰以下　　　　　　 D. 5‰以上10‰以下

2. 多项选择题

（1）某体育馆工程实行工程总承包，发包单位可以将该工程的（　　）一并发包给一个工程总承包单位。

A. 代建　　　　　　　　　　　　B. 监理

C. 设备采购　　　　　　　　　　D. 施工

E. 设计

（2）建筑施工企业有（　　）行为的，对因该工程不符合规定的质量标准造成的损失，承担连带赔偿责任。

A. 转让、出借资质证书

B. 在工程承包中有行贿行为

C. 允许他人以本企业的名义承揽工程

D. 将承包的工程转包

E. 违反建筑法规定进行分包

（3）关于建设工程发承包，《建筑法》作出禁止规定的有（　　）。

A. 将建设工程肢解发包

B. 承包人将其承包的建设工程分包他人

C. 承包人超越本企业资质等级许可的业务范围承揽工程

D. 分包人将其承包的工程再分包

E. 两个不同资质等级的单位联合共同承包

（4）下列关于分包的说法中，正确的有（　　）。

A. 招标人可以直接指定分包人

B. 经招标人同意，中标人将中标项目的非关键性工作分包给他人完成

C. 中标人和招标人可以在合同中约定将中标项目的部分非主体工作分包给他人

D. 中标人为节约成本可以自行决定将中标项目的部分非关键性工作分包给他人

E. 经招标人同意，接受分包的人可将项目再次分包给他人

（5）关于总承包模式下各单位质量责任的说法，正确的有（　　）。

A. 施工总承包单位对其采购的材料质量负责

B. 施工总承包单位对施工质量负责

C. 分包单位就分包工程质量向施工总承包单位负责

D. 分包单位与施工总承包单位就分包工程质量向建设单位承担连带责任

E. 施工总承包单位应当对施工图设计文件质量负责

（6）下列情形中，符合工程发包、分包管理相关规定的是（　　）。

A. 施工企业将分包的全部建筑工程分解后以分包的名义分别交由他人施工

B. 建设单位将建筑工程项目肢解成若干标段分别进行招标

C. 施工企业按照承包合同的约定，直接将部分专业工程进行分包

D. 施工企业将包含人、机、料在内的工程以扩大劳务分包形式进行劳务分包

E. 分包单位将其承包的建筑工程劳务作业进行分包

（7）《招标投标法》规定，招标投标活动应当遵循（　　）的原则。

A. 公开　　　　　　　　　　B. 合法

C. 公平　　　　　　　　　　D. 公正

E. 诚实信用

（8）《招标投标法》规定了在中华人民共和国境内必须进行招标的工程建设项目，包括项目的勘察、设计、施工、监理以及与工程建设有关的重要设备、材料等的采购，这些项目是（　　）。

A. 大型基础设施、公用事业等关系社会公共利益、公众安全的项目

B. 全部或者部分使用国有资金投资或者国家融资的项目

C. 使用国际组织或者外国政府贷款、援助资金的项目

D. 施工主要技术采用特定的专利或者专有技术的项目

E. 施工企业自建自用的工程，且该施工企业资质等级符合该工程要求

（9）根据《招标投标法》，涉及（　　）可以不进行招标。

A. 国家安全　　　　　　　　B. 国家建设

C. 国家秘密　　　　　　　　D. 抢险救灾

E. 利用扶贫资金实行以工代赈

（10）依法必须进行施工招标的工程建设项目，可以采用邀请招标的情形有（　　）。

A. 项目受自然地域环境限制，只有少数潜在投标人可供选择

B. 施工主要技术采用不可代替的专利或者专有技术

C. 采用公开招标方式的费用占项目合同金额的比例过大

D. 涉及国家安全，国家秘密或者抢险救灾，适宜招标但不宜公开招标

E. 在建工程追加附属小型工程或者主体加层工作

（11）在建设工程招投标活动中，关于联合体投标的说法，正确的有（　　）。

A. 联合体各方在同一招标项目中，既可以联合体名义投标，又可以自己名义投标

B. 两个以上的个人可以组成联合体

C. 招标人可以强制投标人组成联合体

D. 在资格预审前，联合体可以增加成员

E. 联合体各方就中标项目承担连带责任

（12）依法必须进行招标的项目的招标投标活动违反法律规定，对中标结果造成实质性影响，

且不能采取补救措施予以纠正的，应（　　　）。

 A. 认定招标、投标、中标无效　　B. 依法重新招标

 C. 依法重新评标　　D. 禁止就该项目再次招标

 E. 由行政监督部门接管剩余招标投标工作

（13）某投标人向招标人行贿 15 万元人民币，从而谋取中标。则该行为造成的法律后果可能有（　　　）。

 A. 中标无效　　B. 有关责任人应当承担相应的行政责任

 C. 中标有效　　D. 中标是否有效由招标人确定

 E. 如果给他人造成损失的，有关责任人和单位应当承担民事赔偿责任

（14）在开标时发现投标文件出现下列情况，应被评标委员会否决的有（　　　）。

 A. 未按招标文件的要求予以密封　　B. 在开标后送达的

 C. 投标联合体没有提交共同投标协议　　D. 明显不符合技术标准要求

 E. 投标文件未经投标单位盖章和单位负责人签字

（15）招标人在发出中标通知书前，由评标委员会对中标候选人进行再次审查确认的情况有（　　　）。

 A. 中标候选人财务状况发生较大变化，可能影响其履约能力

 B. 中标候选人未缴纳履约保证金

 C. 中标候选人放弃中标

 D. 中标候选人存在违法行为，可能影响其履约能力

 E. 中标候选人经营发生较大变化，可能影响其履约能力

（16）关于投标人的说法，正确的有（　　　）。

 A. 投标人发生合并、分立、破产等重大变化时，其投标无效

 B. 投标人参加依法必须进行招标的项目投标，不受地区或部门限制

 C. 存在控股关系的不同单位不得参加同一招标项目的投标

 D. 单位负责人为同一人的不同单位参加同一标段投标的，相关投标无效

 E. 两个以上法人或者其他组织可以组成一个联合体投标

3. 简答题

（1）建筑工程发包有哪些方式？各适用于什么情况？

（2）建筑工程的承包单位应当具备哪些条件？

（3）什么是建筑工程总承包制度？总承包的方式有哪些？

（4）什么是联合承包制度？联合承包的前提条件是什么？

（5）简述建筑工程施工转包、违法分包、挂靠的认定与处理。

（6）招标投标活动应遵循哪些基本原则？

（7）强制招标的范围和规模标准是什么？

（8）在什么情况下可以邀请招标？

（9）在什么情况下可以不招标？

（10）关于时间方面，法律法规对招标文件作了哪些规定？

（11）关于投标保证金，法律法规作了哪些规定？

（12）关于建设施工项目投标文件的内容，法律法规作了哪些要求？

（13）什么是共同投标？共同投标的联合体应具备的条件是什么？

（14）投标文件被否决的情况有哪些？

（15）关于中标人的确定，法律法规作了哪些规定？

（16）简述招标投标备案制度。

教学单元 4

建设工程合同法规

【教学目标】通过本单元学习，使学生了解建设工程合同的类型和效力，建设工程合同的履行、变更、转让和终止；掌握建设工程合同的违约责任，建设工程合同担保制度；能解释有效合同的成立要件，处理无效合同的认定，按照建设工程合同法律法规签订有效建设工程合同。

4.1 建设工程合同的类型

合同是具有平等主体资格的当事人之间设立、变更或者终止权利义务的协议。建设工程合同，也叫建设工程承包合同，是指勘察单位、设计单位、施工单位为建设单位完成某项工程项目的勘察、设计、施工工作，建设单位接受工作成果并支付相应价款的协议。我国一般将具有工程发包主体资格并支付工程价款的一方称为发包人，而将承担上述工作的一方称为承包人。

《中华人民共和国民法典》（以下简称《民法典》）第三编合同中专门设置了"建设工程合同"一章（第十八章），为保护建设工程合同双方当事人的合法权益、规范交易双方的市场行为，提供了法律保证。

1. 按承包与发包工程范围分类

按承包与发包的工程范围，合同分为建设工程总承包合同和分包合同。

根据《建筑法》的有关规定，发包人可以将建设工程的勘察、设计、施工、安装和材料设备的采购一并发包给一个工程总承包单位，也可以将上述任务的一项或者多项发包给一个工程总承包单位。据此，工程总承包单位与建设单位之间签订的合同就是建设工程总承包合同。

建设工程总承包单位经发包人同意，可以将承包工程中的部分工程再发包给分包单位，总承包单位与分包单位之间签订的合同即为分包合同。

2. 按工程建设不同阶段分类

按工程建设的不同阶段，合同可以分为勘察合同、设计合同和施工合同。

由于一项工程的建设需要经过勘察、设计、施工等若干过程才能最终完成，因此我们可以根据工程建设的不同阶段，把建设工程合同分为建设工程勘察合同、建设工程设计合同和建设工程施工合同。

3. 按付款方式分类

按付款方式，合同可以分为总价合同、单价合同和成本加酬金合同。

（1）总价合同

总价合同是指在合同中确定一个完成建设工程的总价，承包单位据此完成项目全部内容的合同。这种合同类型能够使建设单位在评标时易于确定报价最低的承包商，易于进行支付计算，但仅适用于工程量不太大且能精确计算、工期较短、技术不太复杂、风险不大的项目。采用这种合同类型要求建设单位必须准备详细而全面的设计图纸（一般要求施工详图）和各项说明，使承包单位能准确计算工程量。

（2）单价合同

单价合同是承包单位在投标时按招标文件就分部分项工程所列出的工程量表确定各

分部分项工程费用的合同类型。

这类合同的适用范围比较宽，其风险可以得到合理的分摊，并且能鼓励承包单位通过提高工效等从成本节约中提高利润。这类合同能够成立的关键在于双方对单价和工程量计算方法的确认，在合同履行中需要注意的问题则是双方对实际工程量计量的确认。

（3）成本加酬金合同

成本加酬金合同是由发包人向承包单位支付建设工程的实际成本，并按事先约定的某一种方式支付酬金的合同类型。在这类合同中，发包人需承担项目实际发生的一切费用，因此也就承担了项目的全部风险。承包单位由于无风险，其报酬往往也较低。

这类合同的缺点是发包人对工程总造价不易控制，承包商也往往不注意降低项目成本。它主要适用于以下项目：①需要立即开展工作的项目，如地震后的救灾工作；②新型的工程项目，或对项目工程内容及技术经济指标未确定的；③风险很大的项目。

此外，建设工程实行监理的，发包人应当与监理人采用书面的形式订立委托监理合同。发包人与监理人的权利、义务和法律责任，适用委托合同的有关规定。

────── 思政拓展学习 ──────

《民法典》在中国特色社会主义法律体系中具有重要地位，是一部固根本、稳预期、利长远的基础性法律。《民法典》立法目的是保护民事主体的合法权益，调整民事关系，维护社会和经济秩序，适应中国特色社会主义发展要求，弘扬社会主义核心价值观。《民法典》第7条规定，民事主体从事民事活动，应当遵循诚信原则，秉持诚实，恪守承诺；第8条规定，民事主体从事民事活动，不得违反法律，不得违背公序良俗。《民法典》规定的民事活动原则，是我国社会主义核心价值观在所有民事活动，包括订立、履行建设工程合同中的具体体现。

请同学们结合收集到的工程实例（实践调研、查阅资料等），思考在建设工程合同的订立、履行过程中如何践行"平等、公正、法治、诚信、友善"的社会主义核心价值观。

4.2 建设工程合同的订立

合同的订立要经过两个必要的程序，即要约与承诺。只有掌握了要约与承诺的知识，才能避免在合同的订立阶段就为后面的合同管理留下隐患。

4.2.1 订立建设工程合同的原则、形式和程序

1. 订立建设工程合同的原则

订立建设工程合同的原则是指在订立建设工程合同的整个过程中，对发包承包双方签订合同起指导和规范作用的、双方应当遵守的准则。

（1）合法、合序原则

这是订立任何合同都必须遵守的首要原则。《民法典》第一编第 8 条规定，民事主体从事民事活动，不得违反法律，不得违背公序良俗。

（2）平等、自愿原则

贯彻平等、自愿的原则，必须体现发包人和承包人在法律地位上的完全平等。《民法典》第一编第 4 条规定，民事主体在民事活动中的法律地位一律平等。第 5 条规定，民事主体从事民事活动，应当遵循自愿原则，按照自己的意思设立、变更、终止民事法律关系。

（3）公平、诚实信用原则

公平和诚实信用原则是民法的基本原则之一。《民法典》第一编第 6 条规定，民事主体从事民事活动，应当遵循公平原则，合理确定各方的权利和义务。第 7 条规定，民事主体从事民事活动，应当遵循诚信原则，秉持诚实，恪守承诺。

（4）节约资源、保护生态环境原则

《民法典》第一编第 9 条规定，民事主体从事民事活动，应当有利于节约资源、保护生态环境。

这一"绿色原则"是我国民法立法的一大突破。它有利于我国建设资源节约型、环境友好型社会，有利于人与自然和谐共生促进可持续发展。

2. 订立建设工程合同的形式

《民法典》第三编第 469 条规定，当事人订立合同，可以采用书面形式、口头形式或者其他形式；第 789 条规定：建设工程合同应当采用书面形式。

建设工程合同为要式合同，应当采取书面形式，并参照国家推荐使用的示范文本（如《建设工程勘察合同示范文本》《建设工程设计合同示范文本》《建设工程施工合同示范文本》）签订。这是《民法典》《建筑法》对建设工程合同形式上的要求，是国家对固定资产投资进行监督管理的需要，也是由建设工程合同履行的特点所决定的。

3. 订立建设工程合同的程序

（1）要约邀请

要约邀请是希望他人向自己发出要约的意思表示。招标公告和投标邀请书属于要约邀请。其法律约束力始于招标公告刊登或播发之时，或始于招标人向各个相对方发出投标通知书（邀请书）之时，终于招标文件中规定的有效期届满之时。

（2）要约

要约是希望和他人订立合同的意思表示。作出要约的人称要约人，接受要约的人称受要约人。在招标投标中，投标人的投标行为属于要约，在直接发包中，建设单位的发包行为属于要约。要约与要约邀请的区别在于，前者的意思表示的内容是具体的、明确

的、完整的，提出了签订合同的条件；后者的意思表示的内容则是不具体的、不明确的，所反映的只是签订合同的意向，并未提出签订合同的条件。

（3）承诺

承诺是指受要约人同意要约的意思表示。对直接发包而言，施工单位同意承包工程为承诺。对招标投标而言，招标人发出中标通知书为承诺。以专人送达中标通知书的，承诺自要约人（投标人）签收之日时生效；以信件或者电报发出中标通知书的，承诺期限自信件载明的日期或者电报交发之日开始计算。信件未载明日期的，自投寄该信件的邮戳日期开始计算。

（4）签订合同

《建筑法》第 15 条规定，建设工程的发包单位与承包单位应当依法订立书面合同，明确双方的权利和义务。采用招标方式发包建设工程的，《招标投标法》第 46 条，招标人和中标人应当自中标通知书发出之日起 30 日内，按照招标文件和中标人的投标文件订立书面合同。

建设工程勘察、设计合同由发包人或有关单位提出委托，经双方同意即可签订，其中设计合同还须有上级机关批准的文件方能签订。如单独委托施工图设计任务，应同时具有经有关部门批准的初步设计文件方能签订。在当事人双方经过协商取得一致意见，由双方负责人或指定代表签字并加盖公章后，合同即告成立。

4.2.2 建设工程合同的主要条款

合同的内容为合同的要素之一，从不同的角度去理解有不同的含义。从合同法律关系的角度而言，合同的内容是指合同当事人所享有的权利和应承担的义务。但是，当事人的权利义务是通过合同条款表现出来的，故从这一角度来看，合同的内容即为合同的条款。

1. 合同的一般条款

《民法典》第三编第 470 条规定了合同的一般条款：

（1）当事人的姓名或者名称和住所；

（2）标的；

（3）数量；

（4）质量；

（5）价款或者报酬；

（6）履行期限、地点和方式；

（7）违约责任；

（8）解决争议的方法。

2. 勘察、设计合同应当具备的条款

《民法典》第三编第 794 条规定，勘察、设计合同除了具备一般合同应当具备的条款外，还应当包括提交有关基础资料和概预算等文件的期限、质量要求、费用以及其他协作条件等条款。

3. 施工合同应当具备的条款

《民法典》第三编第 795 条规定，施工合同的内容除了具备一般合同应当具备的条款外，还应当包括工程范围、建设工期、中间交工工程的开工和竣工时间、工程质量、工程造价、技术资料交付时间、材料和设备供应责任、拨款和结算、竣工验收、质量保修范围和质量保证期、相互协作等条款。

4.3　建设工程合同的效力

履行合同指的是履行有效的合同。因此，判断合同是否是有效的合同是我们履行合同的前提。

合同只有具备一定的条件才能成为有效的合同，这些条件我们称为合同生效的要件。如果不具备这些要件，则合同不能直接被认定为有效的合同。所以，掌握合同生效的条件是进行合同管理的基本要求。

4.3.1　建设工程合同的成立

合同成立是指当事人完成了签订合同过程，并就合同内容协商一致。合同成立不同于合同生效。合同生效是法律认可合同效力，强调合同内容合法性。因此，合同成立体现了当事人的意志，而合同生效体现国家意志。合同成立是合同生效的前提条件，如果合同不成立，是不可能生效的。但是合同成立也并不意味着合同就生效了。

1. 合同成立的一般要件

（1）存在订约当事人

合同成立首先应具备双方或者多方订约当事人，只有一方当事人不可能成立合同。例如，某人以公司甲的名义与公司乙订立合同，若公司甲根本不存在，则可认为只有一方当事人，合同不能成立。

（2）订约当事人对主要条款达成一致

合同成立的根本标志是订约双方或者多方经协商，就合同主要条款达成一致意见。

（3）经历要约与承诺两个阶段

《民法典》第三编第 471 条规定，当事人订立合同，可以采取要约、承诺方式或者其他方式。缔约当事人就订立合同达成合意，一般应经过要约、承诺阶段。若只停留在要约阶段，合同根本未成立。

2. 合同成立时间

合同成立时间关系到当事人何时受合同关系拘束，因此合同成立时间具有重要意义。确定合同成立时间，遵守如下规则：

（1）当事人采用合同书形式订立合同的，自双方当事人签字或者盖章时合同成立。

各方当事人签字或者盖章的时间不在同一时间的，最后一方签字或者盖章时合同成立。

（2）当事人采用信件、数据电文等形式订立合同的，可以在合同成立之前要求签订确认书。签订确认书时合同成立。此时，确认书具有最终正式承诺的意义。

（3）法律、行政法规规定或者当事人约定采用书面形式订立合同，当事人未采用书面形式，但一方已经履行主要义务并且对方接受的，该合同成立。

（4）采用合同书形式订立合同，在签字或盖章之前，当事人一方已经履行主要义务并且对方接受的，合同成立，即"事实合同"。

3. 合同成立地点

合同成立地点可能成为确定法院管辖的依据，因此具有重要意义。确定合同成立地点，遵守如下规则：

（1）承诺生效的地点为合同成立的地点。采用数据电文形式订立合同的，收件人的主营业地为合同成立的地点；没有主营业地的，其经常居住地为合同成立的地点。

（2）当事人采用合同书形式订立合同的，双方当事人签字或者盖章的地点为合同成立的地点。

（3）当事人对合同的成立地点另有约定的，按照其约定。

4.3.2　建设工程合同的生效

《民法典》第三编第 502 条规定，依法成立的合同，自成立时生效，但是法律另有规定或者当事人另有约定的除外。依照法律、行政法规的规定，合同应当办理批准等手续的，依照其规定。依照法律、行政法规的规定，合同的变更、转让、解除等情形应当办理批准等手续的，适用前款规定。这条规定实质上包含了合同生效的要求，即合同必须依法成立才能发生法律效力。根据有关法律的基本原理和建设行业的有关规定，建设工程合同生效的条件应当包括：

（1）合同的当事人即发包人和承包人应当符合法律和行政法规规定的条件，即合同的主体要件。

（2）发包人和承包人共同的真实意思表示一致是建设工程合同生效的核心条件。

（3）合同的当事人即发包人和承包人在签订合同的过程中应当履行法律和行政法规规定的必须履行的程序。

（4）合同应当符合法律规定的形式要件。

（5）不违反法律和社会公共利益。如果合同一旦被认定为违反法律规定，则完全无效。不违反社会公共利益实际上是不违反法律的延伸和补充。

4.3.3　无效建设工程合同

1. 无效合同的概念和特征

无效合同是指合同虽然已经成立，但因合同内容或者形式违反了法律、行政法规的强制性规定和社会公共利益，因而不能产生法律约束力，不受到法律保护的合同。

无效合同具有以下特征：

（1）合同自始无效。无效合同自订立时起就不具有法律效力。

（2）合同绝对无效。合同自订立时起就无效，当事人不能通过同意或追认使其生效。

（3）合同当然无效。无论当事人是否知道其无效情况，无论当事人是否提出主张无效，法院或仲裁机构可以主动审查决定该合同无效。

（4）合同无效，可能是全部无效，也可能是部分无效。如果合同部分无效，不影响其他部分效力的，其他部分仍然有效。

（5）合同无效，不影响合同中独立存在的有关解决争议方法的条款的效力。

2. 无效合同的类型

根据《民法典》第三编第三章，有下列情形之一的，合同无效：

（1）无民事行为能力人订立的合同；

（2）以虚假的意思表示订立的合同；

（3）违反法律、行政法规的强制性规定订立的合同；

（4）恶意串通，损害他人合法权益订立的合同；

（5）违背公序良俗订立的合同。

3. 无效的免责条款

免责条款是指当事人在合同中约定免除或者限制其未来责任的合同条款；免责条款无效，是指没有法律约束力的免责条款。

《民法典》第三编第506条规定，合同中的下列免责条款无效：①造成对方人身损害的；②因故意或者重大过失造成对方财产损失的。

造成对方人身损害就侵犯了对方的人身权，造成对方财产损失就侵犯了对方的财产权。人身权和财产权是法律赋予的权利，如果合同中的条款对此予以侵犯，该条款就是违法条款，这样的免责条款是无效的。

4. 建设工程无效施工合同

根据《最高人民法院关于审理建设工程施工合同纠纷案件适用法律问题的解释》，建设工程施工合同具有下列情形之一的，认定无效：

（1）承包人未取得建筑施工企业资质或者超越资质等级的。

（2）没有资质的实际施工人借用有资质的建筑施工企业名义的。

（3）建设工程必须进行招标而未招标或者中标无效的。

（4）承包人非法转包、违法分包建设工程的。

（5）没有资质的实际施工人借用有资质的建筑施工企业名义与他人签订合同的。

5. 无效合同与被撤销合同的法律后果

根据《民法典》第三编第三章，无效的合同或者被撤销的合同自始没有法律约束力。合同部分无效，不影响其他部分效力的，其他部分仍然有效。

合同无效、被撤销，或者确定不发生效力后，因该合同取得的财产，应当予以返还；不能返还或者没有必要返还的，应当折价补偿。有过错的一方应当赔偿对方因此所受到的损失，双方都有过错的，应当各自承担相应的责任。法律另有规定，依照其规定。

《民法典》第三编第507条规定，合同不生效、无效、被撤销或者终止的，不影响合同中有关解决争议方法的条款的效力。

6. 无效施工合同的工程款结算

《民法典》第三编第793条规定，建设工程施工合同无效，但是建设工程经验收合格的，可以参照合同关于工程价款的约定折价补偿承包人。

建设工程施工合同无效，且建设工程经验收不合格的，按照以下情形处理：

（1）修复后的建设工程经验收合格的，发包人可以请求承包人承担修复费用；

（2）修复后的建设工程经验收不合格的，承包人无权请求参照合同关于工程价款的约定折价补偿。

发包人对因建设工程不合格造成的损失有过错的，应当承担相应的责任。

【案例4-1】
无效施工
合同案

4.3.4　可变更、可撤销建设工程合同

合同的变更、撤销是指因意思表示不真实，法律允许撤销权人通过行使撤销权，使已经生效的合同效力归于消灭或使合同内容变更。

1. 可变更、可撤销合同与无效合同的区别

可变更、可撤销合同与无效合同存在显著区别。无效合同是自始无效、当然无效，即从订立起就是无效，且不必取决于当事人是否主张无效。但是，可变更、可撤销合同在被撤销之前存在效力，尤其是对无撤销权的一方具有完全拘束力。其效力取决于撤销权人是否向法院或者仲裁机构主张行使撤销权以及是否被支持。

2. 导致合同变更与撤销的原因

（1）重大误解

重大误解是指合同当事人因自己过错（如误认或者不知情等）对合同的内容发生错误认识而订立了合同，并造成了重大损失的情形。

（2）显失公平

显失公平是指一方当事人利用优势或利用对方没有经验，致使双方的权利、义务明显不对等，使对方遭受重大不利，而自己获得不平衡的重大利益。

（3）欺诈、胁迫

《民法典》将欺诈、胁迫而订立的合同应区分为两类：一类是以欺诈、胁迫手段订立的合同损害国家利益的，应作为无效合同对待；另一类是以欺诈、胁迫的手段订立合同，但未损害国家利益的，应作为可撤销合同处理，即被欺诈人、被胁迫人有权将合同撤销。

（4）乘人之危

乘人之危是指一方当事人乘对方处于危难之机，为牟取不正当利益，迫使对方作出不真实的意思表示，从而严重损害对方利益的行为。

3. 撤销权行使

对于可撤销的建设工程合同，受损害方有权请求人民法院或者仲裁机构变更或者撤

销。被撤销合同的法律后果同无效合同。

4. 撤销权的消灭

《民法典》第一编第152条规定，有下列情形之一的，撤销权消灭：

（1）当事人自知道或者应当知道撤销事由之日起1年内、重大误解的当事人自知道或者应当知道撤销事由之日起90日内没有行使撤销权；

（2）当事人受胁迫，自胁迫行为终止之日起1年内没有行使撤销权；

（3）当事人知道撤销事由后明确表示或者以自己的行为表明放弃撤销权；

（4）当事人自民事法律行为发生之日起5年内没有行使撤销权的，撤销权消灭。

5. 建设工程合同的变更

当事人协商一致，可以变更合同。法律、行政法规规定变更合同应当办理批准、登记等手续的，依照其规定。当事人对合同变更的内容约定不明确的，推定为未变更。

（1）合同的变更须经当事人双方协商一致

如果双方当事人就变更事项达成一致意见，则变更后的内容取代原合同的内容，当事人应当按照变更后的内容履行合同。如果一方当事人未经对方同意就改变合同的内容，不仅变更的内容对另一方没有约束力，其做法还是一种违约行为，应当承担违约责任。

（2）合同变更须遵循法定的程序

法律、行政法规规定变更合同事项应当办理批准、登记手续的，应当依法办理相应手续。如果没有履行法定程序，即使当事人已经协议变更了合同，其变更内容也不发生法律效力。

（3）对合同变更内容约定不明确的推定合同变更的内容必须明确约定。如果当事人对于合同变更的内容约定不明确，则将被推定为未变更。任何一方不得要求对方履行约定不明确的变更内容。

4.4 建设工程合同的履行、转让、解除和终止

4.4.1 建设工程合同的履行

建设工程合同的履行，是指工程建设项目的发包方和承包方根据合同规定的时间、地点、方式、内容及标准等要求，各自完成合同义务的行为。

根据当事人履行合同义务的程度，可作以下分类：按照合同的规定全部履行合同义务的，称为全部履行；部分履行，部分未履行的，称为部分履行；合同规定的义务均未履行的，称为没有履行合同。

《民法典》第三编第509条规定，当事人应当按照约定全面履行自己的义务。当事人应当遵循诚信原则，根据合同的性质、目的和交易习惯履行通知、协助、保密等义

务。当事人在履行合同过程中，应当避免浪费资源、污染环境和破坏生态。

1. 建设工程勘察、设计合同的履行

合同的签订，其主要内容是明确双方主体的权利义务关系。建设工程合同是双务合同，一方的权利是另一方的义务，而一方的义务又是另一方的权利，反之亦然。所以，下面只介绍双方的义务，其权利不再赘述。

（1）勘察合同双方当事人的主要义务

勘察工作是一项专业性很强的工作，所以筹建单位一般都要把勘察工作委托给专门的地质勘察单位。勘察合同就是反映并调整筹建单位与地质勘察单位之间关系的依据。

1）勘察合同发包人的主要义务

① 在勘察工作开始前，提供勘察工作所需要的有关基础资料，即提交由设计人提供、经发包人同意的勘察范围，提出由发包人委托设计人填写的勘察技术要求及其附图。

② 负责勘察现场的水、电、气的畅通供应，平整道路，现场清理等工作，以保证勘察工作的开展。

③ 在勘察人员进行现场作业时，提供必要的工作和生活条件。

④ 接受勘察成果，按照国家规定或合同约定付给勘察费。

⑤ 维护勘察成果，不得私自修改，也不得私自转交他人重复使用。

2）勘察合同承包人的主要义务

① 按照合同规定的日期进入勘察现场。

② 按照国家或者合同约定的标准和技术条件进行工程测量、工程地质、水文地质的勘察工作和资源调查研究工作。

③ 依照合同规定的时间和方式提交勘察成果。

④ 对勘察成果的质量负担保责任。

（2）设计合同双方当事人的主要义务

建设工程设计合同事实上包括两种合同：一是初步设计合同，即在建设项目立项阶段承包人为项目决策提供可行性研究资料的设计而与筹建单位签订的合同；另一种设计合同是在工程项目被批准之后，承包人与筹建单位之间就具体施工设计达成的施工设计合同。初步设计合同与施工设计合同虽然内容有异，但法律关系相同。

1）设计合同发包人的义务

① 向承包人（设计部门）提供开展设计工作的基础资料；初步设计应提供经过批准的可行性研究报告、原材料及能源供应、交通运输条件的协议文件和能满足初步设计要求的勘察资料等；施工图设计应当在规定日期内提供经过批准的初步设计文件和能满足施工图设计要求的勘察资料、施工条件以及有关设备的技术资料。

② 及时向有关部门办理各设计阶段设计文件的审批工作。

③ 明确设计范围和设计深度。

④ 设计人员进入现场工作时，应提供必要的工作和生活条件。

⑤ 接受设计成果，支付设计费。

⑥ 对于从国外引进项目的设计，从询价、对外谈判、国内外技术考察直到建成投产的各个阶段，都应当吸收设计部门参加。

⑦ 发包人应当维护承包人的设计文件，不得擅自修改，也不得转交他人重复使用。

⑧ 合同中含有保密条款的，应承担设计文件的保密责任。

2）设计合同承包人的义务

① 根据发包人要求，在发包人提供的文件和资料的基础上，按照有关设计标准和技术规范进行设计，并按合同规定的进度和质量要求完成设计工作，提交设计文件。

② 对设计成果的质量负担保义务；依照我国法律规定，即使在建设工程完工后，出现因设计而产生的质量事故，设计部门也应负责任。

③ 在项目建设过程中应配合施工，进行设计技术交底，解决施工中有关设计的问题，负责设计变更和修改预算，参加试车考核及竣工验收等。

（3）设计的修改和终止

1）设计文件批准后，不得任意修改和变更。如果必须修改，需经有关部门批准，其批准权限，视修改的内容所涉及的范围而定。

2）发包人因故要求修改工程设计，经承包人同意后，除设计文件的提交时间另定外，发包人还应按承包人实际返工修改的工作量增付设计费。

3）原定可行性研究报告或初步设计如有重大变更而需重做或修改设计时，须经可行性研究报告或初步设计的批准机关同意，并经双方当事人协商后另订合同。发包人负责支付已经进行了的设计费。

4）发包人因故要求中途终止设计时，应及时通知承包人，已付的设计费不退，并应按该阶段实际所耗工时，增付和结算设计费，同时解除合同关系。

（4）勘察、设计费的数额与拨付办法

勘察、设计费根据国家有关规定，由发包人和承包人在合同中明确。合同双方不得违反国家有关最低收费标准的规定，任意压低勘察设计费用。合同中还须明确勘察设计费的支付期限。

勘察合同订立后，筹建单位应向勘察单位支付定金，数额为勘察费的30%。设计合同订立后，发包人应向承包人支付设计费的20%作为定金。

2. 建设工程施工合同的履行

建设施工承包合同是固定资产投资中最为重要的合同。我国法律、法规对建设施工承包合同有明确而严格的规定。

（1）建设工程施工合同发包人的义务

1）办理正式工程和临时设施范围内的土地征用、租用、拆迁补偿、平整施工场地等工作，使施工场地具备施工条件，并在开工后继续解决以上事项的遗留问题。

2）将施工所需水、电、通信线路从施工场地外部接至专用条款约定地点，并保证施工期间需要。

3）开通施工场地与城乡公共道路的通道以及专用条款约定的施工场地内的主要交通干道，满足施工运输的需要，保证施工期间的畅通。

4）向承包人提供施工场地的工程地质和地下管线资料，确定建筑物（或构筑物）、道路、线路、上下水道的定位标桩、水准点和坐标控制点。

5）办理施工许可证，办理临时用地、停水、停电、中断道路交通、爆破作业、临时铁道专用接岔以及可能损坏道路、管线、电力、通信等公共设施的法律、法规规定的申请批准手续。

6）按双方商定的分工范围和要求，按时供应材料和设备。

7）向经办银行提交拨款所需的文件（实行贷款或自筹的工程要保证资金供应），按时办理贷款和结算。

8）组织技术部门审定施工图及技术资料，并按合同规定的时间和份数交付承包人；组织承包人和设计单位进行图纸会审和设计交底。

9）协调处理施工现场周围地下管线和邻近建筑物、构筑物（包括文物保护建设）、古树名木的保护工作，并承担有关费用。

10）派驻工地代表，对工程进度、工程质量进行监督，检验隐蔽工程，办理中间交工工程的验收手续，解决应由发包方解决的问题以及其他事宜。

11）负责组织设计单位、施工单位共同商定施工组织设计、工程价款和竣工结算，负责组织竣工验收。

12）按照合同规定的日期和方式，支付全部工程价款。

发包人也可以将上述的部分工作委托承包方办理，具体内容由双方在专用条款内约定，其费用由发包人承担。

（2）建设工程施工合同承包人的义务

1）施工界区以内的施工场地平整，用水、用电、道路和临时设施的施工。

2）编制施工组织设计（或施工方案），做好各项施工准备工作。

3）按双方商定的分工范围提供原材料和设备，对发包人提供的原材料和设备进行验收，负责妥善管理，合理使用。

4）及时向发包人提出开工通知书、施工进度表、施工平面布置图、隐蔽工程验收通知、竣工验收报告；提供月份施工作业计划。

5）严格按照施工图与说明书进行施工，确保工程质量，按合同规定的时间如期完工。

6）施工过程中必须遵守法律法规和有关部门对施工场地交通、施工噪声、废气、废水、垃圾等的排放的管理规定，并按管理规定办理有关手续，以书面形式通知发包人，发包人承担由此发生的费用。

7）如在交通线路施工，必须按规定悬挂施工信号，并采取措施保护施工安全。

8）施工中发现隐蔽的军事设施或国家放置的测绘标志、重要民用管道、线路时，应立即向发包人报告，并暂停施工。

9）已竣工工程在未交付发包方之前，承包人应按专用条款的约定负责已完工程的成品保护工作。

10）保证施工场地清洁符合环境卫生管理的有关规定。已完工的房屋、构筑物和安装的设备，在交工前应负责清理场地达到专用条款约定的要求。

11）按照有关规定提出竣工验收技术资料，办理工程竣工结算，参加竣工验收，按期完成工程的交付。

12）在合同规定的保修期内，对属于承包方责任的工程质量问题，负责无偿修理。

（3）工程交付后的保修问题

建设安装工程交付后，承包人仍要承担为发包人保修的义务。《建设工程质量管理条例》第6章规定，建设工程承包单位在向建设单位提交工程竣工验收报告时，应当向建设单位出具质量保修书。质量保修书中应当明确建设工程的保修范围、保修期限、保修责任等。建设工程在保修范围和保修期限内发生质量问题的，施工单位应当履行保修义务，并对造成的损失承担赔偿责任。

关于保修范围，《建筑法》第62条规定，应当包括地基基础工程、主体结构工程、屋面防水工程和其他土建工程，以及电气管线、上下管线的安装工程，供冷、供热系统工程等项目。

关于保修期限，详见教学单元7。

4.4.2 建设工程合同的转让、解除和终止

1. 建设工程合同的转让

（1）合同权利的转让

1）合同权利的转让范围

《民法典》第三编第545条规定，债权人可以将债权的全部或者部分转让给第三人，但有下列情形之一的除外：①根据债权性质不得转让；②按照当事人约定不得转让；③依照法律规定不得转让。

当事人约定非金钱债权不得转让的，不得对抗善意第三人。当事人约定金钱债权不得转让的，不得对抗第三人。

2）合同权利的转让应当通知债务人

《民法典》第三编第546条规定，债权人转让权利的，应当通知债务人。未经通知，该转让对债务人不发生效力。债权人转让权利的通知不得撤销，但经受让人同意的除外。

需要说明的是，债权人转让权利应当通知债务人，未经通知的转让行为对债务人不发生效力，但债权人债权的转让无需得到债务人的同意。这一方面是尊重债权人对其权利的行使，另一方面也防止债权人滥用权利损害债务人的利益。当债务人接到权利转让的通知后，权利转让即行生效，原债权人被新的债权人替代，或者新债权人的加入使原债权人不再完全享有原债权。

3）债务人对让与人的抗辩

《民法典》第三编第548条规定，债务人接到债权转让通知后，债务人对让与人的抗辩，可以向受让人主张。抗辩权是指债权人行使债权时，债务人根据法定事由对抗债权人行使请求权的权利。

债务人的抗辩权是其固有的一项权利，并不随权利的转让而消灭。在权利转让的情况下，债务人可以向新债权人行使该权利。受让人不得以任何理由拒绝债务人权利的

行使。

4）从权利随同主权利转让

《民法典》第三编第 547 条规定，债权人转让债权的，受让人取得与债权有关的从权利，但该从权利专属于债权人自身的除外。受让人取得从权利不因该从权利未办理转移登记手续或者未转移占有而受到影响。

（2）合同义务的转让

《民法典》第三编第 551～554 条规定，债务人将合同的债务全部或者部分转移给第三人的，应当经债权人同意。合同义务转移分为两种情况：一是合同义务的全部转移，在这种情况下，新的债务人完全取代了旧的债务人，新的债务人负责全面履行合同义务；另一种情况是合同义务的部分转移，即新的债务人加入原债务中，与原债务人一起向债权人履行义务。无论是转移全部义务还是部分义务，债务人都需要征得债权人同意。未经债权人同意，债务人转移合同义务的行为对债权人不发生效力。

（3）合同中权利和义务的一并转让

《民法典》第三编第 555、556 条的规定，当事人一方经对方同意，可以将自己在合同中的权利和义务一并转让给第三人。权利和义务一并转让，是指合同一方当事人将其权利和义务一并转移给第三人，由第三人全部地承受这些权利和义务。权利义务一并转让的后果，导致原合同关系的消灭，第三人取代了转让方的地位，产生出一种新的合同关系。只有经对方当事人同意，才能将合同的权利和义务一并转让。如果未经对方同意，一方当事人擅自一并转让权利和义务的，其转让行为无效，对方有权就转让行为对自己造成的损害，追究转让方的违约责任。

2. 建设工程合同的解除

建设工程合同的解除，是指建设工程合同依法成立后开始履行之前或者未全部履行完毕之前，当事人根据法律规定或者合同约定的条件和程序，消灭双方的承包合同法律关系。

（1）建设工程合同解除的条件

关于解除合同的条件，可简单划分为两大类，即法律直接规定的条件和当事人约定的条件。《民法典》第三编第 562 条～566 条、第 806 条规定，建设工程合同有下列情况之一的，可引起合同的解除：

① 发包承包双方经协商一致的，可以解除合同。

② 由于发生不可抗力情况致使建设工程承包合同的目的不能实现，可以解除合同。

③ 在合同履行期届满之前，一方当事人明确表示或者以自己的行为表明不履行主要债务的，对方可以解除合同。

④ 一方当事人迟延履行主要债务，经催告后在合理期限内仍未履行的，对方可以解除合同。

⑤ 一方当事人迟延履行债务或者有其他违约行为，致使不能实现合同目的的，可以解除合同。

⑥ 承包人将建设工程转包、违法分包的，发包人可以解除合同。

⑦ 发包人提供的主要建筑材料、建筑构配件和设备不符合强制性标准或者不履行协助义务，致使承包人无法施工，经催告后在合理期限内仍未履行相应义务的，承包人可以解除合同。

（2）建设工程合同解除的程序和方式

当事人一方依法主张解除合同的，应当通知对方。合同自通知到达对方时解除；通知载明债务人在一定期限内不履行债务则合同自动解除，债务人在该期限内未履行债务的，合同自通知载明的期限届满时解除。对方对解除合同有异议的，任何一方当事人均可以请求人民法院或者仲裁机构确认解除行为的效力。

当事人一方未通知对方，直接以提起诉讼或者申请仲裁的方式依法主张解除合同，人民法院或者仲裁机构确认该主张的，合同自起诉状副本或者仲裁申请书副本送达对方时解除。

（3）建设工程合同解除的法律后果

建设工程合同解除后，合同法律关系消灭，当事人不再依该合同取得权利或承担义务。合同尚未开始履行的，不再履行，已经开始履行的，停止履行。但合同的终止不影响合同中结算和清理条款的效力，也不影响当事人请求损害赔偿的权利。

合同解除后的债权债务清理，应当以恢复原状为原则，不能恢复原状的，折价补偿。

如果是由于一方当事人的过错造成合同解除的，该当事人应向对方承担违约责任，即支付违约金和相应的损害赔偿金，如果双方都有过错，分别承担相应过错责任。

（4）建设工程合同解除后的善后处理

建设工程合同解除后，当事人双方约定的结算和清理条款仍然有效。承包人应当妥善做好已完工程和已购材料、设备的保护和移交工作，按照发包人要求将自有机械设备和人员撤出施工场地。发包人应为承包人撤出提供必要条件，支付以上所发生的费用，并按合同约定支付已完工程价款。已经订货的材料、设备由订货方负责退货或解除订货合同，不能退还的货款和因退货、解除订货合同发生的费用，由发包人承担，因未及时退货造成的损失由责任方承担。除此之外，有过错的一方应当赔偿因合同解除给对方造成的损失。

3. 建设工程合同的终止

合同的终止是指依法生效的合同，因具备法定的或当事人约定的情形，合同的债权、债务归于消灭，债权人不再享有合同的权利，债务人也不必再履行合同的义务。

《民法典》第三编第 557 条规定，有下列情形之一的，合同的权利义务终止：①债务已经按照约定履行；②合同解除；③债务相互抵消；④债务人依法将标的物提存；⑤债权人免除债务；⑥债权债务同归于一人；⑦法律规定或者当事人约定终止的其他情形。

合同的债权债务终止后，当事人应当遵循诚信等原则，根据交易习惯履行通知、协助、保密、旧物回收等义务。

合同的债权债务终止时，债权的从权利同时消灭，但是法律另有规定或者当事人另有约定的除外。

4.5　建设工程合同的违约责任

4.5.1　建设工程合同违约责任概述

1. 承担违约责任的种类

合同当事人违反合同义务，承担违约责任的种类主要有：继续履行、支付违约金或定金、赔偿损失等。

（1）继续履行

继续履行是一种违约后的补救方式，是否要求违约方继续履行是非违约方的一项权利。

继续履行可以与违约金、定金、赔偿损失并用，但不能与解除合同的方式并用。

（2）支付违约金和定金

违约金有法定违约金和约定违约金两种：由法律规定的违约金为法定违约金；由当事人约定的违约金为约定违约金。

《民法典》第三编第 585～589 条对违约金和定金作出了以下规定：

1）当事人可以约定一方违约时应当根据违约情况向对方支付一定数额的违约金，也可以约定因违约产生的损失赔偿额的计算方法。

约定的违约金低于造成的损失的，当事人可以请求人民法院或者仲裁机构予以增加；约定的违约金过分高于造成的损失的，当事人可以请求人民法院或者仲裁机构予以适当减少。

当事人就迟延履行约定违约金的，违约方支付违约金后，还应当履行债务。

2）当事人可以约定一方向对方给付定金作为债权的担保。定金合同自实际交付定金时成立。

定金的数额由当事人约定，但不得超过主合同标的额的 20%，超过部分不产生定金的效力。实际交付的定金数额多于或者少于约定数额的，视为变更约定的定金数额。

债务人履行债务的，定金应当抵作价款或者收回。给付定金的一方不履行债务或者履行债务不符合约定，致使不能实现合同目的的，无权请求返还定金；收受定金的一方不履行债务或者履行债务不符合约定，致使不能实现合同目的的，应当双倍返还定金。

3）当事人既约定违约金，又约定定金的，一方违约时，对方可以选择适用违约金或者定金条款。

定金不足以弥补一方违约造成的损失的，对方可以请求赔偿超过定金数额的损失。

（3）赔偿损失

《民法典》第三编第584条规定，当事人一方不履行合同义务或者履行合同义务不符合约定，给对方造成损失的，损失赔偿额应当相当于因违约所造成的损失，包括合同履行后可以获得的利益，但不得超过违反合同一方订立合同时预见到或者应当预见到的因违反合同可能造成的损失。

赔偿损失范围包括直接损失和间接损失。直接损失是指财产上的直接减少。间接损失（又称所失利益）是指失去的可以预期取得的利益。可以预期取得的利益（也称可得利益）是指利润而不是营业额。

2. 违约责任的免除

违约责任的免除是指在履行合同的过程中，因出现法定的免责条件或者合同约定的免责事由导致合同不履行的，合同债务人将被免除合同履行义务。

（1）约定的免责

合同中可以约定在一方违约的情况下免除其责任的条件，这个条款称为免责条款。免责条款并非全部有效，《民法典》第三编第506条规定，合同中的下列免责条款无效：

1）造成对方人身伤害的；

2）因故意或者重大过失造成对方财产损失的。

造成对方人身伤害侵犯了对方的人身权，造成对方财产损失侵犯了对方的财产权，均属于违法行为，因而这样的免责条款是无效的。

（2）法定的免责

法定的免责是指出现了法律规定的特定情形，即使当事人违约也可以免除违约责任。

《民法典》第三编第590条规定，当事人一方因不可抗力不能履行合同的，根据不可抗力的影响，部分或者全部免除责任，但是法律另有规定的除外。因不可抗力不能履行合同的，应当及时通知对方，以减轻可能给对方造成的损失，并应当在合理期限内提供证明。当事人迟延履行后发生不可抗力的，不免除其违约责任。

4.5.2 建设工程勘察、设计合同的违约责任

建设工程勘察、设计合同的违约责任可以分为发包人的违约责任和承包人的违约责任。

1. 发包人的违约责任

（1）发包人若不履行合同，定金不予返还。

（2）由于变更计划，提供的资料不准确，未按期提供勘察、设计工作必需的资料或工作条件，而造成勘察、设计工作的返工、停工或修改设计，发包人应按承包人实际消耗的工作量增付费用。因发包人责任造成重大返工或重做设计时，应另增加勘察、设计费。

（3）建设工程勘察、设计的成果按期、按质、按量交付后，发包人要依照法律、法规的规定和合同的约定，按期、按量交付勘察、设计费。发包人未按合同规定或约定的日期交付费用时，应偿付逾期的违约金。偿付办法与金额，由双方按照国家有关规定协商确定。

2. 承包人的违约责任

（1）因勘察、设计质量低劣引起返工，或未按期提交勘察、设计文件，拖延工期造成发包人损失，由承包方继续完善勘察、设计，并视造成的损失的大小，减收或免收勘察、设计费并赔偿损失。

（2）对于因勘察、设计错误而造成的工程重大质量事故的，承包人除免收损失部分的勘察、设计费外，还应支付与直接损失部分勘察、设计费相当的赔偿金。

（3）承包人不履行合同，应当双倍返还定金。

4.5.3 建设工程施工合同的违约责任

1. 发包人不能履行其义务应承担的违约责任

（1）隐蔽工程在隐蔽以前，承包人应当通知发包人检查。发包人没有及时检查的，承包人可以顺延工程日期，并有权要求赔偿停工、窝工等损失。

（2）发包人未按照约定的时间和要求提供原材料、设备、场地、资金、技术资料的，承包人可以顺延工程日期，并有权要求发包人赔偿停工、窝工等损失。

（3）因发包人的原因致使工程中途停建、缓建的，发包人应当采取措施弥补或者减少损失，赔偿承包人因此造成的停工、窝工、倒运、机械设备调迁、材料和构件积压等损失和实际费用。

（4）承包人发现发包人提供的图纸或者技术要求不合理的，应当及时通知发包人。因发包人怠于答复等原因造成承包人损失的，发包人应当赔偿损失。

（5）发包人中途变更工作要求，造成承包人损失的，应当赔偿损失。

（6）发包人要求承包人压缩合同约定工期造成的损失，应当依法承担赔偿责任。

（7）验收中，发包人有违法行为造成损失的，应当依法承担赔偿责任：①未组织竣工验收，擅自交付使用的；②验收不合格，擅自交付使用的；③对不合格的建设工程按照合格工程验收的。

2. 承包人不能履行其义务应承担的违约责任

（1）转让、出借资质证书等造成的损失

承包人转让、出借资质证书或者以其他方式允许他人以本企业的名义承揽工程，对因该项承揽工程不符合规定的质量标准造成的损失，承包人与使用本企业名义的单位或者个人承担连带赔偿责任。

（2）转包、违法分包造成的损失

承包人将承包的工程转包的，或者违反规定进行分包的……，对因转包工程或者违法分包的工程不符合规定的质量标准造成的损失，与接受的转包人或者分包人承担连带赔偿责任。

（3）偷工减料等造成的损失

承包人在施工中偷工减料的，使用不合格的建筑材料、建筑构配件和设备的，或者有其他不按照工程设计图纸或者施工技术标准施工的行为的……；造成建筑工程质量不符合规定的质量标准的，负责返工、修理，并赔偿因此造成的损失。

（4）与监理人串通造成的损失

工程监理人与承包人串通，为承包人谋取非法利益，给发包人造成损失的，应当与承包人承担连带赔偿责任。

（5）不履行保修义务造成的损失

承包人违反规定，不履行保修义务或者拖延履行保修义务的，……并对在保修期内因屋顶、墙面渗漏、开裂等质量缺陷造成的损失，承担赔偿责任。

（6）保管不善造成的损失

承包人应当妥善保管发包人提供的材料以及完成的工作成果，因保管不善造成毁损、灭失的，应当承担损害赔偿责任。

（7）合理使用期限内造成的损失

因承包人的原因致使建设工程在合理使用期限内造成人身和财产损害的，承包人应当承担损害赔偿责任。

4.6　建设工程合同的担保

担保是债权人与债务人或者第三人根据法律规定或约定而实施的，以保证债权得以实现为目的的民事法律行为。担保的产生源于债权人对债务人的不信任。为了规避风险，债权人会要求债务人提供担保。

在担保法律关系中，债权人称为担保权人，债务人称为被担保人，第三人称为担保人。

《民法典》第二编物权第四分编担保物权中规定，在借贷、买卖、货物运输、加工承揽等经济活动中，债权人需要以担保方式保障其债权实现的，可以依照本法规定设定担保。

担保方式为保证、抵押、质押、留置和定金。

第三人为债务人向债权人提供担保时，可以要求债务人提供反担保。

担保合同是主合同的从合同，主合同无效，担保合同无效。担保合同另有约定的，按照约定。担保合同被确认无效后，债务人、担保人、债权人有过错的，应当根据其过错各自承担相应的民事责任。

4.6.1　建设工程施工合同常用的担保种类

1. 施工投标保证金

投标保证金是指投标人按照招标文件的要求向招标人出具的，以一定金额表示的投标责任担保。其实质是为了避免因投标人在投标有效期内随意撤销投标或中标后不能提交履约保证金和签署合同等行为而给招标人造成损失。投标保证金除现金外，可以是银行出具的银行保函、保兑支票、银行汇票或现金支票。

2. 施工合同履约保证金

根据《招标投标法》，招标文件要求中标人提交履约保证金的，中标人应当提供。施工合同履约保证金，是为了保证施工合同的顺利履行而要求承包人提供的担保。施工合同履约保证金多为提供第三人的信用担保（保证），一般是由银行或者担保公司向招标人出具履约保函或者保证书。

3. 工程款支付担保

根据《工程建设项目施工招标投标办法》，招标人要求中标人提供履约保证金或其他形式履约担保的，招标人应当同时向中标人提供工程款支付担保。工程款支付担保，是发包人向承包人提交的、保证按照合同约定支付工程款的担保，通常采用由银行出具保函的方式。

4. 预付款担保

预付款担保是指承包人向发包人提供的用于实现承包人按合同规定进行施工，偿还发包人已支付的全部预付金额的担保。如果承包人违约，使发包人不能在规定期限内从应付工程款中扣除全部预付款，则发包人有权行使预付款担保权利作为补偿。

4.6.2 抵押、质押、留置和定金

1. 抵押

根据《民法典》第二编，抵押是指债务人或者第三人不转移对财产的占有，将该财产作为债权的担保。债务人不履行债务时，债权人有权依照法律规定以该财产折价或者以拍卖、变卖该财产的价款优先受偿。其中，债务人或者第三人称为抵押人，债权人称为抵押权人。

（1）抵押物

债务人或者第三人提供担保的财产为抵押物。由于抵押物是不转移其占有的，因此能够成为抵押物的财产必须具备一定的条件。这类财产轻易不会灭失，其所有权的转移应当经过一定的程序。

债务人或者第三人有权处分的下列财产可以作为抵押物：①建筑物和其他土地附着物；②建设用地使用权；③以招标、拍卖、公开协商等方式取得的荒地等土地承包经营权；④生产设备、原材料、半成品、产品；⑤正在建造的建筑物、船舶、航空器；⑥交通运输工具；⑦法律、行政法规未禁止抵押的其他财产。

下列财产不得抵押：①土地所有权；②耕地、宅基地、自留地、自留山等集体所有的土地使用权；③学校、幼儿园、医院等以公益为目的的事业单位、社会团体的教育设施、医疗卫生设施和其他社会公益设施；④所有权、使用权不明或者有争议的财产；⑤依法被查封、扣押、监管的财产；⑥依法不得抵押的其他财产。

（2）办理抵押的法律手续

当事人以下列财产抵押的，应当办理抵押登记，抵押权自登记时设立：①建筑物和其他土地附着物；②建设用地使用权；③以招标、拍卖、公开协商等方式取得的荒地等土地承包经营权；④正在建造的建筑物。

当事人以下列财产抵押的，抵押权自抵押合同生效时设立，未经登记，不得对抗善意第三人：①生产设备、原材料、半成品、产品；②交通运输工具；③正在建造的船舶、航空器。

（3）抵押的效力

抵押担保的范围包括主债权及利息、违约金、损害赔偿金和实现抵押权的费用。当事人也可以在抵押合同中约定抵押担保的范围。抵押人有义务妥善保管抵押物并保证其价值。抵押期间，抵押人转让已办理登记的抵押物，应当通知抵押权人并告知受让人转让物已经抵押的情况；否则，该转让行为无效。

抵押人转让抵押物的价款，应当向抵押权人提前清偿所担保的债权或者向与抵押权人约定的第三人提存。超过债权的部分归抵押人所有，不足部分由债务人清偿。转让抵押物的价款不得明显低于其价值。抵押人的行为足以使抵押物价值减少的，抵押权人有权要求抵押人停止其行为。抵押权与其担保的债权同时存在。抵押权不得与债权分离而单独转让或者作为其他债权的担保。

（4）抵押权的实现

债务履行期届满抵押权人未受清偿的，可以与抵押人协议以抵押物折价或者以拍卖、变卖该抵押物所得的价款受偿；协议不成的，抵押权人可以向人民法院提起诉讼。抵押物折价或者拍卖、变卖后，其价款超过债权数额的部分归抵押人所有，不足部分由债务人清偿。

同一财产向两个以上债权人抵押的，拍卖、变卖抵押物所得的价款按照以下规定清偿：①抵押合同以登记生效的，按抵押物登记的先后顺序清偿；顺序相同的，按照债权比例清偿。②抵押合同自签订之日起生效的，如果抵押物未登记的，按照合同生效的先后顺序清偿，顺序相同的，按照债权比例清偿。抵押物已登记的先于未登记的受偿。

2. 质押

（1）质押的概念和特征

根据《民法典》第二编，质押是指债务人或者第三人将其动产或权利移交债权人占有，将该动产或权利作为债权的担保。债务人不履行债务时，债权人有权依照法律规定以该动产或权利折价或者以拍卖、变卖该动产或权利的价款优先受偿。

质押转移对抵押物的占有，这是其与抵押的显著区别。

（2）质押的类型

质押分为动产质押和权利质押。

1）动产质押是指债务人或者第三人将其动产移交债权人占有，将该动产作为债权的担保。能够用作质押的动产没有限制。

2）权利质押一般是将权利凭证交付质押人的担保。可以质押的权利包括：①汇票、支票、本票、债券、存款单、仓单、提单；②依法可以转让的股份、股票；③依法可以转让的商标专用权、专利权、著作权中的财产权；④依法可以质押的其他权利。

3. 留置

根据《民法典》第二编，留置是指债权人按照合同约定占有债务人的动产，债务人不按照合同约定的期限履行债务的，债权人有权依照法律规定留置该财产，以该财产折价或者以拍卖、变卖该财产的价款优先受偿。

根据《民法典》第二编，因保管合同、运输合同、加工承揽合同发生的债权，债务人不履行债务的，债权人有留置权。法律规定可以留置的其他合同，适用以上规定。当事人可以在合同中约定不得留置的物。

债权人与债务人应当在合同中约定，债权人留置财产后，债务人应当在不少于两个月的期限内履行债务。债权人与债务人在合同中未约定的，债权人留置债务人财产后，应当确定两个月以上的期限，通知债务人在该期限内履行债务。

留置权人负有妥善保管留置物的义务。因保管不善致使留置物灭失或者毁损的，留置权人应当承担民事责任。

4. 定金

（1）定金的概念

定金是指合同当事人一方以保证债务履行为目的，于合同成立时或未履行前，预先给付对方一定数额金钱的担保方式。所以，定金既指一种债的担保方式，也指作为定金担保方式的那笔预先给付的金钱。

《民法典》第三编第 587 条规定，债务人履行债务的，定金应当抵作价款或者收回。给付定金的一方不履行债务或者履行债务不符合约定，致使不能实现合同目的的，无权请求返还定金；收受定金的一方不履行债务或者履行债务不符合约定，致使不能实现合同目的的，应当双倍返还定金。

定金应当以书面形式约定。当事人在定金合同中应当约定交付定金的期限。定金合同从实际交付定金之日起生效。定金的数额由当事人约定，但不得超过主合同标的额的 20%。

（2）定金与违约金、预付款的区别

1）定金与违约金的区别

定金和违约金都是一方应给付给对方的一定款项，都有督促当事人履行合同的作用，但二者也有不同，其区别主要表现以下几方面：①定金须于合同履行前交付，而违约金只能发生违约行为以后交付；②定金主要起担保作用，而违约金主要是违反合同的民事责任形式；③定金一般是约定的，而违约金可以是约定的，也可以是法定的。

2）定金与预付款的区别

定金与预付款都是在合同履行前一方当事人预先给付对方的一定数额的金钱，都具有预先给付的性质，在合同履行后，都可以抵作价款。这二者有着根本的区别，表现在以下方面：①定金是合同的担保方式，主要作用是担保合同履行，而预付款的主要作用是为对方履行合同提供资金上的帮助，属于履行的一部分；②交付定金的协议是从合同，而交付预付款的协议一般为合同内容的一部分；③定金只有在交付后才能成立，而交付预付款的协议只要双方意思表示一致即可成立；④定金合同当事人不履行主合同时，适用定金罚则，而预付款交付后当事人不履行合同的，不发生丧失预付款或双倍返还预付款的效力。

复习与应用练习题

【案例 4-2】
共同出资连带
责任案

1. 单项选择题

(1) 下列选项中，属于要约的是（   ）。

A. 中标通知书　　　　　　　　　B. 商品价目表

C. 招标公告　　　　　　　　　　D. 投标书

(2) 下列书面文件中，（   ）是承诺。

A. 招标公告　　　　　　　　　　B. 投标书

C. 中标通知书　　　　　　　　　D. 合同书

(3) 甲施工单位由于施工需要大量钢材，遂向乙供应商发出要约，要求乙在 1 个月内供货，但数量待定。乙回函表示：1 个月内可供货 2000t，甲未作表示。下列表述正确的是（   ）。

A. 该供货合同成立　　　　　　　B. 该供货合同已生效

C. 该供货合同效力待定　　　　　D. 该供货合同未成立

(4) 某建筑公司向供货商采购国家定价的某种特殊材料，合同签订时价格为 4000 元/t，约定 6 月 1 日运至某工地。后供货商迟迟不予交货，8 月下旬，国家调整价格为 3400 元/t，供货商急忙交货。双方为结算价格产生争议。下列说法正确的是（   ）。

A. 应按合同约定的价格 4000 元/t 结算

B. 应按国家确定的最新价格 3400 元/t 结算

C. 应当按新旧价格的平均值结算

D. 双方协商确定，协商不成的应当解除合同

(5) 某材料供应商由于自身原因，没有按合同约定及时提供原材料，给工程建设项目造成经济损失，该供应商应承担（   ）。

A. 行政处分　　　　　　　　　　B. 违约责任

C. 行政处罚　　　　　　　　　　D. 缴纳押金

(6) 甲施工企业与乙材料供应商订立的合同中约定了违约金 5 万元，同时约定由甲施工企业支付乙供应商定金 4 万元。后来乙供应商未能交货，甲施工企业为最大限度维护自身利益，可以要求乙供应商支付（   ）万元。

A. 13　　　　　　B. 9　　　　　　C. 8　　　　　　D. 5

(7) 甲乙双方签订买卖合同的情形是：2017 年 11 月 10 日，甲在合同书上签字后寄送乙方；2017 年 11 月 20 日，乙在合同书上签字，并将双方签字的合同书寄还甲；2017 年 11 月 30 日，甲收到该合同书；合同书约定合同于 2017 年 12 月 10 日生效。则该合同成立时间是（   ）。

A. 2017 年 11 月 10 日　　　　　B. 2017 年 11 月 20 日

C. 2017 年 11 月 30 日　　　　　D. 2017 年 12 月 10 日

2. 多项选择题

(1) 下列属于要约邀请的是（   ）。

A. 商业广告　　　　　　　　　　B. 投标书

C. 招标公告　　　　　　　　　　D. 拍卖公告

E. 商品价目表

(2) 变更合同和可撤销合同的确认应由（   ）裁定。

A. 人民法院 B. 当事人双方

C. 主管部门 D. 仲裁机构

E. 检察机构

(3) 关于无效合同的说法，正确的有（ ）。

A. 无效合同不具有违法性

B. 无效合同具有违法性

C. 无效合同部分无效会影响其他部分的效力

D. 无效合同自订立之时就不具有法律效力

E. 无效合同部分无效不会影响其他部分的效力

(4) 根据《民法典》第三编，下列免责条款无效的是（ ）。

A. 因不可抗力造成对方财产损失的 B. 造成对方人身伤害的

C. 因违约造成对方财产损失的 D. 故意造成对方财产损失的

E. 因重大过失造成对方财产损失的

(5) 根据《民法典》第三编，合同权利义务终止的情形有（ ）。

A. 债务人依法将标的物抵押 B. 合同解除

C. 债务相互抵消 D. 债权人依法将标的物提存

E. 债权人免除债务

(6) 根据《民法典》第三编，违约方承担赔偿损失的构成要件包括（ ）。

A. 具有违约行为 B. 具有惩罚目的

C. 造成损失后果 D. 违约行为与损失后果之间具有因果关系

E. 违约方有过错，或虽无过错，但法律规定应当赔偿

(7) 致使承包人行使建设工程施工合同解除权的情形包括（ ）。

A. 发包人严重拖欠工程价款 B. 发包人坚决要求工程设计变更

C. 要求承担保修责任期限过长 D. 项目经理与总监理工程师积怨太深

E. 发包人提供的建筑材料不符合国家强制性标准

(8) 下列合同中，属于可变更、可撤销合同的有（ ）。

A. 施工企业超越资质等级订立的合同

B. 施工企业中未获得相应授权的人员订立的合同

C. 建设单位为洗钱而订立的施工合同

D. 显失公平的合同

E. 一方乘人之危与他人订立的合同

(9) 根据《民法典》第三编，免除施工单位违约责任的情形有（ ）。

A. 施工存在安全事故隐患，被监理工程师责令暂停施工，致使工期延误

B. 因拖欠农民工工资，部分农民工停工抗议，致使工期延误

C. 地震导致已完工程被爆破拆除重建，造成建设单位费用增加

D. 由于战争，施工单位暂停施工，致使工期延误

E. 因迟延履行而遭遇洪水，导致工期延误

(10) 合同为约定违约责任，当事人一方不履行合同义务的，违约方应当承担的违约责任有（ ）。

A. 赔礼道歉　　　　　　　　　B. 继续履行

C. 赔偿损失　　　　　　　　　D. 采取补救措施

E. 支付违约金

3. 简答题

（1）建设工程合同主要有哪些类型？

（2）简述建设工程合同的订立。

（3）什么是无效合同？其法律后果是什么？

（4）简述建设工程合同的履行、转让、解除和终止。

（5）简述建设工程合同的变更和撤销。

（6）建设工程合同承担违约责任的方式主要有哪几种？

（7）合同的担保有哪些形式？

教学单元5

建设工程监理法规

【教学目标】通过本单元学习，使学生了解工程监理企业的资质管理制度，建设工程监理的依据，强制监理的建设工程范围；熟悉建设工程监理的内容和权限，违反工程监理资质管理制度的法律责任，转让监理业务的法律责任，违反安全生产、工程质量管理制度的法律责任；能够运用法律法规解释建设工程监理中的现象，按照建设工程监理法律法规依法从事建设工程监理活动。

5.1 工程监理企业的资质管理制度

建设工程监理制度是我国工程建设领域中项目管理体制的重大改革举措之一，它是与投资体制、承包经济责任体制、建筑市场开放体制、招标投标体制、项目业主体制等改革制度相匹配的改革制度，是为适应社会化大生产的需要和社会主义市场经济发展而产生的。我国自 1988 年推行建设监理制以来，建设监理工作由试点进入稳步发展阶段，并已取得了显著的效果和良好的社会效益。

根据国家统计局的统计数据，截至 2018 年底，我国建设工程监理行业在册从业人员共 116.93 万人，2018 年度我国建设工程监理行业实现营业收入 4314.42 亿元，创下自 1988 年试点以来的行业营业收入最高纪录。注册执业人员数量为 310670 人，与上年相比增长 8.57%，高素质专业人员队伍的不断发展壮大，有利于推动我国建设工程监理行业的持续健康发展。

5.1.1 工程监理企业资质的类别

工程监理企业资质是企业技术能力、管理水平、业务经验、经营规模、社会信誉等综合性实力指标。

工程监理企业应当按照所拥有的注册资本、专业技术人员数量和工程监理业绩等资质条件申请资质，经审查合格，取得相应等级的资质证书后，才能在其资质等级许可的范围内从事工程监理活动。

工程监理企业的注册资本不仅是企业从事经营活动的基本条件，也是企业清偿债务的保证。工程监理企业所拥有的专业技术人员数量主要体现在注册监理工程师的数量，这反映企业从事监理工作的工程范围和业务能力。工程监理业绩则反映工程监理企业开展监理业务的经历和成效。

根据《工程监理企业资质管理规定》，工程监理企业的资质按照等级分为综合资质、专业资质和事务所资质。其中，专业资质按照工程性质和技术特点划分为房屋建筑工程、市政公用工程、水利水电工程、铁路工程、公路工程等 14 个工程类别。

5.1.2 工程监理企业资质的等级

工程监理企业综合资质、事务所资质不分级别。专业资质分为甲级、乙级；其中，房屋建筑、水利水电、公路和市政公用专业资质可设立丙级。

1. 综合资质标准

1）具有独立法人资格且注册资本不少于 600 万元。

2）企业技术负责人应为注册监理工程师，并具有 15 年以上从事工程建设工作的经历或者具有工程类高级职称。

3）具有 5 个以上工程类别的专业甲级工程监理资质。

4）注册监理工程师不少于 60 人，注册造价工程师不少于 5 人，一级注册建造师、一级注册建筑师、一级注册结构工程师或者其他勘察设计注册工程师合计不少于 15 人。

5）企业具有完善的组织结构和质量管理体系，有健全的技术、档案等管理制度。

6）企业具有必要的工程试验检测设备。

7）申请工程监理资质之日前一年内没有规定禁止的行为。

8）申请工程监理资质之日前一年内没有因本企业监理责任造成重大质量事故。

9）申请工程监理资质之日前一年内没有因本企业监理责任发生三级以上工程建设重大安全事故或者发生两起以上四级工程建设安全事故。

2. 专业资质标准

（1）甲级

1）具有独立法人资格且注册资本不少于 300 万元。

2）企业技术负责人应为注册监理工程师，并具有 15 年以上从事工程建设工作的经历或者具有工程类高级职称。

3）注册监理工程师、注册造价工程师、一级注册建造师、一级注册建筑师、一级注册结构工程师或者其他勘察设计注册工程师合计不少于 25 人次；其中，相应专业注册监理工程师不少于《专业资质注册监理工程师人数配备表》中要求配备的人数，注册造价工程师不少于 2 人。

4）企业近 2 年内独立监理过 3 个以上相应专业的二级工程项目，但是，具有甲级设计资质或一级及以上施工总承包资质的企业申请本专业工程类别甲级资质的除外。

5）、6）、7）、8）、9）条同综合资质标准。

（2）乙级

1）具有独立法人资格且注册资本不少于 100 万元。

2）企业技术负责人应为注册监理工程师，并具有 10 年以上从事工程建设工作的经历。

3）注册监理工程师、注册造价工程师、一级注册建造师、一级注册建筑师、一级注册结构工程师或者其他勘察设计注册工程师合计不少于 15 人次。其中，相应专业注册监理工程师不少于《专业资质注册监理工程师人数配备表》中要求配备的人数，注册造价工程师不少于 1 人。

4）、5）、6）、7）、8）条同综合资质标准的 5）、6）、7）、8）、9）条。

（3）丙级

1）具有独立法人资格且注册资本不少于 50 万元。

2）企业技术负责人应为注册监理工程师，并具有 8 年以上从事工程建设工作的经历。

3）相应专业的注册监理工程师不少于《专业资质注册监理工程师人数配备表》中要求配备的人数。

4）有必要的质量管理体系和规章制度。

5）有必要的工程试验检测设备。

3. 事务所资质标准

1）取得合伙企业营业执照，具有书面合作协议书。

2）合伙人中有 3 名以上注册监理工程师，合伙人均有 5 年以上从事建设工程监理的工作经历。

3）有固定的工作场所。

4）有必要的质量管理体系和规章制度。

5）有必要的工程试验检测设备。

5.1.3 工程监理各资质企业的业务范围

工程监理资质的分级和工程承接范围见表 5-1。

工程监理资质的分级和工程承接范围　　　　　　　　　　　表 5-1

资质类别	资质分级	工程承接范围
工程监理综合资质	不分等级	可以承担所有专业工程类别建设工程项目的工程监理业务
工程监理专业资质	分为甲级、乙级,其中房屋建筑、水利水电、公路和市政公用专业资质可设立丙级	专业甲级资质可承担相应专业工程类别建设工程项目的工程监理业务; 专业乙级资质可承担相应专业工程类别二级以下(含二级)建设工程项目的工程监理业务; 专业丙级资质可承担相应专业工程类别三级建设工程项目的工程监理业务
工程监理事务所资质	不分等级	可承担三级建设工程项目的工程监理业务,但是,国家规定必须实行强制监理的工程除外

注：各级别工程监理企业都可以开展相应类别建设工程的项目管理、技术咨询等业务。

5.1.4 工程监理企业的资质许可制度

《工程监理企业资质管理规定》第 3 条规定，从事建设工程监理活动的企业，应当按照本规定取得工程监理企业资质，并在工程监理企业资质证书许可的范围内从事工程监理活动。工程监理企业的资质许可包括资质申请和审批、资质升级和资质增项、资质证书延续、资质证书变更等。

1. 工程监理企业的资质审批

工程监理企业的资质实行分级审批。

1）工程监理综合资质、专业类甲级资质由国务院建设主管部门审批。

2）申请工程监理专业类乙级、丙级资质和事务所类资质由企业所在地省、自治区、直辖市人民政府建设主管部门审批。

3）工程监理企业资质证书的有效期为 5 年，正本 1 份，副本 4 份。

2. 新设立的工程监理企业的资质申请

新设立的企业申请工程监理企业资质，应先取得《企业法人营业执照》或《合伙企业营业执照》，办理完相应的执业人员注册手续后，方可申请资质。

取得《企业法人营业执照》的企业，只可申请综合资质和专业资质；取得《合伙企业营业执照》的企业，只可申请事务所资质。

新设立的企业申请工程监理企业资质，应从专业乙级、丙级资质或事务所资质开始申请，不需要提供业绩证明材料。申请房屋建筑、水利水电、公路和市政公用工程专业资质的企业，也可以直接申请专业乙级资质。

5.2　建设工程监理的实施

5.2.1　建设工程监理的依据和范围

1. 建设工程监理的依据

（1）国家或部门制定颁布的法律、法规、规章

监理单位应当依据法律、行政法规的规定，对承包单位实施监督。对建设单位违反法律、行政法规的要求，监理单位应当予以拒绝。

（2）有关的技术标准

技术标准分为强制性标准和推荐性标准。强制性标准是必须执行的标准。推荐性标准是自愿采用的标准。通常情况下，建设单位如要求采用推荐性标准，应当与设计单位或施工单位在合同中予以明确约定。经合同约定采用的推荐性标准，对合同当事人同样具有法律约束力，也必须严格执行，设计或施工未达到该标准，将构成违约行为。

（3）经审查批准的建设文件、设计文件和设计图纸

设计文件和设计图纸是施工的依据，同时也是监理的依据。施工单位应该按设计文件和图纸进行施工。监理单位应按照设计文件和图纸对施工活动进行监督管理。

（4）依法签订的各类工程合同文件等

监理单位应当依据工程承包合同监督施工单位是否全面履行合同规定的义务。

2. 建设工程强制监理的范围

监理是基于业主的委托才可实施的建设活动，所以对建设工程实施监理应建立在业主自愿的基础上。但在国家投资的工程中，国家有权以业主的身份要求工程建设项目法人实施工程监理，对于外资投资建筑工程及一些与社会公共利益关系重大的工程，为确保工程质量和社会公众的生命财产安全，国家也可要求其业主必须实施工程监理，即对这些工程建设活动强制实行监理。我国《建筑法》规定：实行强制监理的建筑工程的范围由国务院规定。国务院于 2000 年 1 月 30 日颁布的《建设工程质量管理条例》规定了现阶段我国必须实行工程建设监理的工程项目范围，建设部 2001 年 1 月 17 日颁布的《建设工程监理范围和规模标准规定》，对实行强制监理的建设工程的范围和规模进行了细化。根据上述法律法规，下列建设工程必须实行监理：

117

（1）国家重点建设工程

国家重点建设工程是指依据《国家重点建设项目管理办法》所确定的对国民经济和社会发展有重大影响的骨干项目。

（2）大中型公用事业工程

大中型公用事业工程是指项目总投资额在 3000 万元以上的下列工程项目：①供水、供电、供气、供热等市政工程项目；②科技、教育、文化等项目；③体育、旅游、商业等项目；④卫生、社会福利等项目；⑤其他公用事业项目。

（3）成片开发建设的住宅小区工程

成片开发建设的住宅小区工程中，建筑面积在 5 万 m^2 以上的住宅建设工程必须实行监理；5 万 m^2 以下的住宅建设工程，可以实行监理，具体范围和规模标准由省、自治区、直辖市人民政府建设行政主管部门规定；为了保证住宅质量，对高层住宅及地基、结构复杂的多层住宅应当实行监理。

（4）利用外国政府或者国际组织贷款、援助资金的工程

这类工程包括：①使用世界银行、亚洲开发银行等国际组织贷款资金的项目；②使用国外政府及其机构贷款资金的项目；③使用国际组织或者国外政府援助资金的项目。

（5）国家规定必须实行监理的其他工程

这类工程主要是指学校、影剧院、体育场馆项目以及总投资额在 3000 万元以上关系社会公共利益、公众安全的下列基础设施项目：①煤炭、石油、化工、天然气、电力、新能源等项目；②铁路、公路、管道、水运、民航以及其他交通运输业等项目；③邮政、电信枢纽、通信、信息网络等项目；④防洪、灌溉、排涝、发电、引（供）水、滩涂治理、水资源保护、水土保持等水利建设项目；⑤道路、桥梁、地铁和轻轨交通、污水排放及处理、垃圾处理、地下管道、公共停车场等城市基础设施项目；⑥生态环境保护项目；⑦其他基础设施项目。

建设工程监理应包括工程建设决策阶段的监理和实施阶段的监理。决策阶段的监理包括对建设项目进行可行性研究、论证和参与任务书的编制等。实施阶段的监理则包括对设计、施工、保修等的监理。我国的建设工程监理尚处于初级阶段，决策阶段的监理目前主要还是由政府行政管理部门进行管理。实施阶段的监理，根据我国的具体情况，目前所进行的建设工程监理主要是施工监理，设计、保修等的监理主要还是由政府工程质量监督机构进行监督管理。

建设工程监理的范围应包括整个工程建设的全过程，即工程立项、勘察、设计、施工、材料设备采供、设备安装调试等环节，对工期、质量、造价、安全等诸方面进行监督管理。

5.2.2　建设工程监理的内容和权限

1. 建设工程监理的内容

工程建设监理的中心工作是进行项目目标控制，即投资、工期和质量的控制，在项目内部的管理主要是合同管理、安全管理和信息管理，对项目外部主要是组织协调。合

同是控制、管理、协调的主要依据，概括起来建设工程监理的任务即"三控制、三管理、一协调"共七项任务。

（1）"三控制"

"三控制"即质量控制、工期控制和投资控制。对任何一项工程建设来说，质量、工期和投资往往是相互矛盾的，但又是统一的。要达到高标准的工程质量，工期就要长一点，投资很有可能要增加一些。要缩短工期，质量就可能低一些，投资也可能多一点。一般说来，三项目标不可能同时达到最佳状态。建设工程监理的任务就是根据业主的不同侧重要求，尽力实现三项目标接近最佳状态的控制。

（2）"三管理"

"三管理"指对工程建设承发包合同的管理、工程建设过程中的安全管理和有关信息的管理。

承发包合同管理是建设工程监理的主要工作内容，是实现三大目标控制的手段。其表现形式就是定期和不定期地核查承发包合同的实施情况，纠正实施中出现的偏差，提出新一阶段执行承发包合同的预控性意见。

安全管理是指在实施监理的过程中，对建设安全生产过程中的安全工作进行计划、组织、指挥、监督、调节和改进等一系列致力于满足生产安全的管理活动。

信息管理是指信息的收集、整理、存储、传递和应用等一系列工作的总称。信息管理包括四项内容：①制定采集信息的制度和方法；②建立信息编码系统；③明确信息流程；④信息的处理和应用。信息无时不有，无处不有，庞杂的信息管理必须依靠计算机才能较好地完成。信息管理的突出特点是"快"和"准"。

（3）"一协调"

"一协调"是指协调参与一项工程建设的各方的工作关系。这项工作一般是通过定期和不定期召开会议的形式来完成的，或者通过分别沟通情况的方式，达到统一意见协调一致的目的。

2. 工程监理的职责、权限和形式

（1）工程监理的职责

《建设工程质量管理条例》第 37 条规定，工程监理单位应当选派具备相应资格的总监理工程师和监理工程师进驻施工现场。未经监理工程师签字，建筑材料、建筑构配件和设备不得在工程上使用或者安装，施工单位不得进行下一道工序的施工。未经总监理工程师签字，建设单位不拨付工程款，不进行竣工验收。

（2）工程监理人员的监理权限和义务

《建筑法》规定了工程监理人员的监理权限和义务：

1）工程监理人员认为工程施工不符合工程设计要求、施工技术标准和合同约定的，有权要求建筑施工企业改正。

2）工程监理人员发现工程设计不符合建设工程质量标准或者合同约定的质量要求的，应当报告建设单位要求设计单位改正。

3）实施建筑工程监理前，建设单位应当将委托的工程监理单位、监理的内容及监理权限，书面通知被监理的建筑施工企业。

（3）工程监理的形式

《建设工程质量管理条例》第 38 条规定，监理工程师应当按照工程监理规范的要求，采取旁站、巡视和平行检验等形式，对建设工程实施监理。

5.3 法律责任

1. 违反资质管理制度的法律责任

《建筑法》第 65 条规定，超越本单位资质等级承揽工程的，责令停止违法行为，处以罚款，可以责令停业整顿，降低资质等级；情节严重的，吊销资质证书；有违法所得的，予以没收。

未取得资质证书承揽工程的，予以取缔，并处罚款；有违法所得的，予以没收。

以欺骗手段取得资质证书的，吊销资质证书，处以罚款；构成犯罪的，依法追究其刑事责任。

2. 转让监理业务的法律责任

《建筑法》第 69 条规定，工程监理单位转让监理业务的，责令改正，没收违法所得，可以责令停业整顿，降低资质等级；情节严重的，吊销资质证书。

3. 违反安全生产、工程质量管理制度的法律责任

《建筑法》第 69 条规定，工程监理单位与建设单位或者建筑施工企业串通，弄虚作假、降低工程质量的，责令改正，处以罚款，降低资质等级或者吊销资质证书；有违法所得的，予以没收；造成损失的，承担连带赔偿责任；构成犯罪的，依法追究刑事责任。

━━━━━━━━ 思政拓展学习 ━━━━━━━━

《建设监理人员职业道德行为准则》规定，工程监理从业人员要遵法守规，诚实守信。讲信誉，守承诺，坚持实事求是，"公平、独立、诚信、科学"开展监理工作。严格监理，优质服务。执行工程建设标准，恪尽职守，爱岗敬业。团结协作，尊重他人。加强学习，提升能力，团结协作，钻研业务，弘扬职业传统。抵制不正之风，廉洁从业，不谋取不正当利益，树立良好的职业形象。保守商业秘密。

请同学们思考：

1. 工程监理人员的职业操守是什么？

2. 监理人员职业行为体现了社会主义核心价值观的哪些内容？

复习与应用练习题

1. 单项选择题

(1) 按照国家有关规定，下列工程必须实行监理的是（　　）。

A. 一座总投资 1800 万元的养老院　　B. 一座总投资 6100 万元的污水处理厂

C. 一个建筑面积 2.6 万 m² 的住宅楼　　D. 一个总投资 2300 万元的公共停车场

(2) 国家规定必须实行监理的基础设施项目，其项目总投资额在（　　）万元以上。

A. 1000　　　　B. 2000　　　　C. 3000　　　　D. 4000

(3) 某工程监理咨询公司中标获得某市长途汽车中心站工程的监理业务，在熟悉施工图时，监理工程师发现站房候车区部分大梁的配筋不符合建筑工程质量标准，不能满足结构安全性要求。对此，工程监理人员根据自己的权限和义务，应当（　　）。

A. 要求施工方改正　　　　　　　　B. 通知设计方改正

C. 通知建设方修改设计　　　　　　D. 报告建设方要求设计方改正

(4) 某工程的监理工程师发现发包方与承包方签订的《施工合同》专用条款中就钢材生产厂家所作的约定为：承包方负责采购，发包方指定生产厂商。对此，监理工程师应当（　　）。

A. 建议发包方宜取消该约定　　　　B. 建议变更钢材生产厂

C. 监督承包方严格履约　　　　　　D. 推荐施工方钢材供应商

(5) 工程监理的内容与发包方同一建设阶段项目管理的内容是一致的，一般包括"三控制、三管理、一协调"，而具体工程的监理内容及权限取决于（　　）的授权。

A. 施工合同　　　　　　　　　　　B. 设计合同

C. 监理合同　　　　　　　　　　　D. 法律法规

(6) 关于工程监理单位的相关质量责任和义务，下列说法正确的是（　　）。

A. 监理单位仅对施工质量承担责任

B. 监理单位在接受监理委托后，因利害关系需回避的，可以转让监理业务

C. 工程监理实行总监理工程师负责制

D. 监理单位将不合格的建筑材料按照合格签字，造成损失的，承担全部责任

2. 多项选择题

(1) 下列选项中，属于必须实行监理的建筑工程包括（　　）。

A. 邮政、电信枢纽、通信、信息网络等项目

B. 使用世界银行、亚洲开发银行等国际组织贷款资金的项目

C. 项目总投资额为 2000 万元的体育场馆项目

D. 项目总投资额在 3000 万元以上的学校项目

E. 建筑面积在 5 万 m² 以上的住宅建设工程

(2) 根据《建筑法》，建设单位应当在实施建筑工程监理前，将（　　）书面通知被监理的建筑施工企业。

A. 监理的内容　　　　　　　　　　B. 监理规划

C. 监理的费用　　　　　　　　　　D. 委托的工程监理单位

E. 监理权限

(3) 甲工程监理公司具有房屋建筑工程专业甲级资质，承揽到一项 30 层住宅工程的监理业

务，并与建设单位签订了委托监理合同。此后，甲公司将该工程的部分监理业务分包给了具有相同资质的乙公司。按照《建筑法》的规定，对上述非法行为，甲公司可能受到的行政处罚有（　　）。

    A. 责令改正　　　　　　　　　　B. 责令停业整顿

    C. 吊销资质证书　　　　　　　　D. 降低资质等级

    E. 处以罚款

（4）监理工程师对所监理的工程实施监理的依据有（　　）。

    A. 工程监理合同　　　　　　　　B. 工程建设国家强制性标准

    C. 工程施工承包合同　　　　　　D. 经批准的工程设计文件

    E. 有关建设工程的法律、法规

3. 简答题

（1）简述建设工程监理企业的资质分类、资质等级、资质标准及其业务范围。

（2）建设工程监理的依据有哪些？

（3）实行强制监理的建设工程的范围有哪些？

（4）简述建设工程监理的内容、职责、权限和形式。

（5）简述工程监理单位违反资质管理制度应负的法律责任。

（6）简述工程监理单位转让监理业务应负的法律责任。

（7）简述工程监理单位违反安全生产、工程质量管理制度应负的法律责任。

教学单元6

建设工程安全生产管理法规

【教学目标】通过本单元学习，使学生了解建设工程的安全生产管理基本制度、安全责任体系，从业人员安全生产的权利和义务，施工现场安全防护管理和消防管理制度，房屋拆除的安全管理制度；熟悉生产安全事故的等级和生产安全事故报告制度、生产安全事故的应急救援和调查处理；能够运用建设工程安全生产管理法律法规解释和处理建设工程中的相关法律问题，按照建设工程安全生产管理法规依法从事工程建设活动。

6.1 建设工程安全生产管理基本制度

建筑安全生产管理是指建设行政主管部门、建筑安全监督管理机构、建筑施工企业及有关单位对建筑生产过程中的安全工作，进行计划、组织、指挥、控制、监督等一系列的管理活动。其目的在于保证建筑工程安全和建筑职工的人身安全。

建筑安全生产管理包括纵向、横向和施工现场三个方面的管理。纵向方面的管理主要是指建设行政主管部门及其授权的建筑安全监督管理机构对建筑安全生产的行业监督管理。横向方面的管理主要是指建筑生产有关各方如建设单位、设计单位、监理单位和建筑施工企业等的安全责任和义务。施工现场管理主要是指控制人的不安全行为和物的不安全状态，是建筑安全生产管理的关键和集中体现。

建筑生产的特点是产品固定、人员流动，而且多为露天高空作业，不安全因素较多，有些工作危险性较大，是事故多发性行业。

为了加强建筑安全生产管理，预防和减少建筑业事故的发生，保障建筑职工及他人的人身安全和财产安全，国家相关部门制定了一系列的工程建设安全生产法律法规和规范性文件，主要有：

1)《中华人民共和国建筑法》（2019 年修正）（以下简称《建筑法》）。

2)《中华人民共和国安全生产法》（2014 年修正）（以下简称《安全生产法》）。

3)《建设工程安全生产管理条例》（2004 年 2 月 1 日起施行）。

4)《安全生产许可证条例》（2014 年修订）。

5)《生产安全事故报告和调查处理条例》（2007 年 6 月 1 日起施行）。

上述"两法三条例"的发布与施行，对于加强建筑安全生产监督管理，保障人民群众生命和财产安全具有十分重要的意义。

6.1.1 建筑安全生产认证制度

为了严格规范安全生产条件，进一步加强安全生产监督管理，防止和减少生产安全事故，国家和相关部门制定了一系列的安全生产认证制度。

1. 安全生产许可证

《安全生产许可证条例》第 2 条规定，国家对矿山企业、建筑施工企业和危险化学品、烟花爆竹、民用爆炸物品生产企业（以下统称企业）实行安全生产许可制度。企业未取得安全生产许可证的，不得从事生产活动。

依据《安全生产许可证条例》，住房和城乡建设部发布施行了《建筑施工企业安全生产许可证管理规定》，其适用范围为建筑施工企业。这里所称建筑施工企业，是指从事土木工程、建筑工程、线路管道和设备安装工程及装修工程的新建、扩建、改建和拆除等有关活动的企业。

（1）建筑施工企业取得安全生产许可证应具备的安全生产条件

《安全生产许可证条例》第6条的规定，企业领取安全生产许可证应当具备一系列安全生产条件。在此规定基础上，结合建筑施工企业的自身特点，《建筑施工企业安全生产许可证管理规定》第4条将建筑施工企业取得安全生产许可证应当具备的安全生产条件具体规定为：①建立、健全安全生产责任制，制定完备的安全生产规章制度和操作规程；②保证本单位安全生产条件所需资金的投入；③设置安全生产管理机构，按照国家有关规定配备专职安全生产管理人员；④主要负责人、项目负责人、专职安全生产管理人员经建设主管部门或者其他有关部门考核合格；⑤特种作业人员经有关业务主管部门考核合格，取得特种作业操作资格证书；⑥管理人员和作业人员每年至少进行一次安全生产教育培训并考核合格；⑦依法参加工伤保险，依法为施工现场从事危险作业的人员办理意外伤害保险，为从业人员交纳保险费；⑧施工现场的办公、生活区及作业场所和安全防护用具、机械设备、施工机具及配件符合有关安全生产法律、法规、标准和规程的要求；⑨有职业危害防治措施，并为作业人员配备符合国家标准或者行业标准的安全防护用具和安全防护服装；⑩有对危险性较大的分部分项工程及施工现场易发生重大事故的部位、环节的预防、监控措施和应急预案；⑪有生产安全事故应急救援预案、应急救援组织或者应急救援人员，配备必要的应急救援器材、设备；⑫法律、法规规定的其他条件。

《安全生产许可证条例》第14条还规定，安全生产许可证颁发管理机关应当加强对取得安全生产许可证的企业的监督检查，发现其不再具备本条例规定的安全生产条件的，应当暂扣或者吊销安全生产许可证。

（2）安全生产许可证的管理制度

1）安全生产许可证的申请

建筑施工企业从事建筑施工活动前，应当依照规定向省级以上建设主管部门申请领取安全生产许可证。

中央管理的建筑施工企业（集团公司、总公司）应当向国务院建设主管部门申请领取安全生产许可证。

上述规定以外的其他建筑施工企业，包括中央管理的建筑施工企业（集团公司、总公司）下属的建筑施工企业，应当向企业注册所在地省、自治区、直辖市人民政府建设主管部门申请领取安全生产许可证。

《建筑施工企业安全生产许可证管理规定》第6条规定，建筑施工企业申请安全生产许可证时，应当向建设主管部门提供下列材料：①建筑施工企业安全生产许可证申请表；②企业法人营业执照；③与申请安全生产许可证应当具备的安全生产条件相关的文件、材料。

建筑施工企业申请安全生产许可证，应当对申请材料实质内容的真实性负责，不得隐瞒有关情况或者提供虚假材料。

2）安全生产许可证的有效期

安全生产许可证的有效期为3年。安全生产许可证有效期满需要延期的，企业应当于期满前3个月向原安全生产许可证颁发管理机关办理延期手续。企业在安全生产许可证有效期内，严格遵守有关安全生产的法律法规，未发生死亡事故的，安全生产许可证有效期届满时，经原安全生产许可证颁发管理机关同意，不再审查，安全生产许可证有效期延期3年。

3）安全生产许可证的变更与注销

建筑施工企业变更名称、地址、法定代表人等，应当在变更后10日内，到原安全生产许可证颁发管理机关办理安全生产许可证变更手续。

建筑施工企业破产、倒闭、撤销的，应当将安全生产许可证交回原安全生产许可证颁发管理机关予以注销。

建筑施工企业遗失安全生产许可证，应当立即向原安全生产许可证颁发管理机关报告，并在公众媒体上声明作废后，方可申请补办。

4）安全生产许可证的使用规定

根据《安全生产许可证条例》和《建筑施工企业安全生产许可证管理规定》，建筑施工企业应当遵守以下强制性规定：

① 未取得安全生产许可证的，不得从事建筑施工活动。建设行政主管部门在审核发放施工许可证时，应当对已经确定的建筑施工企业是否有安全生产许可证进行审查，对没有取得安全生产许可证的，不得颁发施工许可证。

② 企业不得转让、冒用安全生产许可证或者使用伪造的安全生产许可证。

③ 企业取得安全生产许可证后，不得降低安全生产条件，并应当加强日常安全生产管理，接受安全生产许可证颁发管理机关的监督检查。

2. 建筑生产企业的其他安全认证

（1）特殊专业队伍的安全认证

对特殊专业队伍的安全认证，主要是指对人工挖孔桩、地基基础、护壁支撑、塔式起重机装拆、井字架（龙门架）、特种脚手架搭设等施工队伍进行资格审查，经审查合格领取专业施工安全许可证后方可从事专业施工。

（2）专职安全人员资格认证

根据规定，建筑施工单位应当设置安全生产管理机构和配备专职安全生产管理人员。建筑施工单位的主要负责人和安全生产管理人员，应当由有关主管部门对其安全生产知识和管理能力考核合格后方可任职。因此，对专职安全人员实行资格认证，主要是审查其安全生产专业知识和管理能力。不具备条件的，不能从事专职安全工作。

6.1.2 建筑安全生产教育培训制度

根据《建筑法》《安全生产法》和《建设工程安全生产管理条例》，建筑施工企业应当建立健全安全生产教育培训制度，加强对职工安全生产的教育培训；未经安全生产教育培训的人员，不得上岗作业。

1. 施工单位三类管理人员与"三项岗位"人员的培训考核

（1）三类管理人员的培训考核

施工单位的主要负责人、项目负责人、专职安全生产管理人这三类管理人员应当经建设行政主管部门或者其他有关部门考核合格后方可任职。

（2）"三项岗位"人员的培训考核

《国务院关于坚持科学发展安全发展促进安全生产形势持续稳定好转的意见》规定，企业主要负责人、安全管理人员、特种作业人员这"三项岗位"人员一律经严格考核、持证上岗。

《国务院安委会关于进一步加强安全培训工作的决定》进一步指出，严格落实"三项岗位"人员持证上岗制度。企业新任用或者招录"三项岗位"人员，要组织其参加安全培训，经考试合格持证后上岗。对发生人员死亡事故负有责任的企业主要负责人、实际控制人和安全管理人员，要重新参加安全培训考试。

要严格证书延期继续教育制度。有关主管部门要按照职责分工，定期开展本行业领域"三项岗位"人员持证上岗情况登记普查，建立信息库。要建立特种作业人员范围修订机制。

按照《建设工程安全生产管理条例》的规定，垂直运输机械作业人员、安装拆卸工、爆破作业人员、起重信号工、登高架设作业人员等特种作业人员，必须按照国家有关规定经过专门的安全作业培训，并取得特种作业操作资格证书后，方可上岗作业。

根据国家安全生产监督管理总局《特种作业人员安全技术培训考核管理规定》，特种作业的范围包括电工作业（不含电力系统进网作业）、焊接与热切割作业、高处作业、制冷与空调作业、煤矿安全作业、金属非金属矿山安全作业、石油天然气安全作业、冶金（有色）生产安全作业、危险化学品安全作业、烟花爆竹安全作业等。

根据住房和城乡建设部《建筑施工特种作业人员管理规定》，建筑施工特种作业包括：①建筑电工；②建筑架子工；③建筑起重信号司索工；④建筑起重机械司机；⑤建筑起重机械安装拆卸工；⑥高处作业吊篮安装拆卸工；⑦经省级以上人民政府建设主管部门认定的其他特种作业。

2. 施工单位全员的安全生产教育培训

根据《建设工程安全生产管理条例》，施工单位应当对管理人员和作业人员每年至少进行一次安全生产教育培训，其教育培训情况记入个人工作档案。安全生产教育培训考核不合格的人员，不得上岗。

根据《国务院关于坚持科学发展安全发展促进安全生产形势持续稳定好转的意见》，企业用工要严格依照劳动合同法与职工签订劳动合同，职工必须全部经培训合格后上岗。施工单位应当根据实际需要，对不同岗位、不同工种的人员进行因人施教。安全教育培训可采取多种形式，包括安全形势报告会、事故案例分析会、安全法制教育、安全技术交流、安全竞赛、师傅带徒弟等。

3. 作业人员的安全生产教育培训

（1）进入新岗位或者新施工现场前的安全生产教育培训

由于新岗位、新工地往往各有特殊性，施工单位须对新录用或转场的职工进行安全教育培训，包括施工安全生产法律法规、施工工地危险源识别、安全技术操作规程、机械设备电气及高处作业安全知识、防火防毒防尘防爆知识、紧急情况安全处置与安全疏散知识、安全防护用品使用知识以及发生事故时自救排险、抢救伤员、保护现场和及时报告等。

根据《建设工程安全生产管理条例》，作业人员进入新的岗位或者新的施工现场前，应当接受安全生产教育培训。未经教育培训或者教育培训考核不合格的人员，不得上岗作业。

《国务院安委会关于进一步加强安全培训工作的决定》进一步指出，严格落实企业职工先培训后上岗制度。建筑企业要对新职工进行至少 32 学时的安全培训，每年进行至少 20 学时的再培训。

（2）采用新技术、新工艺、新设备、新材料前的安全生产教育培训

根据《建设工程安全生产管理条例》，施工单位在采用新技术、新工艺、新设备、新材料时，应当对作业人员进行相应的安全生产教育培训。《国务院安委会关于进一步加强安全培训工作的决定》指出，企业调整职工岗位或者采用新工艺、新技术、新设备、新材料的，要进行专门的安全培训。

4. 安全教育培训方式

根据《国务院安委会关于进一步加强安全培训工作的决定》，完善和落实师傅带徒弟制度。高危企业新职工安全培训合格后，要在经验丰富的工人师傅带领下，实习至少 2 个月后方可独立上岗。工人师傅一般应当具备中级工以上技能等级，3 年以上相应工作经历，成绩突出，善于"传、帮、带"，没有发生过"三违"行为等条件。要组织签订师徒协议，建立师傅带徒弟激励约束机制。

支持大中型企业和欠发达地区建立安全培训机构，重点建设一批具有仿真、体感、实操特色的示范培训机构。加强远程安全培训。开发国家安全培训网和有关行业网络学习平台，实现优质资源共享。实行网络培训学时学分制，将学时和学分结果与继续教育、再培训挂钩。利用视频、电视、手机等拓展远程培训形式。

6.1.3　重大隐患治理挂牌督办制度

在施工活动中那些可能导致事故发生的物的不安全状态、人的不安全行为和管理上的缺陷，都是事故隐患。根据《国务院关于进一步加强企业安全生产工作的通知》，对重大安全隐患治理实行逐级挂牌督办、公告制度。

重大安全隐患是指在建设工程施工过程中，存在的危害程度较大、可能导致群死群伤或造成重大经济损失的生产安全隐患，如脚手架防护高度未超过作业面或未按规定张挂安全网等。

建筑施工企业是建筑工程生产安全重大隐患排查治理的责任主体，应当建立健全重大隐患排查治理工作制度，并落实到每一个工程项目。对排查出的重大隐患，应及时实施治理消除，并将相关情况进行登记存档。

建筑施工企业应及时将工程项目重大隐患排查治理的有关情况向建设单位报告。建

128

设单位应积极协调勘察、设计、施工、监理、监测等单位，并在资金、人员等方面积极配合做好重大隐患排查治理工作。

住房和城乡建设主管部门接到工程项目重大隐患举报，应立即组织核实，属实的由工程所在地住房和城乡建设主管部门及时向承建工程的建筑施工企业下达《房屋市政工程生产安全重大隐患治理挂牌督办通知书》，并公开有关信息，接受社会监督。

承建工程的建筑施工企业接到《房屋市政工程生产安全重大隐患治理挂牌督办通知书》后，应立即组织进行治理。确认重大隐患消除后，向工程所在地住房和城乡建设主管部门报送治理报告，并提请解除督办。工程所在地住房和城乡建设主管部门收到建筑施工企业提出的重大隐患解除督办申请后，应当立即进行现场审查。审查合格的，依照规定解除督办。审查不合格的，继续实施挂牌督办。

6.1.4　建筑安全生产保险制度

《安全生产法》第48条规定，生产经营单位必须依法参加工伤保险，为从业人员缴纳保险费。国家鼓励生产经营单位投保安全生产责任保险。

根据《建筑法》，建筑施工企业应当依法为职工参加工伤保险缴纳工伤保险费。鼓励企业为从事危险作业的职工办理意外伤害保险，支付保险费。

根据《建设工程安全生产管理条例》，施工单位应当为施工现场从事危险作业的人员办理意外伤害保险。意外伤害保险费由施工单位支付。实行施工总承包的，由总承包单位支付意外伤害保险费。意外伤害保险期限自建设工程开工之日起至竣工验收合格止。

工伤保险与建筑意外伤害保险有着很大的不同。工伤保险是社会保险的一种，实行实名制，并按工资总额计提保险费，较适用于企业的固定职工。按工伤保险赔偿，保额最低接近40万元，甚至可达到60万元。建筑意外伤害保险则是一种法定的商业保险，通常是按照施工合同额或建筑面积计提保险费，针对施工现场从事危险作业的特殊人群，较适合施工现场作业人员，包括从事危险作业人员流动性大的行业。

建设部《关于加强建筑意外伤害保险工作的指导意见》（建质〔2003〕107号）中指出，建筑施工企业应当为施工现场从事施工作业和管理的人员，在施工活动过程中发生的人身意外伤亡事故提供保障，办理建筑意外伤害保险、支付保险费。范围应当覆盖工程项目。已在企业所在地参加工伤保险的人员，从事现场施工时仍可参加建筑意外伤害保险。

保险期限应涵盖工程项目开工之日到工程竣工验收合格日。提前竣工的，保险责任自行终止。延长工期的，应当办理保险顺延手续。

各地建设行政主管部门要结合本地区实际情况，确定合理的最低保险金额。最低保险金额要能够保障施工伤亡人员得到有效的经济补偿。施工企业办理建筑意外伤害保险时，投保的保险金额不得低于此标准。

施工企业应在工程项目开工前，办理完投保手续。鉴于工程建设项目施工工艺流程中各工种调动频繁、用工流动性大，投保应实行不记名和不计人数的方式。工程项目中有分包单位的由总承包施工企业统一办理，分包单位合理承担投保费用。业主直接发包的工程项目由承包企业直接办理。投保人办理投保手续后，应将投保有关信息以布告形式张贴于施工现场，告之被保险人。

6.1.5　建筑安全伤亡事故报告制度

施工中发生事故时，建筑企业应当采取紧急措施减少人员伤亡和事故损失，并按照国家有关规定及时向有关部门报告。

事故处理必须遵循一定的程序，做到"四不放过"（原因不查清不放过，不采取改正措施不放过，责任人和广大群众不受到教育不放过，与事故有关的领导和责任人不受到查处不放过）。在本教学单元 6.4 节中将对这一制度作详细的阐述。

6.1.6　建筑安全责任追究制度

《安全生产法》第 14 条规定，国家实行生产安全事故责任追究制度，依照本法和有关法律、法规的规定，追究生产安全责任人员的法律责任。建设单位、设计单位、施工单位、监理单位，由于没有履行职责造成人员伤亡和事故损失的，视情节给予相应处理；情节严重的，责令停业整顿，降低资质等级或吊销资质证书；构成犯罪的，依法追究刑事责任。

6.2　建筑生产的安全责任体系

建筑生产涉及方方面面，参与建筑生产活动的各方有建设单位，设计、施工、工程监理单位，以及与建设工程安全生产有关的单位。为了保障建筑生产的安全，参与建筑生产活动的各方必须遵守安全生产法律、法规的规定，保证建设工程安全生产，依法承担建设工程安全生产责任。

6.2.1　建设单位的安全责任

建设单位是建设工程项目的投资主体或管理主体，在整个工程建设中居于主导地位。《建筑法》和《建设工程安全生产管理条例》将建设单位列入安全责任主体之中，对建设单位在工程建设活动中应承担的安全责任和义务，以及违法行为应承担的法律责任进行了明确规定，为今后工程建设的安全生产管理提供了强有力的法律保证。

1. 向施工单位提供资料的责任

根据《建筑法》，建设单位应当向建筑施工企业提供与施工现场相关的地下管线资料，建筑施工企业应当采取措施加以保护。《建设工程安全生产管理条例》进一步规定，建设单位应当向施工单位提供施工现场及毗邻区域内供水、排水、供电、供气、供热、通信、广播电视等地下管线资料，气象和水文观测资料，相邻建筑物和构筑物、地下工程的有关资料，并保证资料的真实、准确、完整。

建设单位因建设工程需要，向有关部门或者单位查询上述资料时，有关部门或者单位应当及时提供。

2. 依法履行合同，不得提出违法要求和随意压缩合同工期的责任

根据《建设工程安全生产管理条例》，建设单位不得对勘察、设计、施工、工程监理等单位提出不符合建设工程安全生产法律、法规和强制性标准规定的要求，不得压缩合同约定的工期。

合同约定的工期是建设单位与施工单位在工期定额的基础上，根据施工条件、技术水平等，经过双方平等协商而共同约定的工期。建设单位不能片面为了早日发挥建设项目的效益，迫使施工单位大量增加人力、物力投入，或者是简化施工程序，随意压缩合同约定的工期。

建设单位与勘察、设计、施工、工程监理等单位都是完全平等的合同双方的关系，建设单位不是这些单位的上级管理部门，对这些单位的要求必须要以合同为根据并不得触犯相关的法律、法规。

3. 提供安全生产费用的责任

安全生产需要资金的保证，而这笔资金的源头就是建设单位。只有建设单位提供了用于安全生产的费用，施工单位才可能有保证安全生产的费用。《建设工程安全生产管理条例》第 8 条规定，建设单位在编制工程概算时，应当确定建设工程安全作业环境及安全施工措施所需费用。

4. 不得要求购买、租赁和使用不符合安全施工要求的机具设备的责任

《建设工程安全生产管理条例》规定，建设单位不得明示或者暗示施工单位购买、租赁、使用不符合安全施工要求的安全防护用具、机械设备、施工机具及配件、消防设施和器材。

由于建设工程的最终成果是由建设单位所享有，建设单位势必对工程建设的各个环节都非常关心，包括材料设备的采购、租赁等。这就要求建设单位与施工单位应当在合同中约定双方的权利义务，包括采用哪种供货方式等。无论施工单位购买、租赁或是使用有关安全防护用具、机械设备等，建设单位都不得采用明示或者暗示的方式，违法向施工单位提出不符合安全施工的要求。

5. 提供安全施工措施资料的责任

建设单位在申请领取施工许可证时，应当提供建设工程有关安全施工措施的资料。

依法批准开工报告的建设工程，建设单位应当自开工报告批准之日起 15 日内，将保证安全施工的措施报送建设工程所在地的县级以上地方人民政府建设行政主管部门或者其他有关部门备案。

建设工程有关安全施工措施资料，一般包括：①中标通知书；②工程施工合同；③施工现场总平面布置图；④临时设施规划方案和已搭建情况；⑤施工现场安全防护设施搭设计划、施工进度计划、安全措施费用计划；⑥专项安全施工组织设计；⑦拟进入

施工现场使用的施工起重机械设备的型号、数量；⑧工程项目负责人、安全管理人员及特种作业人员持证上岗情况；⑨建设单位安全监督人员名册、工程监理单位人员名册；⑩其他应提交的材料。

6. 对拆除工程进行备案的责任

《建设工程安全生产管理条例》第 11 条规定，建设单位应当将拆除工程发包给具有相应资质等级的施工单位。建设单位应当在拆除工程施工 15 日前，将下列资料报送建设工程所在地的县级以上地方人民政府建设行政主管部门，或者其他有关部门备案：

（1）施工单位资质等级证明。

（2）拟拆除建筑物、构筑物及可能危及毗邻建筑的说明。

（3）拆除施工组织方案。

（4）堆放、清除废弃物的措施。

实施爆破作业的，应当遵守国家有关民用爆炸物品管理的规定。

7. 按规定办理有关申请批准手续的责任

《建筑法》第 42 条规定有下列情形之一的，建设单位应当按照国家有关规定办理申请批准手续：①需要临时占用规划批准范围以外场地的；②可能损坏道路、管线、电力、邮电通信等公共设施的；③需要临时停水、停电、中断道路交通的；④需要进行爆破作业的；⑤法律、法规规定需要办理报批手续的其他情形。

上述活动不仅涉及工程建设的顺利进行和施工现场作业人员的安全，也影响到周边区域人们的安全或是正常的工作生活，并需要有关方面给予支持和配合。为此，建设单位应当依法向有关部门申请办理批准手续。

6.2.2 勘察、设计、工程监理单位的安全责任

建设工程安全生产是一个大的系统工程。工程勘察、设计作为工程建设的重要环节，对于保障安全施工有着重要影响。

1. 勘察单位的安全责任

（1）确保勘察文件的质量，以保证后续工作的安全

勘察单位应当按照法律、法规和工程建设强制性标准进行勘察，提供的勘察文件应当真实、准确，满足建设工程安全生产的需要。

工程勘察是工程建设的先行官。工程勘察成果是建设工程项目规划、选址、设计的重要依据，也是保证施工安全的重要因素和前提条件。因此，勘察单位必须按照法律、法规的规定以及工程建设强制性标准的要求进行勘察，并提供真实、准确的勘察文件，不能弄虚作假。

（2）科学勘察，保证周边建筑物的安全

勘察单位在勘察作业时，应当严格执行操作规程，采取措施保证各类管线、设施和周边建筑物、构筑物的安全。

勘察单位在进行勘察作业时，也易发生安全事故。为了保证勘察作业的安全，要求勘察人员必须严格执行操作规程，并应采取措施保证各类管线、设施和周边建筑物、构

筑物的安全，为保障施工作业人员和相关人员的安全提供必要条件。

2. 设计单位的安全责任

工程设计是工程建设的灵魂。在建设工程项目确定后，工程设计便成为工程建设中最重要、最关键的环节，对安全施工有着重要影响。

（1）按照法律、法规和工程建设强制性标准进行设计

根据《建设工程安全生产管理条例》，设计单位应当按照法律、法规和工程建设强制性标准进行设计，防止因设计不合理导致生产安全事故的发生。

（2）提出防范生产安全事故的指导意见和措施建议

根据《建设工程安全生产管理条例》，设计单位应当考虑施工安全操作和防护的需要，对涉及施工安全的重点部位和环节在设计文件中注明，并对防范生产安全事故提出指导意见。采用新结构、新材料、新工艺的建设工程和特殊结构的建设工程，设计单位应当在设计中提出保障施工作业人员安全和预防生产安全事故的措施建议。

设计单位的工程设计文件对保证建设工程结构安全至关重要。

（3）对设计成果承担责任

根据《建设工程安全生产管理条例》，设计单位和注册建筑师等注册执业人员应当对其设计负责。

按照"谁设计谁负责"的国际通行做法，设计单位和注册建筑师等注册执业人员应当对其设计负责。设计单位的责任主要是指由于设计责任造成事故的，设计单位除承担行政责任外，还要对造成的损失进行赔偿；注册执业人员应当在设计文件上签字，对设计文件负责。

3. 工程监理单位的安全责任

（1）对安全技术措施或专项施工方案进行审查

根据《建设工程安全生产管理条例》，工程监理单位应当审查施工组织设计中的安全技术措施或者专项施工方案是否符合工程建设强制性标准。

施工组织设计中应当包括安全技术措施和施工现场临时用电方案，对基坑支护与降水工程、土方开挖工程、模板工程、起重吊装工程、脚手架工程、拆除、爆破工程等达到一定规模的危险性较大的分部分项工程，还应当编制专项施工方案。工程监理单位要对这些安全技术措施和专项施工方案进行审查，重点审查是否符合工程建设强制性标准，对于达不到强制性标准的，应当要求施工单位进行补充和完善。

（2）依法对施工安全事故隐患进行处理

根据《建设工程安全生产管理条例》，工程监理单位在实施监理过程中，发现存在安全事故隐患的，应当要求施工单位整改；情况严重的，应当要求施工单位暂时停止施工，并及时报告建设单位。施工单位拒不整改或者不停止施工的，工程监理单位应当及时向有关主管部门报告。

（3）承担建设工程安全生产的监理责任

根据《建设工程安全生产管理条例》，工程监理单位和监理工程师应当按照法律、法规和工程建设强制性标准实施监理，并对建设工程安全生产承担监理责任。

133

6.2.3　建筑施工企业的安全生产责任

施工单位是建设工程施工活动的主体，是企业生产经营的主体，在施工安全生产中处于核心地位。必须加强对施工安全生产的管理，落实施工安全生产的主体责任。

根据《建筑法》，建筑施工企业必须依法加强对建筑安全生产的管理，执行安全生产责任制度，采取有效措施，防止伤亡和其他安全生产事故的发生。

1. 施工总承包和分包单位的安全生产责任

根据《建筑法》，施工现场安全由建筑施工企业负责。实行施工总承包的，由总承包单位负责。分包单位向总承包单位负责，服从总承包单位对施工现场的安全生产管理。

（1）总承包单位应当承担的法定安全生产责任

施工总承包是由一个施工单位对建设工程施工全面负责。总承包单位不仅要负责建设工程的施工质量、合同工期、成本控制，还要对施工现场组织和安全生产进行统一协调管理。

1）分包合同应当明确总包、分包双方的安全生产责任

根据《建设工程安全生产管理条例》，总承包单位依法将建设工程分包给其他单位的，分包合同中应当明确各自的安全生产方面的权利、义务。

施工总承包单位与分包单位的安全生产责任，可分为法定责任和约定责任。所谓法定责任，即法律法规中明确规定的总承包单位、分包单位各自的安全生产责任。所谓约定责任，即总承包单位与分包单位通过协商，在分包合同中约定各自应当承担的安全生产责任。但是，安全生产的约定责任不能与法定责任相抵触。

2）统一组织编制建设工程生产安全应急救援预案

根据《建设工程安全生产管理条例》，施工单位应当根据建设工程施工的特点、范围，对施工现场易发生重大事故的部位、环节进行监控，制定施工现场生产安全事故应急救援预案。实行施工总承包的，由总承包单位统一组织编制建设工程生产安全事故应急救援预案，工程总承包单位和分包单位按照应急救援预案，各自建立应急救援组织或者配备应急救援人员，配备救援器材、设备，并定期组织演练。

3）负责上报施工生产安全事故

根据《建设工程安全生产管理条例》，实行施工总承包的建设工程，由总承包单位负责上报事故。据此，一旦发生施工生产安全事故，施工总承包单位应当依法向有关主管部门报告事故的基本情况。

4）自行完成建设工程主体结构的施工

根据《建设工程安全生产管理条例》，总承包单位应当自行完成建设工程主体结构的施工。这是为了落实施工总承包单位的安全生产责任，防止因转包和违法分包等行为导致施工生产安全事故的发生。

5）承担连带责任

根据《建设工程安全生产管理条例》，总承包单位和分包单位对分包工程的安全生

产承担连带责任。此规定既强化了总承包单位和分包单位双方的安全生产责任意识，也有利于保护受损害者的合法权益。

(2) 分包单位应当承担的法定安全生产责任

根据《建筑法》，分包单位向总承包单位负责，服从总承包单位对施工现场的安全生产管理。《建设工程安全生产管理条例》进一步规定，分包单位应当服从总承包单位的安全生产管理，分包单位不服从管理导致生产安全事故的，由分包单位承担主要责任。

2. 施工单位主要负责人的安全责任

加强对施工单位安全生产的管理，首先要明确责任人。《建筑法》第 44 条规定，建筑施工企业的法定代表人对本企业的安全生产负责；《安全生产法》第 5 条规定，生产经营单位的主要负责人对本单位的安全生产工作全面负责；《建设工程安全生产管理条例》第 21 条规定，施工单位主要负责人依法对本单位的安全生产工作全面负责。《国务院关于坚持科学发展安全发展促进安全生产形势持续稳定好转的意见》进一步指出，企业主要负责人、实际控制人要切实承担安全生产第一责任人的责任，带头执行现场带班制度，加强现场安全管理。

施工单位主要负责人，并不仅限于施工单位的法定代表人，而是指对施工单位全面负责，有生产经营决策权的人。具体说，可以是施工企业的董事长，也可以是总经理或总裁，或主管质量安全和生产工作的副总经理、总工程师和副总工程师。

根据上述法规的有关规定，施工单位主要负责人在安全生产方面的主要职责包括：

(1) 建立健全安全生产责任制度和安全生产教育培训制度。

(2) 制定安全生产规章制度和操作规程。

(3) 保证本单位安全生产条件所需资金的投入。

(4) 对所承建的建设工程进行定期和专项安全检查，并作好安全检查记录。

(5) 带头执行现场带班制度，加强现场安全管理。

3. 施工项目负责人的安全生产责任

施工项目负责人是指建设工程项目的项目经理。施工单位不同于一般的生产经营单位，通常会同时承建若干建设工程项目，且异地承建施工的现象很普遍。为了加强对施工现场的管理，施工单位都要对每个建设工程项目委派一名项目负责人即项目经理，由他对该项目的施工管理全面负责。

根据《建设工程安全生产管理条例》，施工单位的项目负责人应当由取得相应执业资格的人员担任，对建设工程项目的安全施工负责，落实安全生产责任制度、安全生产规章制度和操作规程，确保安全生产费用的有效使用，并根据工程的特点组织制定安全施工措施，消除安全事故隐患，及时、如实报告生产安全事故。

4. 安全生产管理机构和专职安全生产管理人员的职责

《建设工程安全生产管理条例》第 23 条规定，施工单位应当设立安全生产管理机构，配备专职安全生产管理人员。专职安全生产管理人员负责对安全生产进行现场监督检查。发现安全事故隐患，应当及时向项目负责人和安全生产管理机构报告；对违章指挥、违章操作的，应当立即制止。

（1）建筑施工企业安全生产管理机构的职责

安全生产管理机构是指建筑施工企业设置的负责安全生产管理工作的独立职能部门。根据住房和城乡建设部《建筑施工企业安全生产管理机构设置及专职安全生产管理人员配备办法》（建质〔2008〕91号）的规定，建筑施工企业应当依法设置安全生产管理机构，在企业主要负责人的领导下开展本企业的安全生产管理工作。

安全生产管理机构的职责主要包括：①宣传和贯彻国家有关安全生产法律法规和标准；②编制并适时更新安全生产管理制度并监督实施；③组织或参与企业生产安全事故应急救援预案的编制及演练；④组织开展安全教育培训与交流；⑤协调配备项目专职安全生产管理人员；⑥制订企业安全生产检查计划并组织实施；⑦监督在建项目安全生产费用的使用；⑧参与危险性较大工程安全专项施工方案专家论证会等。

（2）建筑施工企业安全生产管理机构专职安全生产管理人员的职责

建筑施工企业安全生产管理机构专职安全生产管理人员在施工现场检查过程中应履行以下职责：①查阅在建项目安全生产有关资料，核实有关情况；②检查危险性较大工程安全专项施工方案落实情况；③监督项目专职安全生产管理人员履责情况；④监督作业人员安全防护用品的配备及使用情况；⑤对发现的安全生产违章违规行为或安全隐患，有权当场予以纠正或作出处理决定；⑥对不符合安全生产条件的设施、设备、器材，有权当场作出查封的处理决定；⑦对施工现场存在的重大安全隐患有权越级报告或直接向建设主管部门报告；⑧企业明确的其他安全生产管理职责。

5．施工单位应采取的安全措施

（1）编制安全技术措施

《建设工程安全生产管理条例》第26条规定，施工单位应当在施工组织设计中编制安全技术措施和施工现场临时用电方案。

（2）编制施工现场临时用电方案

施工现场露天的作业环境，决定了施工现场临时用电工程的复杂性和危险性。因此，施工单位应当根据工程项目的实际情况编制施工现场临时用电施工方案。

（3）对达到一定规模的危险性较大的分部分项工程编制专项施工方案

《建设工程安全生产管理条例》第26条的规定，对达到一定规模的危险性较大的分部分项工程要编制专项施工方案，并附具安全验算结果，经施工单位技术负责人、总监理工程师签字后实施，由专职安全生产管理人员进行现场监督。

这些工程主要包括：①基坑支护与降水工程；②土方开挖工程；③模板工程；④起重吊装工程；⑤脚手架工程；⑥拆除、爆破工程；⑦其他危险性较大的工程。

对以上所列工程中涉及深基坑、地下暗挖工程、高大模板工程的专项施工方案，施工单位还应当组织专家进行论证、审查。

1）安全专项施工方案的编制

根据《危险性较大的分部分项工程安全管理办法》，施工单位应当在危险性较大的分部分项工程施工前编制专项方案；对于超过一定规模的危险性较大的分部分项工程

（可查阅《危险性较大的分部分项工程安全管理办法》中附件 1、附件 2），施工单位应当组织专家对专项方案进行论证。

建筑工程实行施工总承包的，专项方案应当由施工总承包单位组织编制。其中，起重机械安装拆卸工程、深基坑工程、附着式升降脚手架等专业工程实行分包的，其专项方案可由专业承包单位组织编制。

2）安全专项施工方案的审核

专项方案应当由施工单位技术部门组织本单位施工技术、安全、质量等部门的专业技术人员进行审核。经审核合格的，由施工单位技术负责人签字。

实行施工总承包的，专项方案应当由总承包单位技术负责人及相关专业承包单位技术负责人签字。经施工单位审核合格后报监理单位，由项目总监理工程师审核签字。

超过一定规模的危险性较大的分部分项工程专项方案应当由施工单位组织召开专家论证会。实行施工总承包的，由施工总承包单位组织召开专家论证会。施工单位应当根据论证报告修改完善专项方案，并经施工单位技术负责人、项目总监理工程师、建设单位项目负责人签字后，方可组织实施。

实行施工总承包的，应当由施工总承包单位、相关专业承包单位技术负责人签字。专项方案经论证后需做重大修改的，施工单位应当按照论证报告修改，并重新组织专家进行论证。

3）安全专项施工方案的实施

施工单位应当严格按照专项方案组织施工，不得擅自修改、调整专项方案。如因设计、结构、外部环境等因素发生变化确需修改的，修改后的专项方案应当按规定重新审核。对于超过一定规模的危险性较大工程的专项方案，施工单位应当重新组织专家进行论证。

施工单位应当指定专人对专项方案实施情况进行现场监督和按规定进行监测。发现不按照专项方案施工的，应当要求其立即整改；发现有危及人身安全紧急情况的，应当立即组织作业人员撤离危险区域。施工单位技术负责人应当定期巡查专项方案实施情况。

对于按规定需要验收的危险性较大的分部分项工程，施工单位、监理单位应当组织有关人员进行验收。验收合格的，经施工单位项目技术负责人及项目总监理工程师签字后，方可进入下一道工序。

6. 施工单位应当建立健全有关安全生产的各项制度

《建设工程安全生产管理条例》第 21 条规定，施工单位应当建立健全安全生产责任制度和安全生产教育培训制度。制定安全生产规章制度和操作规程，保证本单位安全生产条件所需资金的投入，对所承担的建设工程进行定期和专项安全检查，并作好安全检查记录。

7. 严格履行安全生产义务，维护施工作业人员的合法权益

《建筑法》第 47 条和《建设工程安全生产管理条例》第 32 条规定，建筑施工企业和作业人员在施工过程中，应当遵守有关安全生产的法律、法规，遵守建筑行业安全施

工的强制性标准、规章制度和操作规程，不得违章指挥或者违章作业。作业人员应正确使用安全防护用具、机械设备等。

施工单位应当向作业人员提供安全防护用具和安全防护服装，并书面告知危险岗位的操作规程和违章操作的危害。作业人员有权对施工现场的作业条件、作业程序和作业方式中存在的安全问题提出批评、检举和控告，有权拒绝违章指挥和强令冒险作业。在施工中发生危及人身安全的紧急情况时，作业人员有权立即停止作业或者在采取必要的应急措施后撤离危险区域。

6.2.4 机械设备、检验检测等单位的安全责任

1. 工程设备检验检测单位的安全责任

根据《建设工程安全生产管理条例》，检验检测机构对检测合格的施工起重机械和整体提升脚手架、模板等自升式架设设施，应当出具安全合格证明文件，并对检测结果负责。

《特种设备安全监察条例》规定，特种设备的监督检验、定期检验、型式试验和无损检测应当由经核准的特种设备检验检测机构进行。

2. 提供机械设备和配件单位的安全责任

根据《建设工程安全生产管理条例》，为建设工程提供机械设备和配件的单位，应当按照安全施工的要求配备齐全有效的保险、限位等安全设施和装置。

3. 出租机械设备和施工机具及配件单位的安全责任

根据《建设工程安全生产管理条例》，出租的机械设备和施工机具及配件，应当具有生产（制造）许可证、产品合格证。出租单位应当对出租的机械设备和施工机具及配件的安全性能进行检测，在签订租赁协议时，应当出具检测合格证明。禁止出租检测不合格的机械设备和施工机具及配件。

4. 施工起重机械和自升式架设设施安装、拆卸单位的安全责任

施工起重机械是指施工中用于垂直升降或者垂直升降并水平移动重物的机械设备，如塔式起重机、施工外用电梯、物料提升机等。自升式架设设施是指通过自有装置可将自身升高的架设设施，如整体提升脚手架、模板等。

施工起重机械和自升式架设设施等的安装、拆卸属于特殊专业安装，具有高度危险性，容易造成重大伤亡事故。

（1）施工起重机械和自升式架设设施安装、拆卸单位必须具备相应的资质

根据《建设工程安全生产管理条例》，在施工现场安装、拆卸施工起重机械和整体提升脚手架、模板等自升式架设设施，必须由具有相应资质的单位承担。

（2）编制安装、拆卸方案，并进行现场监督

根据《建设工程安全生产管理条例》，安装、拆卸施工起重机械和整体提升脚手架、模板等自升式架设设施，应当编制拆装方案，制定安全施工措施，并由专业技术人员现场监督。

根据《建筑起重机械安全监督管理规定》，建筑起重机械使用单位和安装、拆卸单

位（简称安装单位）应当在签订的建筑起重机械安装、拆卸合同中明确双方的安全生产责任。实行施工总承包的，施工总承包单位应当与安装单位签订建筑起重机械安装、拆卸工程安全协议书。

（3）出具自检合格证明、进行安全使用说明、办理验收手续的责任

根据《建设工程安全生产管理条例》，施工起重机械和整体提升脚手架、模板等自升式架设设施安装完毕后，安装单位应当自检，出具自检合格证明，并向施工单位进行安全使用说明，办理验收手续并签字。

根据《建筑起重机械安全监督管理规定》，建筑起重机械安装完毕后，安装单位应当按照安全技术标准及安装使用说明书的有关要求对建筑起重机械进行自检、调试和试运转。自检合格的，应当出具自检合格证明，并向使用单位进行安全使用说明。建筑起重机械安装完毕后，使用单位应当组织出租、安装、监理等有关单位进行验收，或者委托具有相应资质的检验检测机构进行验收。建筑起重机械经验收合格后方可投入使用，未经验收或者验收不合格的不得使用。实行施工总承包的，由施工总承包单位组织验收。

（4）依法对施工起重机械和自升式架设设施进行检测

施工起重机械和整体提升脚手架、模板等自升式架设设施在使用过程中，应当按照规定进行定期检测，并及时进行全面检修保养。对于达到国家规定的检验检测期限的，必须经具有专业资质的检验检测机构检测。经检测不合格的，不得继续使用。

根据国务院《特种设备安全监察条例》，从事施工起重机械定期检验、监督检验、型式试验以及专门为特种设备生产、使用、检验检测提供无损检测服务的特种设备检验检测机构，应当经国务院特种设备安全监督管理部门核准。

6.2.5　建筑从业人员安全生产的权利和义务

建筑生产经营单位的从业人员是指该单位从事生产经营活动各项工作的所有人员，包括管理人员、技术人员和各岗位的工人，也包括生产经营单位临时聘用的人员。《安全生产法》《建筑法》以及《建设工程安全生产管理条例》规定了他们在从业过程中依法享有权利，并承担义务。

1. 安全生产中从业人员的权利

（1）施工安全生产的知情权和建议权

施工作业人员是施工单位运行和施工生产活动的主体。充分发挥施工作业人员在企业中的主人翁作用，是搞好施工安全生产的重要保障。因此，施工作业人员对施工安全生产拥有知情权，并享有改进安全生产工作的建议权。

根据《安全生产法》，生产经营单位的从业人员有权了解其作业场所和工作岗位存在的危险因素、防范措施及事故应急措施，有权对本单位的安全生产工作提出建议。

根据《建筑法》，作业人员有权对影响人身健康的作业程序和作业条件提出改进意见。

《建设工程安全生产管理条例》进一步规定，施工单位应当向作业人员提供安全防

护用具和安全防护服装，并书面告知危险岗位的操作规程和违章操作的危害。

（2）批评、检举、控告权及拒绝违章指挥权

根据《建筑法》，作业人员对危及生命安全和人身健康的行为有权提出批评、检举和控告。

根据《安全生产法》，从业人员有权对本单位安全生产工作中存在的问题提出批评、检举、控告；有权拒绝违章指挥和强令冒险作业。生产经营单位不得因从业人员对本单位安全生产工作提出批评、检举、控告或者拒绝违章指挥、强令冒险作业而降低其工资、福利等待遇或者解除与其订立的劳动合同。

根据《建设工程安全生产管理条例》，作业人员有权对施工现场的作业条件、作业程序和作业方式中存在的安全问题提出批评、检举和控告，有权拒绝违章指挥和强令冒险作业。

（3）紧急避险权

根据《安全生产法》，从业人员发现直接危及人身安全的紧急情况时，有权停止作业或者在采取可能的应急措施后撤离作业场所。生产经营单位不得因从业人员在上述紧急情况下停止作业或者采取紧急撤离措施而降低其工资、福利等待遇或者解除与其订立的劳动合同。

根据《建设工程安全生产管理条例》，在施工中发生危及人身安全的紧急情况时，作业人员有权立即停止作业或者在采取必要的应急措施后撤离危险区域。

（4）请求赔偿权

因生产安全事故受到损害的从业人员，除依法享有工伤社会保险外，依照有关民事法律尚有获得赔偿的权利的，有权向本单位提出赔偿要求。

发生生产安全事故后，受到损害的从业人员按照劳动合同和工伤社会保险合同的约定，享有请求相应赔偿的权利。如果工伤保险赔偿金不足以补偿受害人的损失，受害人还可以依照有关民事法律的规定，向其所在的生产经营单位提出赔偿要求。

为了切实保护从业人员的该项权利，《安全生产法》第49条第2款规定，生产经营单位不得以任何形式与从业人员订立协议，免除或者减轻其对从业人员因生产安全事故伤亡依法应承担的责任。

（5）获得劳动防护用品的权利

根据《安全生产法》，生产经营单位必须为从业人员提供符合国家标准或者行业标准的劳动防护用品，并监督、教育从业人员按照使用规则佩戴、使用。

根据《建筑法》，作业人员有权获得安全生产所需的防护用品。

根据《建设工程安全生产管理条例》，施工单位应当向作业人员提供安全防护用具和安全防护服装。

（6）获得安全生产教育和培训的权利

生产经营单位应当对从业人员进行安全生产教育和培训，保证从业人员具备必要的安全生产知识，熟悉有关的安全生产规章制度和安全操作规程，掌握本岗位的安全操作技能。

2. 安全生产中从业人员的义务

（1）守法遵章和正确使用安全防护用具等义务

根据《建筑法》，建筑施工企业和作业人员在施工过程中，应当遵守有关安全生产的法律、法规和建筑行业安全规章、规程，不得违章指挥或者违章作业。

根据《安全生产法》，从业人员在作业过程中，应当遵守本单位的安全生产规章制度和操作规程，服从管理，正确佩戴和使用劳动防护用品。

根据《建设工程安全生产管理条例》，作业人员应当遵守安全施工的强制性标准、规章制度和操作规程，正确使用安全防护用具、机械设备等。

（2）接受安全生产教育培训，学习安全生产知识的义务

根据《安全生产法》，从业人员应当接受安全生产教育和培训，掌握本职工作所需的安全生产知识，提高安全生产技能，增强事故预防和应急处理能力。

根据《建设工程安全生产管理条例》，作业人员进入新的岗位或者新的施工现场前，应当接受安全生产教育培训。未经教育培训或者教育培训考核不合格的人员，不得上岗作业。

（3）事故隐患报告的义务

根据《安全生产法》，从业人员发现事故隐患或者其他不安全因素，应当立即向现场安全生产管理人员或者本单位负责人报告；接到报告的人员应当及时予以处理。

6.3　建筑施工过程中的安全生产管理

6.3.1　施工现场安全生产管理基本制度

《建筑法》第 45 条，《建设工程安全生产管理条例》第 27 条、第 35 条及有关法规对施工现场的安全生产管理制度作出了明确的规定，这些制度包括安全防护设备管理制度、现场安全技术交底制度，施工起重机械和整体提升脚手架、模板等自升式架设设施的检验、验收、登记备案制度和安全检查制度等。

1. 施工现场安全技术交底制度

《建设工程安全生产管理条例》第 27 条规定，建设工程施工前，施工单位负责项目管理的技术人员应当对有关安全施工的技术要求向施工作业班组、作业人员作出详细说明，并由双方签字确认。

施工前对有关安全施工的技术要求作出详细说明，就是通常说的安全技术交底。它有助于作业班组和作业人员尽快了解工程概况、施工方法、安全技术措施等情况，掌握操作方法和注意事项，以保护作业人员的人身安全。

安全技术交底，通常有施工工种安全技术交底、分部分项工程施工安全技术交底、

大型特殊工程单项安全技术交底、设备安装工程技术交底以及采用新工艺、新技术、新材料施工的安全技术交底等。

2. 施工起重机械和整体提升脚手架、模板等自升式架设设施的检验、验收、登记备案制度

施工单位在使用施工起重机械和整体提升脚手架、模板等自升式架设设施前，应当组织有关单位进行验收，也可以委托具有相应资质的检验检测机构进行验收。使用承租的机械设备和施工机具及配件的，由施工总承包单位、分包单位、出租单位和安装单位共同进行验收。验收合格的方可使用。

施工单位应当自施工起重机械和整体提升脚手架、模板等自升式架设设施验收合格之日起 30 日内，向建设行政主管部门或者其他有关部门登记。

建设行政主管部门或者其他有关部门对施工单位的申请登记资料进行审核，合格的，发给登记标志。施工单位应当按照规定将登记标志置于或者附着于该设备（设施）的显著位置。

根据《特种设备安全监察条例》，规定的施工起重机械，应当符合安全技术规范要求。投入使用前，使用单位应当核对其是否附有该条例第 15 条规定的相关文件；在投入使用前或者投入使用后 30 日内，使用单位应当向直辖市或者设区的市的特种设备安全监督管理部门登记。登记标志应当置于或者附着于该特种设备的显著位置。

3. 施工现场生活区和作业区环境的管理制度

《建设工程安全生产管理条例》第 29 条规定，施工单位应当将施工现场的办公、生活区与作业区分开设置，并保持安全距离；办公、生活区的选址应当符合安全性要求。职工的膳食、饮水、休息场所等应当符合卫生标准。施工单位不得在尚未竣工的建筑物内设置员工集体宿舍。施工现场临时搭设的建筑物应当符合安全使用要求。施工现场使用的装配式活动房屋应当具有产品合格证。

施工现场的安全、办公、生活区、临时设施和员工的生活条件，应符合《建筑施工安全检查标准》JGJ 59 和《建设工程施工现场环境与卫生标准》JGJ 146 相关规定。

4. 施工现场安全检查制度

施工现场除应经常进行安全生产检查外，还应组织定期检查、突击性检查、专业性检查、季节性和节假日前后的检查。

5. 工艺、设备、材料淘汰制度

国家对严重危及施工安全的工艺、设备、材料实行淘汰制度。建筑施工单位不得使用国家明令淘汰、禁止使用的危及生产安全的工艺、设备、材料。

6. 安全防护用具、机械设备等的管理制度

根据《建设工程安全生产管理条例》，施工单位采购、租赁的安全防护用具、机械设备、施工机具及配件，应当具有生产（制造）许可证、产品合格证，并在进入施工现场前进行查验。

施工现场的安全防护用具、机械设备、施工机具及配件必须由专人管理，定期进行检查、维修和保养，建立相应的资料档案，并按照国家有关规定及时报废。

6.3.2　施工现场安全防护制度

根据《建筑法》，建筑施工企业应当在施工现场采取维护安全、防范危险、预防火灾等措施；有条件的，应当对施工现场实行封闭管理。施工现场对毗邻的建筑物、构筑物和特殊作业环境可能造成损害的，建筑施工企业应当采取安全防护措施。

1. 危险部位设置安全警示标志

根据《建设工程安全生产管理条例》，施工单位应当在施工现场入口处、施工起重机械、临时用电设施、脚手架、出入通道口、楼梯口、电梯井口、孔洞口、桥梁口、隧道口、基坑边沿、爆破物及有害危险气体和液体存放处等危险部位，设置明显的安全警示标志。

安全警示标志必须符合国家标准。所谓危险部位，是指存在着危险因素，容易造成施工作业人员或者其他人员伤亡的地点。尽管工地现场的情况千差万别，不同施工现场的危险源不尽相同，但施工现场入口处、施工起重机械、临时用电设施、脚手架、出入通道口、楼梯口、电梯井口、孔洞口、桥梁口、隧道口、基坑边沿、爆破物及有害危险气体和液体存放处等，通常都是容易出现生产安全事故的危险部位。

安全警示标志，则是指提醒人们注意的各种标牌、文字、符号以及灯光等，一般由安全色、几何图形和图形符号构成。安全警示标志须符合国家标准《安全标志及其使用导则》GB 2894 的有关规定。

2. 不同施工阶段和暂停施工应采取的安全施工措施

根据《建设工程安全生产管理条例》，施工单位应当根据不同施工阶段和周围环境及季节、气候的变化，在施工现场采取相应的安全施工措施。

施工现场暂时停止施工的，施工单位应当作好现场防护，所需费用由责任方承担，或者按照合同约定执行。

3. 对施工现场周边的安全防护措施

根据《建设工程安全生产管理条例》，施工单位对因建设工程施工可能造成损害的毗邻建筑物、构筑物和地下管线等，应当采取专项防护措施。

在城市市区内的建设工程，施工单位应当对施工现场实行封闭围挡。位于一般路段的围挡应高于 1.8m，在市区主要路段的围挡应高于 2.5m。施工现场应采用密目式安全网、围墙、围栏等封闭起来。

4. 危险作业的施工现场安全管理

根据《安全生产法》，生产经营单位进行爆破、吊装等危险作业，应当安排专门人员进行现场安全管理，确保操作规程的遵守和安全措施的落实。

6.3.3　施工现场消防安全制度

近年来，施工现场的火灾时有发生，甚至出现了特大恶性火灾事故。因此，施工单位必须建立健全消防安全责任制，加强消防安全教育培训，严格消防安全管理，确保施工现场消防安全。

143

1. 消防安全职责和消防安全责任人

（1）消防安全职责

根据《中华人民共和国消防法》（以下简称《消防法》），机关、团体、企业、事业等单位应当履行下列消防安全职责：①落实消防安全责任制，制定本单位的消防安全制度、消防安全操作规程，制定灭火和应急疏散预案；②按照国家标准、行业标准配置消防设施、器材，设置消防安全标志，并定期组织检验、维修，确保完好有效；③对建筑消防设施每年至少进行一次全面检测，确保完好有效，检测记录应当完整准确，存档备查；④保障疏散通道、安全出口、消防车通道畅通，保证防火防烟分区、防火间距符合消防技术标准；⑤组织防火检查，及时消除火灾隐患；⑥组织进行有针对性的消防演练；⑦法律、法规规定的其他消防安全职责。

（2）消防安全责任人

根据《消防法》，单位的主要负责人是本单位的消防安全责任人。

（3）重点工程施工现场的消防安全职责

重点工程的施工现场多定为消防安全重点单位，按照《消防法》的规定，除应当履行所有单位都应当履行的职责外，还应当履行下列消防安全职责：①确定消防安全管理人，组织实施本单位的消防安全管理工作；②建立消防档案，确定消防安全重点部位，设置防火标志，实行严格管理；③实行每日防火巡查，并建立巡查记录；④对职工进行岗前消防安全培训，定期组织消防安全培训和消防演练。

根据《建设工程安全生产管理条例》，施工单位应当在施工现场建立消防安全责任制度，确定消防安全责任人，制定用火、用电、使用易燃易爆材料等各项消防安全管理制度和操作规程，设置消防通道、消防水源，配备消防设施和灭火器材，并在施工现场入口处设置明显标志。

2. 施工现场的消防安全要求

（1）施工单位应当在施工组织设计中编制消防安全技术措施和专项施工方案，并由专职安全管理人员进行现场监督。

（2）公共建筑在营业、使用期间不得进行外保温材料施工作业，居住建筑进行节能改造作业期间应撤离居住人员，并设消防安全巡逻人员，严格分离用火用焊作业与保温施工作业，严禁在施工建筑内安排人员住宿。

（3）新建、改建、扩建工程的外保温材料一律不得使用易燃材料，严格限制使用可燃材料。建筑室内装饰装修材料必须符合国家、行业标准和消防安全要求。

（4）施工现场要设置消防通道并确保畅通。建筑工地要满足消防车通行、停靠和作业要求。在建建筑内应设置标明楼梯间和出入口的临时醒目标志，视情安装楼梯间和出入口的临时照明，及时清理建筑垃圾和障碍物，规范材料堆放，保证发生火灾时，现场施工人员疏散和消防人员扑救快捷畅通。

（5）施工现场要按有关规定设置消防水源。应当在建设工程平地阶段按照总平面设计设置室外消火栓系统，并保持充足的管网压力和流量。根据在建工程施工进度，同步安装室内消火栓系统或设置临时消火栓，配备水枪水带，消防干管设置水泵接合器，满足施工现场火灾扑救的消防供水要求。

（6）施工现场应当配备必要的消防设施和灭火器材。施工现场的重点防火部位和在建高层建筑的各个楼层，应在明显和方便取用的地方配置适当数量的手提式灭火器、消防沙袋等消防器材。

（7）禁止在具有火灾、爆炸危险的场所使用明火；需要进行明火作业的，动火部门和人员应当按照用火管理制度办理审批手续，落实现场监护人，在确认无火灾、爆炸危险后方可动火施工；动火施工人员应当遵守消防安全规定，并落实相应的消防安全措施；易燃易爆危险物品和场所应有具体防火防爆措施；电焊、气焊、电工等特殊工种人员必须持证上岗；将容易发生火灾、一旦发生火灾后果严重的部位确定为重点防火部位，实行严格管理。

（8）施工现场的办公、生活区与作业区应当分开设置，并保持安全距离；施工单位不得在尚未竣工的建筑物内设置员工集体宿舍。

3. 施工单位消防安全自我评估和防火检查

要建立消防安全自我评估机制，消防安全重点单位每季度、其他单位每半年自行或委托有资质的机构对本单位进行一次消防安全检查评估，做到安全自查、隐患自除、责任自负。

施工单位应及时纠正违章操作行为，及时发现火灾隐患并采取防范、整改措施。国家、省级等重点工程的施工现场应当进行每日防火巡查，其他施工现场也应根据需要组织防火巡查。

4. 建设工程消防施工的质量和安全责任

（1）建设工程的消防设计、施工必须符合国家工程建设消防技术标准。

（2）施工单位应当承担下列消防施工的质量和安全责任：

1）按照国家工程建设消防技术标准和经消防设计审核合格或者备案的消防设计文件组织施工，不得擅自改变消防设计进行施工、降低消防施工质量。

2）查验消防产品和具有防火性能要求的建筑构件、建筑材料及装修材料的质量，使用合格产品，保证消防施工质量。

3）建立施工现场消防安全责任制度，确定消防安全负责人。加强对施工人员的消防教育培训，落实动火、用电、易燃可燃材料等消防管理制度和操作规程。保证在建工程竣工验收前消防通道、消防水源、消防设施和器材、消防安全标志等完好有效。

5. 施工单位的消防安全教育培训和消防演练

（1）加强对单位消防安全责任人、消防安全管理人、消防控制室操作人员和消防设计、施工、监理人员及保安、电（气）焊工、消防技术服务机构从业人员的消防安全培训。

（2）在建工程的施工单位应当开展下列消防安全教育工作：①建设工程施工前应当对施工人员进行消防安全教育；②在建设工地醒目位置、施工人员集中住宿场所设置消防安全宣传栏，悬挂消防安全挂图和消防安全警示标识；③对明火作业人员进行经常性的消防安全教育；④组织灭火和应急疏散演练。

（3）施工人员上岗前的安全培训应当包括以下消防内容：有关消防法规、消防安全制度和保障消防安全的操作规程，本岗位的火灾危险性和防火措施，有关消防设施的性能、灭火器材的使用方法，报火警、扑救初起火灾以及自救逃生的知识和技能等，保障施工现场人员具有相应的消防常识和逃生自救能力。

（4）施工单位应当根据国家有关消防法规和建设工程安全生产法规的规定，建立施工现场消防组织，制定灭火和应急疏散预案，并至少每半年组织一次演练，提高施工人员及时报警、扑灭初期火灾和自救逃生能力。

6.3.4　房屋拆除安全管理制度

房屋拆除是建筑活动的一项重要内容。近年来，随着国民经济增长，旧城改造任务扩大，拆除工程逐渐增多。在房屋拆除作业中，因拆除施工造成的倒塌、伤亡事故时有发生。

为了进一步加强房屋拆除的安全管理，《建筑法》第50条、《建设工程安全生产管理条例》第20条都对此作了专门规定。上述法条的主要含义包括：

1. 房屋拆除由具备安全拆除条件的单位承担

房屋拆除由具备保证房屋拆除安全条件的建筑施工单位承担，不具备保证房屋拆除安全条件的建筑施工单位和非建筑施工单位不得承担房屋拆除任务。这里的安全条件主要包括：有编制房屋拆除安全技术措施的能力；有相应的专业技术人员；有相应的机械设备等。

2. 建筑施工单位负责人对房屋拆除的安全负责

建筑施工单位的负责人是建筑施工企业的行政管理人员，他不仅对拆除业务活动负责，还应当对拆除过程中的安全负责。为了保证安全，建筑施工企业必须执行国家的有关安全的规定；必须对拆除人员进行安全教育；必须为拆除人员准备防护用品等。在施工前，要组织技术人员和工人学习施工组织设计和安全操作规程；必须对拆除工程的施工进行统一领导和经常监督。

3. 爆破作业要报请主管部门批准

对于一些需要爆破作业的特殊拆除工程，必须按照现行国家标准《爆破安全规程》GB 6722的规定执行。进行大型爆破作业，或在城镇与其他居民聚居的地方、风景名胜区和重要工程设施附近进行控制爆破作业，施工单位必须事先将爆破作业方案报县、市以上主管部门批准，并征得所在地县、市公安局同意，方准爆破作业。

6.4　生产安全事故的应急救援和调查处理

建筑业属于事故多发的行业之一。由于建设工程中生产安全事故的发生不可能完全杜绝，在加强施工安全监督管理、坚持预防为主的同时，为了减少建设工程安全事故中的人员伤亡和财产损失，还必须建立建设工程生产安全事故的应急救援制度。

安全事故关乎人命，任何的拖延和耽误都有可能导致生命和财产安全受到威胁，都有可能导致损失扩大。因此，必须在事故发生以前，未雨绸缪，制定好应急救援的措施，一旦发生事故，可以在最短的时间内，将损失降低到最小。

6.4.1 生产安全事故应急救援预案的制定

1. 政府相关部门应制定本行政区域内生产安全事故应急救援预案

《安全生产法》第76条规定，国家加强生产安全事故应急能力建设，在重点行业、领域建立应急救援基地和应急救援队伍，鼓励生产经营单位和其他社会力量建立应急救援队伍，配备相应的应急救援装备和物资，提高应急救援的专业化水平。

国务院安全生产监督管理部门建立全国统一的生产安全事故应急救援信息系统，国务院有关部门建立健全相关行业、领域的生产安全事故应急救援信息系统。

《安全生产法》第77条规定，县级以上地方各级人民政府应当组织有关部门制定本行政区域内生产安全事故应急救援预案，建立应急救援体系。

2. 施工单位生产安全事故应急救援预案的编制和责任的落实

（1）施工生产安全事故应急救援预案的编制

《中华人民共和国突发事件应对法》第18条规定，应急预案应当根据本法和其他有关法律、法规的规定，针对突发事件的性质、特点和可能造成的社会危害，具体规定突发事件应急管理工作的组织指挥体系与职责和突发事件的预防与预警机制、处置程序、应急保障措施以及事后恢复与重建措施等内容。

根据《建设工程安全生产管理条例》，施工单位应当根据建设工程施工的特点、范围，对施工现场易发生重大事故的部位、环节进行监控，制定施工现场生产安全事故应急救援预案。

根据《生产安全事故应急预案管理办法》，生产经营单位的应急预案按照针对情况的不同，分为综合应急预案、专项应急预案和现场处置方案。生产经营单位编制的综合应急预案、专项应急预案和现场处置方案之间应当相互衔接，并与所涉及的其他单位的应急预案相互衔接。

综合应急预案应当包括本单位的应急组织机构及其职责、预案体系及响应程序、事故预防及应急保障、应急培训及预案演练等主要内容。专项应急预案应当包括危险性分析、可能发生的事故特征、应急组织机构与职责、预防措施、应急处置程序和应急保障等内容。现场处置方案应当包括危险性分析、可能发生的事故特征、应急处置程序、应急处置要点和注意事项等内容。

（2）施工生产安全事故应急预案的培训和演练

根据《国务院关于坚持科学发展安全发展促进安全生产形势持续稳定好转的意见》，定期开展应急预案演练，切实提高事故救援实战能力。企业生产现场带班人员、班组长和调度人员在遇到险情时，要按照预案规定，立即组织停产撤人。

根据《生产安全事故应急预案管理办法》，生产经营单位应当采取多种形式开展应急预案的宣传教育，普及生产安全事故预防、避险、自救和互救知识，提高从业人员安全意识和应急处置技能。生产经营单位应当组织开展本单位的应急预案培训活动，制定本单位的应急预案演练计划，根据本单位的事故风险重点，每年至少组织一次综合应急预案演练或者专项应急预案演练，每半年至少组织一次现场处置方案演练。

（3）施工单位在施工现场落实应急预案责任的划分

为了贯彻"安全第一、预防为主、综合治理"的安全生产方针，施工单位应当根据建设工程施工的特点、范围，对施工现场易发生重大事故的部位、环节进行监控，制定施工现场生产安全事故应急救援预案。

实行施工总承包的，由总承包单位统一组织编制建设工程生产安全事故应急救援预案，工程总承包单位和分包单位按照应急救援预案，各自建立应急救援组织或者配备应急救援人员，配备救援器材、设备，并定期组织演练。

6.4.2 生产安全事故报告制度

1. 生产安全事故的等级

（1）生产安全事故等级的划分标准

根据《生产安全事故报告和调查处理条例》，生产安全事故（以下简称事故）依据造成的人员伤亡或者直接经济损失划分为以下等级：

1）特别重大事故，是指造成30人以上死亡，或者100人以上重伤（包括急性工业中毒，下同），或者1亿元以上直接经济损失的事故。

2）重大事故，是指造成10人以上30人以下死亡，或者50人以上100人以下重伤，或者5000万元以上1亿元以下直接经济损失的事故。

3）较大事故，是指造成3人以上10人以下死亡，或者10人以上50人以下重伤，或者1000万元以上5000万元以下直接经济损失的事故。

4）一般事故，是指造成3人以下死亡，或者10人以下重伤，或者1000万元以下直接经济损失的事故。

（2）事故等级划分的补充性规定

根据《生产安全事故报告和调查处理条例》，国务院安全生产监督管理部门可以会同国务院有关部门，制定事故等级划分的补充性规定。由于不同行业和领域的事故各有特点，发生事故的原因和损失情况也差异较大，很难用同一标准来划分不同行业或者领域的事故等级，授权国务院安全生产监督管理部门可以会同国务院有关部门，针对某些特殊行业或者领域的实际情况来制定事故等级划分的补充性规定，是十分必要的。

2. 生产安全事故报告制度

《建筑法》第51条规定，施工中发生事故时，建筑施工企业应当采取紧急措施减少人员伤亡和事故损失，并按照国家有关规定及时向有关部门报告。

《安全生产法》第80条规定，生产经营单位发生生产安全事故后，事故现场有关人员应当立即报告本单位负责人。单位负责人接到事故报告后，应当迅速采取有效措施，组织抢救，防止事故扩大，减少人员伤亡和财产损失，并按照国家有关规定立即如实报告当地负有安全生产监督管理职责的部门，不得隐瞒不报、谎报或者迟报，不得故意破坏事故现场、毁灭有关证据。

《建设工程安全生产管理条例》第 50 条规定，施工单位发生生产安全事故，应当按照国家有关伤亡事故报告和调查处理的规定，及时、如实地向负责安全生产监督管理的部门、建设行政主管部门或者其他有关部门报告；特种设备发生事故的，还应当同时向特种设备安全监督管理部门报告。接到报告的部门应当按照国家有关规定，如实上报。实行施工总承包的建设工程，由总承包单位负责上报事故。

根据上述法条，在建筑施工中发生事故时，建筑施工企业除必须依法立即采取减少人员伤亡和财产损失的紧急措施外，还必须按照国家有关规定及时向有关主管部门报告，不得隐瞒不报、谎报或者迟报，不得故意破坏事故现场、毁灭有关证据。

《生产安全事故报告和调查处理条例》对事故报告的时间及程序、事故报告的内容和接到事故报告后应采取的措施均作出了明确规定。

（1）事故报告的时间及程序

事故发生后，事故现场有关人员应当立即向本单位负责人报告；单位负责人接到报告后，应当于 1 小时内向事故发生地县级以上人民政府安全生产监督管理部门和负有安全生产监督管理职责的有关部门报告。

情况紧急时，事故现场有关人员可以直接向事故发生地县级以上人民政府安全生产监督管理部门和负有安全生产监督管理职责的有关部门报告。

安全生产监督管理部门和负有安全生产监督管理职责的有关部门接到事故报告后，应当依照下列规定上报事故情况，并通知公安机关、劳动保障行政部门、工会和人民检察院：

1）特别重大事故、重大事故逐级上报至国务院安全生产监督管理部门和负有安全生产监督管理职责的有关部门。

2）较大事故逐级上报至省、自治区、直辖市人民政府安全生产监督管理部门和负有安全生产监督管理职责的有关部门。

3）一般事故上报至设区的市级人民政府安全生产监督管理部门和负有安全生产监督管理职责的有关部门。

安全生产监督管理部门和负有安全生产监督管理职责的有关部门依照上述规定上报事故情况，应当同时报告本级人民政府。国务院安全生产监督管理部门和负有安全生产监督管理职责的有关部门以及省级人民政府接到发生特别重大事故、重大事故的报告后，应当立即报告国务院。

必要时，安全生产监督管理部门和负有安全生产监督管理职责的有关部门可以越级上报事故情况。

安全生产监督管理部门和负有安全生产监督管理职责的有关部门逐级上报事故情况，每级上报的时间不得超过 2 小时。

特种设备发生事故时，应当同时向特种设备安全监督管理部门报告。

149

对于接到报告的部门，应当按照国家有关规定，如实、及时上报。

实行施工总承包的，在总承包工程中发生伤亡事故，应由总承包单位负责统计上报事故情况。

（2）事故报告的内容

报告事故应当包括下列内容：①事故发生单位概况；②事故发生的时间、地点以及事故现场情况；③事故的简要经过；④事故已经造成或者可能造成的伤亡人数（包括下落不明的人数）和初步估计的直接经济损失；⑤已经采取的措施；⑥其他应当报告的情况。

事故发生单位概况，应当包括单位的全称、所处地理位置、所有制形式和隶属关系、生产经营范围和规模、持有各类证照情况、单位负责人基本情况以及近期生产经营状况等。该部分内容应以全面、简洁为原则。

报告事故发生的时间应当具体；报告事故发生的地点要准确，除事故发生的中心地点外，还应当报告事故所波及的区域；报告事故现场的情况应当全面，包括现场的总体情况、人员伤亡情况和设备设施的毁损情况，以及事故发生前后的现场情况，便于比较分析事故原因。

对于人员伤亡情况的报告，应当遵守实事求是的原则，不作无根据的猜测，更不能隐瞒实际伤亡人数。对直接经济损失的初步估算，主要指事故所导致的建筑物毁损、生产设备设施和仪器仪表损坏等。

已经采取的措施，主要是指事故现场有关人员、事故单位负责人以及已经接到事故报告的安全生产管理部门等，为减少损失、防止事故扩大和便于事故调查所采取的应急救援和现场保护等具体措施。

其他应当报告的情况，则应根据实际情况而定。如较大以上事故，还应当报告事故所造成的社会影响、政府有关领导和部门现场指挥等有关情况。

（3）事故补报的要求

根据《生产安全事故报告和调查处理条例》，事故报告后出现新情况的，应当及时补报。自事故发生之日起 30 日内，事故造成的伤亡人数发生变化的，应当及时补报。道路交通事故、火灾事故自发生之日起 7 日内，事故造成的伤亡人数发生变化的，应当及时补报。

3. 发生施工生产安全事故后应采取的相应措施

（1）组织应急抢救工作

1）事故发生单位负责人接到事故报告后，应当立即启动事故相应应急预案，或者采取有效措施，组织抢救，防止事故扩大，减少人员伤亡和财产损失。实行总承包的项目，总承包单位应统一组织事故的抢救工作。

2）事故发生地有关地方人民政府、安全生产监督管理部门和负有安全生产监督管理职责的有关部门接到事故报告后，其负责人应当立即赶赴事故现场，组织事故救援。

（2）妥善保护事故现场

1）事故发生后，有关单位和人员应当妥善保护事故现场以及相关证据，任何单位和个人不得破坏事故现场、毁灭相关证据。

2）因抢救人员、防止事故扩大以及疏通交通等原因，需要移动事故现场物件的，应当作出标志，绘制现场简图并作出书面记录，妥善保存现场重要痕迹、物证。

3）事故发生地公安机关根据事故的情况，对涉嫌犯罪的，应当依法立案侦查，采取强制措施和侦查措施。犯罪嫌疑人逃匿的，公安机关应当迅速追捕归案。

4）安全生产监督管理部门和负有安全生产监督管理职责的有关部门应当建立值班制度，并向社会公布值班电话，受理事故报告和举报。

6.4.3　生产安全事故调查

《安全生产法》第 83 条规定，事故调查处理应当按照科学严谨、依法依规、实事求是、注重实效的原则，及时、准确地查清事故原因，查明事故性质和责任，总结事故教训，提出整改措施，并对事故责任者提出处理意见。事故调查报告应当依法及时向社会公布。事故调查和处理的具体办法由国务院制定。事故发生单位应当及时全面落实整改措施，负有安全生产监督管理职责的部门应当加强监督检查。

1. 事故调查的管辖

（1）特别重大事故由国务院或者国务院授权有关部门组织事故调查组进行调查。

（2）重大事故、较大事故、一般事故分别由事故发生地省级人民政府、设区的市级人民政府、县级人民政府负责调查。省级人民政府、设区的市级人民政府、县级人民政府可以直接组织事故调查组进行调查，也可以授权或者委托有关部门组织事故调查组进行调查。

（3）未造成人员伤亡的一般事故，县级人民政府也可以委托事故发生单位组织事故调查组进行调查。上级人民政府认为必要时，可以调查由下级人民政府负责调查的事故。

（4）自事故发生之日起 30 日内（道路交通事故、火灾事故自发生之日起 7 日内），因事故伤亡人数变化导致事故等级发生变化，依照《生产安全事故报告和调查处理条例》规定应当由上级人民政府负责调查的，上级人民政府可以另行组织事故调查组进行调查。

（5）特别重大事故以下等级事故，事故发生地与事故发生单位不在同一个县级以上行政区域的，由事故发生地人民政府负责调查，事故发生单位所在地人民政府应当派人参加。

2. 事故调查组的组成与职责

（1）事故调查组的组成

事故调查组的组成应当遵循精简、效能的原则。根据事故的具体情况，事故调查组由有关人民政府、安全生产监督管理部门、负有安全生产监督管理职责的有关部门、监察机关、公安机关以及工会派人组成，并应当邀请人民检察院派人参加。事故调查组可以聘请有关专家参与调查。

事故调查组组长由负责事故调查的人民政府指定。事故调查组组长主持事故调查组的工作。事故调查组成员应当具有事故调查所需要的知识和专长，并与所调查的事故没有直接利害关系。

（2）事故调查组的职责

事故调查组应当履行下列职责：①查明事故发生的经过、原因、人员伤亡情况及直接经济损失；②认定事故的性质和事故责任；③提出对事故责任者的处理建议；④总结事故教训，提出防范和整改措施；⑤提交事故调查报告。

3. 事故调查组的权利与纪律

事故调查组有权向有关单位和个人了解与事故有关的情况，并要求其提供相关文件、资料，有关单位和个人不得拒绝。事故发生单位的负责人和有关人员在事故调查期间不得擅离职守，并应当随时接受事故调查组的询问，如实提供有关情况。事故调查中发现涉嫌犯罪的，事故调查组应当及时将有关材料或者其复印件移交司法机关处理。

事故调查中需要进行技术鉴定的，事故调查组应当委托具有国家规定资质的单位进行技术鉴定。必要时，事故调查组可以直接组织专家进行技术鉴定。技术鉴定所需时间不计入事故调查期限。

事故调查组成员在事故调查工作中应当诚信公正、恪尽职守，遵守事故调查组的纪律，保守事故调查的秘密。未经事故调查组组长允许，事故调查组成员不得擅自发布有关事故的信息。

4. 事故调查报告的期限与内容

（1）事故调查报告的期限

事故调查组应当自事故发生之日起 60 日内提交事故调查报告；特殊情况下，经负责事故调查的人民政府批准，提交事故调查报告的期限可以适当延长，但延长的期限最长不超过 60 日。

（2）事故调查报告的内容

事故调查报告应当包括下列内容：①事故发生单位概况；②事故发生经过和事故救援情况；③事故造成的人员伤亡和直接经济损失；④事故发生的原因和事故性质；⑤事故责任的认定以及对事故责任者的处理建议；⑥事故防范和整改措施。

事故调查报告应当附具有关证据材料。事故调查组成员应当在事故调查报告上签名。

事故调查报告报送负责事故调查的人民政府后，事故调查工作即告结束。事故调查的有关资料应当归档保存。

6.4.4　生产安全事故处理

1. 事故处理时限和落实批复

根据《生产安全事故报告和调查处理条例》，重大事故、较大事故、一般事故，负责事故调查的人民政府应当自收到事故调查报告之日起 15 日内作出批复；特别重大事故，30 日内作出批复，特殊情况下，批复时间可以适当延长，但延长的时间最长不超过 30 日。

有关机关应当按照人民政府的批复，依照法律、行政法规规定的权限和程序，对事故发生单位和有关人员进行行政处罚，对负有事故责任的国家工作人员进行处分。事故发生单位应当按照负责事故调查的人民政府的批复，对本单位负有事故责任的人员进行处理。负有事故责任的人员涉嫌犯罪的，依法追究刑事责任。

2. 事故发生单位的整改措施

事故发生单位应当认真吸取事故教训，落实防范和整改措施，防止事故再次发生。防范和整改措施的落实情况应当接受工会和职工的监督。安全生产监督管理部门和负有安全生产监督管理职责的有关部门应当对事故发生单位落实防范和整改措施的情况进行监督检查。

3. 处理结果的公布

事故处理的情况由负责事故调查的人民政府或者其授权的有关部门、机构向社会公布，依法应当保密的除外。

【案例 6-1】
施工升降机
失控案

───── 思政拓展学习 ─────

【案例】2018 年，某学校在建实验楼发生坍塌，造成 6 人死亡、8 人受伤的生产安全事故。经法院审理查明，事故原因是施工方违规施工，偷工减料，导致施工基坑内钢筋网坍塌，在此作业的多名工人被挤压在上下层钢筋网间，造成了 6 死 8 伤。

本次事故教训：施工方法定代表人、施工队长、技术员、钢筋工长、钢筋班长都没有履行安全生产的管理职责。总监理工程师、监理工程师、工程现场监理人员，对施工单位未按照施工方案实施筏板基础钢筋作业的行为监督检查不到位，对钢筋施工的技术交底未进行监督。

【启示】质量和安全是建筑业发展的永恒主题。生命是天，安全是福。要做到安全生产无事故，不仅要落实各方责任，还要加强参建单位和工程从业人员的安全责任意识，以及照图施工、照章办事的遵纪守法意识。

6.5　法律责任

6.5.1　《安全生产法》规定的法律责任

《安全生产法》加大了对违法行为和事故责任的追究力度。

1. 生产经营单位的法律责任

（1）生产经营单位有下列行为之一的，责令限期改正，可以处五万元以下的罚款；逾期未改正的，责令停产停业整顿，并处 5 万元以上 10 万元以下的罚款，对其直接负责的主管人员和其他直接责任人员处1万元以上2万元以下的罚款：

1）未按照规定设置安全生产管理机构或者配备安全生产管理人员的；

2）危险物品的生产、经营、储存单位以及矿山、金属冶炼、建筑施工、道路运输单位的主要负责人和安全生产管理人员未按照规定经考核合格的；

3）未按照规定对从业人员、被派遣劳动者、实习学生进行安全生产教育和培训，或者未按照规定如实告知有关的安全生产事项的；

4）未如实记录安全生产教育和培训情况的；

5）未将事故隐患排查治理情况如实记录或者未向从业人员通报的；

6）未按照规定制定生产安全事故应急救援预案或者未定期组织演练的；

7）特种作业人员未按照规定经专门的安全作业培训并取得相应资格，上岗作业的。

（2）生产经营单位有下列行为之一的，责令停止建设或者停产停业整顿，限期改正；逾期未改正的，处50万元以上100万元以下的罚款，对其直接负责的主管人员和其他直接责任人员处2万元以上5万元以下的罚款；构成犯罪的，依照刑法有关规定追究刑事责任：

1）矿山、金属冶炼建设项目，或者用于生产、储存、装卸危险物品的建设项目，未按照规定进行安全评价的；

2）矿山、金属冶炼建设项目，或者用于生产、储存、装卸危险物品的建设项目，没有安全设施设计或者安全设施设计未按照规定报经有关部门审查同意的；

3）矿山、金属冶炼建设项目，或者用于生产、储存、装卸危险物品的建设项目，施工单位未按照批准的安全设施设计施工的；

4）矿山、金属冶炼建设项目，或者用于生产、储存危险物品的建设项目，竣工投入生产或者使用前安全设施未经验收合格的。

（3）生产经营单位有下列行为之一的，责令限期改正，可以处5万元以下的罚款；逾期未改正的，处5万元以上20万元以下的罚款，对其直接负责的主管人员和其他直接责任人员处1万元以上2万元以下的罚款；情节严重的，责令停产停业整顿；构成犯罪的，依照刑法有关规定追究刑事责任：

1）未在有较大危险因素的生产经营场所和有关设施、设备上设置明显的安全警示标志的；

2）安全设备的安装、使用、检测、改造和报废不符合国家标准或者行业标准的；

3）未对安全设备进行经常性维护、保养和定期检测的；

4）未为从业人员提供符合国家标准或者行业标准的劳动防护用品的；

5）危险物品的容器、运输工具，以及涉及人身安全、危险性较大的海洋石油开采特种设备和矿山井下特种设备未经具有专业资质的机构检测、检验合格，取得安全使用证或者安全标志，投入使用的；

6）使用应当淘汰的危及生产安全的工艺、设备的。

（4）生产经营单位有下列行为之一的，责令限期改正，可以处10万元以下的罚款；逾期未改正的，责令停产停业整顿，并处10万元以上20万元以下的罚款，对其直接负责的主管人员和其他直接责任人员处 2 万元以上 5 万元以下的罚款；构成犯罪的，依照刑法有关规定追究刑事责任：

1）生产、经营、运输、储存、使用危险物品或者处置废弃危险物品，未建立专门安全管理制度、未采取可靠的安全措施的；

2）对重大危险源未登记建档，或者未进行评估、监控，或者未制定应急预案的；

3）进行爆破、吊装以及国务院安全生产监督管理部门会同国务院有关部门规定的其他危险作业，未安排专门人员进行现场安全管理的；

4）未建立事故隐患排查治理制度的。

（5）生产经营单位未采取措施消除事故隐患的，责令立即消除或者限期消除；生产经营单位拒不执行的，责令停产停业整顿，并处 10 万元以上 50 万元以下的罚款，对其直接负责的主管人员和其他直接责任人员处 2 万元以上 5 万元以下的罚款。

（6）生产经营单位将生产经营项目、场所、设备发包或者出租给不具备安全生产条件或者相应资质的单位或者个人的，责令限期改正，没收违法所得；违法所得 10 万元以上的，并处违法所得 2 倍以上 5 倍以下的罚款；没有违法所得或者违法所得不足 10 万元的，单处或者并处 10 万元以上 20 万元以下的罚款；对其直接负责的主管人员和其他直接责任人员处 1 万元以上 2 万元以下的罚款；导致发生生产安全事故给他人造成损害的，与承包方、承租方承担连带赔偿责任。

生产经营单位未与承包单位、承租单位签订专门的安全生产管理协议，或者未在承包合同、租赁合同中明确各自的安全生产管理职责，或者未对承包单位、承租单位的安全生产统一协调、管理的，责令限期改正，可以处 5 万元以下的罚款，对其直接负责的主管人员和其他直接责任人员可以处 1 万元以下的罚款；逾期未改正的，责令停产停业整顿。

（7）两个以上生产经营单位在同一作业区域内进行可能危及对方安全生产的生产经营活动，未签订安全生产管理协议或者未指定专职安全生产管理人员进行安全检查与协调的，责令限期改正，可以处 5 万元以下的罚款，对其直接负责的主管人员和其他直接责任人员可以处 1 万元以下的罚款；逾期未改正的，责令停产停业。

（8）生产经营单位有下列行为之一的，责令限期改正，可以处 5 万元以下的罚款，对其直接负责的主管人员和其他直接责任人员可以处 1 万元以下的罚款；逾期未改正的，责令停产停业整顿；构成犯罪的，依照刑法有关规定追究刑事责任：

1）生产、经营、储存、使用危险物品的车间、商店、仓库与员工宿舍在同一座建筑内，或者与员工宿舍的距离不符合安全要求的；

2）生产经营场所和员工宿舍未设有符合紧急疏散需要、标志明显、保持畅通的出口，或者锁闭、封堵生产经营场所或者员工宿舍出口的。

（9）生产经营单位与从业人员订立协议，免除或者减轻其对从业人员因生产安全事故伤亡依法应承担的责任的，该协议无效；对生产经营单位的主要负责人、个人经营的投资人处 2 万元以上 10 万元以下的罚款。

（10）生产经营单位拒绝、阻碍负有安全生产监督管理职责的部门依法实施监督检查的，责令改正；拒不改正的，处 2 万元以上 20 万元以下的罚款；对其直接负责的主管人员和其他直接责任人员处 1 万元以上 2 万元以下的罚款；构成犯罪的，依照刑法有关规定追究刑事责任。

（11）生产经营单位发生生产安全事故造成人员伤亡、他人财产损失的，应当依法承担赔偿责任；拒不承担或者其负责人逃匿的，由人民法院依法强制执行。

生产安全事故的责任人未依法承担赔偿责任，经人民法院依法采取执行措施后，仍不能对受害人给予足额赔偿的，应当继续履行赔偿义务；受害人发现责任人有其他财产的，可以随时请求人民法院执行。

（12）生产经营单位不具备本法和其他有关法律、行政法规和国家标准或者行业标准规定的安全生产条件，经停产停业整顿仍不具备安全生产条件的，予以关闭；有关部门应当依法吊销其有关证照。

（13）发生生产安全事故，对负有责任的生产经营单位除要求其依法承担相应的赔偿等责任外，由安全生产监督管理部门依照下列规定处以罚款：

1）发生一般事故的，处 20 万元以上 50 万元以下的罚款；

2）发生较大事故的，处 50 万元以上 100 万元以下的罚款；

3）发生重大事故的，处 100 万元以上 500 万元以下的罚款；

4）发生特别重大事故的，处 500 万元以上 1000 万元以下的罚款；情节特别严重的，处 1000 万元以上 2000 万元以下的罚款。

2. 生产经营单位主要负责人的法律责任

（1）生产经营单位的决策机构、主要负责人或者个人经营的投资人不依照本法规定保证安全生产所必需的资金投入，致使生产经营单位不具备安全生产条件的，责令限期改正，提供必需的资金；逾期未改正的，责令生产经营单位停产停业整顿。

有前款违法行为，导致发生生产安全事故的，对生产经营单位的主要负责人给予撤职处分，对个人经营的投资人处 2 万元以上 20 万元以下的罚款；构成犯罪的，依照刑法有关规定追究刑事责任。

（2）生产经营单位的主要负责人未履行本法规定的安全生产管理职责的，责令限期改正；逾期未改正的，处 2 万元以上 5 万元以下的罚款，责令生产经营单位停产停业整顿。

生产经营单位的主要负责人有前款违法行为，导致发生生产安全事故的，给予撤职处分；构成犯罪的，依照刑法有关规定追究刑事责任。

生产经营单位的主要负责人依照前款规定受刑事处罚或者撤职处分的，自刑罚执行完毕或者受处分之日起，5 年内不得担任任何生产经营单位的主要负责人；对重大、特别重大生产安全事故负有责任的，终身不得担任本行业生产经营单位的主要负责人。

（3）生产经营单位的主要负责人未履行本法规定的安全生产管理职责，导致发生生产安全事故的，由安全生产监督管理部门依照下列规定处以罚款：

1）发生一般事故的，处上一年年收入 30％的罚款；

2）发生较大事故的，处上一年年收入 40％的罚款；

3）发生重大事故的，处上一年年收入 60％的罚款；

4）发生特别重大事故的，处上一年年收入 80％的罚款。

（4）生产经营单位的主要负责人在本单位发生生产安全事故时，不立即组织抢救或者在事故调查处理期间擅离职守或者逃匿的，给予降级、撤职的处分，并由安全生产监督管理部门处上一年年收入 60％～100％的罚款；对逃匿的处 15 日以下拘留；构成犯罪的，依照刑法有关规定追究刑事责任。

生产经营单位的主要负责人对生产安全事故隐瞒不报、谎报或者迟报的，依照前款规定处罚。

3. 生产经营单位相关人员的法律责任

（1）生产经营单位的安全生产管理人员未履行本法规定的安全生产管理职责的，责令限期改正；导致发生生产安全事故的，暂停或者撤销其与安全生产有关的资格；构成犯罪的，依照刑法有关规定追究刑事责任。

（2）生产经营单位的从业人员不服从管理，违反安全生产规章制度或者操作规程的，由生产经营单位给予批评教育，依照有关规章制度给予处分；构成犯罪的，依照刑法有关规定追究刑事责任。

4. 政府及相关部门的法律责任

（1）负有安全生产监督管理职责的部门的工作人员，有下列行为之一的，给予降级或者撤职的处分；构成犯罪的，依照刑法有关规定追究刑事责任：

1）对不符合法定安全生产条件的涉及安全生产的事项予以批准或者验收通过的；

2）发现未依法取得批准、验收的单位擅自从事有关活动或者接到举报后不予取缔或者不依法予以处理的；

3）对已经依法取得批准的单位不履行监督管理职责，发现其不再具备安全生产条件而不撤销原批准或者发现安全生产违法行为不予查处的；

4）在监督检查中发现重大事故隐患，不依法及时处理的。

负有安全生产监督管理职责的部门的工作人员有前款规定以外的滥用职权、玩忽职守、徇私舞弊行为的，依法给予处分；构成犯罪的，依照刑法有关规定追究刑事责任。

（2）负有安全生产监督管理职责的部门，要求被审查、验收的单位购买其指定的安全设备、器材或者其他产品的，在对安全生产事项的审查、验收中收取费用的，由其上级机关或者监察机关责令改正，责令退还收取的费用；情节严重的，对直接负责的主管人员和其他直接责任人员依法给予处分。

（3）承担安全评价、认证、检测、检验工作的机构，出具虚假证明的，没收违法所得；违法所得在 10 万元以上的，并处违法所得 2 倍以上 5 倍以下的罚款；没有违法所得或者违法所得不足 10 万元的，单处或者并处 10 万元以上 20 万元以下的罚款；对其直接负责的主管人员和其他直接责任人员处 2 万元以上 5 万元以下的罚款；给他人造成损害的，与生产经营单位承担连带赔偿责任；构成犯罪的，依照刑法有关规定追究刑事责任。

对有上述违法行为的机构，吊销其相应资质。

（4）有关地方人民政府、负有安全生产监督管理职责的部门，对生产安全事故隐瞒不报、谎报或者迟报的，对直接负责的主管人员和其他直接责任人员依法给予处分；构成犯罪的，依照刑法有关规定追究刑事责任。

5. 擅自生产、经营、储存危险物品的法律责任

未经依法批准，擅自生产、经营、运输、储存、使用危险物品或者处置废弃危险物品的，依照有关危险物品安全管理的法律、行政法规的规定予以处罚；构成犯罪的，依照刑法有关规定追究刑事责任。

6.5.2 《建设工程安全生产管理条例》规定的法律责任

1. 建设单位的违法行为及其法律责任

（1）《建设工程安全生产管理条例》第 54 条规定，建设单位未提供建设工程安全生产作业环境及安全施工措施所需费用的，责令限期改正；逾期未改正的，责令该建设工程停止施工。

建设单位未将保证安全施工的措施或者拆除工程的有关资料报送有关部门备案的，责令限期改正，给予警告。

（2）《建设工程安全生产管理条例》第 55 条规定，建设单位在安全生产中违反规定，有下列行为之一的，责令限期改正，处 20 万元以上 50 万元以下的罚款；造成重大安全事故，构成犯罪的，对直接责任人员，依照刑法有关规定追究刑事责任；造成损失的，依法承担赔偿责任：

1）对勘察、设计、施工、工程监理等单位提出不符合安全生产法律、法规和强制性标准规定的要求的；

2）要求施工单位压缩合同约定的工期的；

3）将拆除工程发包给不具有相应资质等级的施工单位的。

2. 勘察、设计单位的违法行为及其法律责任

《建设工程安全生产管理条例》第 56 条规定，勘察单位、设计单位在勘察、设计中违反规定，有下列行为之一的，责令限期改正，处 10 万元以上 30 万元以下的罚款；情节严重的，责令停业整顿，降低资质等级，直至吊销资质证书；造成重大安全事故，构成犯罪的，对直接责任人员，依照刑法有关规定追究刑事责任；造成损失的，依法承担赔偿责任：

（1）未按照法律、法规和工程建设强制性标准进行勘察、设计的；

（2）采用新结构、新材料、新工艺的建设工程和特殊结构的建设工程，设计单位未在设计中提出保障施工作业人员安全和预防生产安全事故的措施建议的。

3. 工程监理单位的违法行为及其法律责任

《建设工程安全生产管理条例》第 57 条规定，工程监理单位在实施监理工作中违反规定，有下列行为之一的，责令限期改正；逾期未改正的，责令停业整顿，并处 10 万元以上 30 万元以下的罚款；情节严重的，降低资质等级，直至吊销资质证书；造成重大安全事故、构成犯罪的，对直接责任人员，依照刑法有关规定追究刑事责任；造成损

失的，依法承担赔偿责任：

（1）未对施工组织设计中的安全技术措施或者专项施工方案进行审查的。

（2）发现安全事故隐患未及时要求施工单位整改或者暂时停止施工的。

（3）施工单位拒不整改或者不停止施工，未及时向有关主管部门报告的。

（4）未依照法律、法规和工程建设强制性标准实施监理的。

4. 建筑施工企业的违法行为及其法律责任

（1）施工单位未履行法定安全义务的法律责任

《建设工程安全生产管理条例》第 62 条规定，施工单位未履行法定的安全义务，有下列行为之一的，责令限期改正；逾期未改正的，责令停业整顿，依照《安全生产法》的有关规定处以罚款；造成重大安全事故，构成犯罪的，对直接责任人员，依照刑法有关规定追究刑事责任：

1）未设立安全生产管理机构、配备专职安全生产管理人员，或者分部分项工程施工时无专职安全生产管理人员现场监督的。

2）施工单位的主要负责人、项目负责人、专职安全生产管理人员、作业人员或者特种作业人员，未经安全教育培训或者经考核不合格即从事相关工作的。

3）未在施工现场的危险部位设置明显的安全警示标志，或者未按照国家有关规定在施工现场设置消防通道、消防水源、配备消防设施和灭火器材的。

4）未向作业人员提供安全防护用具和安全防护服装的。

5）未按照规定在施工起重机械和整体提升脚手架、模板等自升式架设设施验收合格后登记的。

6）使用国家明令淘汰、禁止使用的危及施工安全的工艺、设备、材料的。

（2）施工单位挪用有关安全费用的法律责任

《建设工程安全生产管理条例》第 63 条规定，施工单位挪用列入建设工程概算的安全生产作业环境及安全施工措施所需费用的，责令限期改正，处挪用费用 20% 以上 50% 以下的罚款；造成损失的，依法承担赔偿责任。

（3）施工单位未采取安全技术措施、环境保护措施等的法律责任

《建设工程安全生产管理条例》第 64 条规定，施工单位有下列行为之一的，责令限期改正；逾期未改正的，责令停业整顿，并处 5 万元以上 10 万元以下的罚款；造成重大安全事故，构成犯罪的，对直接责任人员，依照刑法有关规定追究刑事责任：

1）施工前未对有关安全施工的技术要求作出详细说明的。

2）未根据不同施工阶段和周围环境及季节、气候的变化，在施工现场采取相应的安全施工措施，或者在城市市区内的建设工程的施工现场未实行封闭围挡的。

3）在尚未竣工的建筑物内设置员工集体宿舍的。

4）施工现场临时搭建的建筑物不符合安全使用要求的。

5）未对因建设工程施工可能造成损害的毗邻建筑物、构筑物和地下管线等采取专项防护措施的。

施工单位有上述规定第 4 项、第 5 项行为，造成损失的，依法承担赔偿责任。

（4）施工单位施工过程中的违法行为及法律责任

《建设工程安全生产管理条例》第 65 条规定，施工单位有下列行为之一的，责令限期改正；逾期未改正的，责令停业整顿，并处 10 万元以上 30 万元以下的罚款；情节严重的，降低资质等级，直至吊销资质证书；造成重大安全事故，构成犯罪的，对直接责任人员，依照刑法有关规定追究刑事责任；造成损失的，依法承担赔偿责任：

1）安全防护用具、机械设备、施工机具及配件在进入施工现场前未经查验或者查验不合格即投入使用的。

2）使用未经验收或者验收不合格的施工起重机械和整体提升脚手架、模板等自升式架设设施的。

3）委托不具有相应资质的单位承担施工现场安装、拆卸施工起重机械和整体提升脚手架、模板等自升式架设设施的。

4）在施工组织设计中未编制安全技术措施、施工现场临时用电方案或者专项施工方案的。

（5）施工单位负责人、作业人等有关人员的违法行为及法律责任

《建设工程安全生产管理条例》第 66 条规定，施工单位的主要负责人、项目负责人未履行安全生产管理职责的，责令限期改正；逾期未改正的，责令施工单位停业整顿；造成重大安全事故、重大伤亡事故或者其他严重后果，构成犯罪的，依照刑法有关规定追究刑事责任。

作业人员不服管理、违反规章制度和操作规程冒险作业造成重大伤亡事故或者其他严重后果，构成犯罪的，依照刑法有关规定追究刑事责任。

施工单位的主要负责人、项目负责人有上述违法行为，尚不够刑事处罚的，处 2 万元以上 20 万元以下的罚款或者按照管理权限给予撤职处分；自刑罚执行完毕或者受处分之日起，5 年内不得担任任何施工单位的主要负责人、项目负责人。

（6）施工单位不具备安全生产条件的法律责任

《建设工程安全生产管理条例》第 67 条规定，施工单位取得资质证书后，降低安全生产条件的，责令限期改正；经整改仍未达到与其资质等级相适应的安全生产条件的，责令停业整顿，降低其资质等级，直至吊销资质证书。

5. 其他情况的违法行为和法律责任

（1）行政管理部门及其工作人员的违法行为及其法律责任

《建设工程安全生产管理条例》第 53 条规定，县级以上人民政府建设行政主管部门或者其他有关行政管理部门的工作人员，违反规定，有下列行为之一的，应当承担降级或者撤职的行政处分；构成犯罪的，依照刑法有关规定追究刑事责任：

1）对不具备安全生产条件的施工单位颁发资质证书的。

2）对没有安全施工措施的建设工程颁发施工许可证的。

3）发现违法行为不予查处的。

4）不依法履行监督管理职责的其他行为。

（2）注册执业人员的违法行为及其法律责任

《建设工程安全生产管理条例》第 58 条规定，注册执业人员在执业中未执行法律、法规和工程建设强制性标准的，责令停止执业 3 个月以上 1 年以下；情节严重的，吊销执业资格证书，5 年内不予注册；造成重大安全事故的，终身不予注册；构成犯罪的，依照刑法有关规定追究刑事责任。

（3）为建设工程提供机械设备和配件的单位的违法行为及其法律责任

《建设工程安全生产管理条例》第 59 条规定，为建设工程提供机械设备和配件的单位，未按照安全施工的要求配备齐全有效的保险、限位等安全设施和装置的，责令限期改正，处合同价款 1 倍以上 3 倍以下的罚款；造成损失的，依法承担赔偿责任。

（4）机械设备和施工机具及配件的出租单位的违法行为及其法律责任

《建设工程安全生产管理条例》第 60 条规定，出租单位出租未经安全性能检测或者经检测不合格的机械设备和施工机具及配件的，责令停业整顿，并处 5 万元以上 10 万元以下的罚款；造成损失的，依法承担赔偿责任。

（5）施工起重机械和整体提升脚手架、模板等自升式架设设施安装、拆卸单位的违法行为及其法律责任

《建设工程安全生产管理条例》第 61 条规定，施工起重机械和整体提升脚手架、模板等自升式架设设施安装、拆卸单位，有下列行为之一的，责令限期改正，处 5 万元以上 10 万元以下的罚款；情节严重的，责令停业整顿，降低资质等级，直至吊销资质证书；造成损失的，依法承担赔偿责任：

1）未编制拆装方案、制定安全施工措施的。

2）未由专业技术人员现场监督的。

3）未出具自检合格证明或者出县虚假证明的。

4）未向施工单位进行安全使用说明，办理移交手续的。

施工起重机械和整体提升脚手架、模板等自升式架设设施安装、拆卸单位有上述规定的第 1 项、第 3 项行为，经有关部门或者单位职工提出后，对事故隐患仍不采取措施，因而发生重大伤亡事故或者造成其他严重后果，构成犯罪的，对直接责任人员，依照刑法有关规定追究刑事责任。

6.5.3 《安全生产许可证条例》和《建筑施工企业安全生产许可证管理规定》规定的法律责任

1. 建筑生产企业的违法行为和法律责任

（1）未取得安全生产许可证擅自进行生产的法律责任

未取得安全生产许可证擅自进行生产的，责令停止生产，没收违法所得，并处 10 万元以上 50 万元以下的罚款；造成重大事故或者其他严重后果，构成犯罪的，依法追究刑事责任。

（2）安全生产许可证有效期满未办理延期手续继续从事施工活动应承担的法律责任

安全生产许可证有效期满未办理延期手续继续进行生产的，责令停止生产，限期补

办延期手续，没收违法所得，并处 5 万元以上 10 万元以下的罚款；逾期仍不办理延期手续继续进行生产的，依照未取得安全生产许可证擅自进行生产的规定处罚。

（3）转让安全生产许可证等应承担的法律责任

转让安全生产许可证的，没收违法所得，处 10 万元以上 50 万元以下的罚款，并吊销其安全生产许可证；构成犯罪的，依法追究刑事责任；接受转让的，依照未取得安全生产许可证擅自进行生产的规定处罚。

（4）冒用或者伪造安全生产许可证的法律责任

冒用或者使用伪造的安全生产许可证进行生产的，责令停止生产，没收违法所得，并处 10 万元以上 50 万元以下的罚款；造成重大事故或者其他严重后果，构成犯罪的，依法追究刑事责任。

（5）以不正当手段取得安全生产许可证应承担的法律责任

建筑施工企业隐瞒有关情况或者提供虚假材料申请安全生产许可证的，不予受理或者不予颁发安全生产许可证，并给予警告，1 年内不得申请安全生产许可证。建筑施工企业以欺骗、贿赂等不正当手段取得安全生产许可证的，撤销安全生产许可证，3 年内不得再次申请安全生产许可证；构成犯罪的，依法追究刑事责任。

（6）暂扣安全生产许可证并限期整改的规定

取得安全生产许可证的建筑施工企业，发生重大安全事故的，暂扣安全生产许可证并限期整改。建筑施工企业不再具备安全生产条件的，暂扣安全生产许可证并限期整改；情节严重的，吊销安全生产许可证。

2. 安全生产许可证颁发管理机关工作人员的法律责任

安全生产许可证颁发管理机关工作人员有下列行为之一的，给予降级或者撤职的行政处分；构成犯罪的，依法追究刑事责任：

（1）向不符合《安全生产许可证条例》规定的安全生产条件的企业颁发安全生产许可证的。

（2）发现企业未依法取得安全生产许可证擅自从事生产活动，不依法处理的。

（3）发现取得安全生产许可证的企业不再具备本条例规定的安全生产条件，不依法处理的。

（4）接到对违反《安全生产许可证条例》规定行为的举报后，不及时处理的。

（5）在安全生产许可证颁发、管理和监督检查工作中，索取或者接受企业的财物，或者谋取其他利益的。

6.5.4 《生产安全事故报告和调查处理条例》规定的法律责任

1. 事故发生单位主要负责人的违法行为和法律责任

（1）事故发生单位主要负责人有下列行为之一的，处上一年年收入 40%～80%的罚款；属于国家工作人员的，并依法给予处分；构成犯罪的，依法追究刑事责任：

1）不立即组织事故抢救的；

2）迟报或者漏报事故的；

3）在事故调查处理期间擅离职守的。

（2）事故发生单位主要负责人未依法履行安全生产管理职责，导致事故发生的，依照下列规定处以罚款；属于国家工作人员的，并依法给予处分；构成犯罪的，依法追究刑事责任：

1）发生一般事故的，处上一年年收入 30％的罚款；

2）发生较大事故的，处上一年年收入 40％的罚款；

3）发生重大事故的，处上一年年收入 60％的罚款；

4）发生特别重大事故的，处上一年年收入 80％的罚款。

2. 事故发生单位及其有关人员的违法行为和法律责任

（1）事故发生单位对事故发生负有责任的，由有关部门依法暂扣或者吊销其有关证照；事故发生单位负有事故责任的有关人员，依法暂停或者撤销其与安全生产有关的执业资格、岗位证书；事故发生单位主要负责人受到刑事处罚或者撤职处分的，自刑罚执行完毕或者受处分之日起，5 年内不得担任任何生产经营单位的主要负责人。同时对事故发生单位依照下列规定处以罚款：

1）发生一般事故的，处 10 万元以上 20 万元以下的罚款；

2）发生较大事故的，处 20 万元以上 50 万元以下的罚款；

3）发生重大事故的，处 50 万元以上 200 万元以下的罚款；

4）发生特别重大事故的，处 200 万元以上 500 万元以下的罚款。

为发生事故的单位提供虚假证明的中介机构，由有关部门依法暂扣或者吊销其有关证照及其相关人员的执业资格；构成犯罪的，依法追究刑事责任。

（2）事故发生单位及其有关人员有下列行为之一的，对事故发生单位处 100 万元以上 500 万元以下的罚款；对主要负责人、直接负责的主管人员和其他直接责任人员处上一年年收入 60％～100％的罚款；属于国家工作人员的，并依法给予处分；构成违反治安管理行为的，由公安机关依法给予治安管理处罚；构成犯罪的，依法追究刑事责任：

1）谎报或者瞒报事故的；

2）伪造或者故意破坏事故现场的；

3）转移、隐匿资金、财产，或者销毁有关证据、资料的；

4）拒绝接受调查或者拒绝提供有关情况和资料的；

5）在事故调查中作伪证或者指使他人作伪证的；

6）事故发生后逃匿的。

3. 政府及有关部门的违法行为和法律责任

（1）有关地方人民政府、安全生产监督管理部门和负有安全生产监督管理职责的有关部门有下列行为之一的，对直接负责的主管人员和其他直接责任人员依法给予处分；构成犯罪的，依法追究刑事责任：

1）不立即组织事故抢救的；

2）迟报、漏报、谎报或者瞒报事故的；

3）阻碍、干涉事故调查工作的；

4）在事故调查中作伪证或者指使他人作伪证的。

（2）违反本条例规定，有关地方人民政府或者有关部门故意拖延或者拒绝落实经批复的对事故责任人的处理意见的，由监察机关对有关责任人员依法给予处分。

4. 参与事故调查的人员的违法行为和法律责任

参与事故调查的人员在事故调查中有下列行为之一的，依法给予处分；构成犯罪的，依法追究刑事责任：

（1）对事故调查工作不负责任，致使事故调查工作有重大疏漏的；

（2）包庇、袒护负有事故责任的人员或者借机打击报复的。

复习与应用练习题

1. 单项选择题

（1）生产经营单位建设项目的安全设施投资应当纳入（　　）。

A. 建设项目概算　　　　　　　　B. 经营成本

C. 生产成本　　　　　　　　　　D. 建设项目保障费

（2）甲建设单位委托乙施工单位进行工业厂房建设，乙施工单位组成项目经理部，任命李强为项目经理。该项目部的材料管理员王亮的工伤社会保险费的缴纳者是（　　）。

A. 甲建设单位　　　B. 李强　　　C. 乙施工单位　　　D. 王亮

（3）某建筑施工企业的主要负责人没有依照《安全生产法》保证安全生产所必需的资金投入，致使该企业不具备安全生产条件，并导致发生生产安全事故，但尚不够刑事处罚。对其应给予的处分是（　　）。

A. 警告　　　B. 撤职　　　C. 罚款　　　D. 降级

（4）调查中发现，某建筑施工企业曾因未依法对从业人员进行安全生产教育和培训而被责令限期改正，但在限期内未改正。有关部门将依据我国《安全生产法》，责令其停产停业整顿并罚款，其额度是（　　）。

A. 1万元以上5万元以下　　　　　B. 5万元以上10万元以下

C. 10万元以上15万元以下　　　　D. 15万元以上20万元以下

（5）《安全生产许可证条例》规定，除中央管理的建筑施工企业外，建筑施工企业安全生产许可证由（　　）颁发和管理，并接受国务院建设主管部门的指导和监督。

A. 省、自治区、直辖市人民政府

B. 县级以上人民政府

C. 县级以上人民政府建设主管部门

D. 省、自治区、直辖市人民政府建设行政主管部门

（6）根据《建设工程安全生产管理条例》，施工起重机和整体提升脚手架、模板等自升式架设设施安装完毕后，应当由（　　），并出具合格证明。

A. 安装单位质检合格　　　　　　B. 建设单位检查验收

C. 建设行政主管部门检查验收　　D. 监理单位检查验收

（7）某道路施工中发生边坡滑坡事故，20人被埋，经抢救15人生还，5人死亡。该事故属于（　　）。

A. 特别重大事故　　　B. 重大事故　　　C. 较大事故　　　D. 一般事故

(8) 建设工程施工总承包单位依法将建设工程分包给其他单位，关于安全生产责任的说法，正确的是（　　）。

A. 分包合同中就应当明确总、分包单位各自的安全生产方面的权利和义务

B. 分包单位的安全生产责任由分包单位独立承担

C. 总承包单位对分包单位的安全生产承担全部责任

D. 总承包单位和分包单位对施工现场安全生产承担同等责任

(9) 下列安全生产责任中，属于施工单位安全生产管理机构专职安全生产管理人员责任的是（　　）。

A. 落实制定安全生产规章制度和操作规程

B. 确保安全生产费用的有效使用

C. 检查危险性较大工程安全专项施工方案的落实情况

D. 组织制定安全施工措施

(10) 某市地铁建设项目K标段施工任务由甲企业承担。2016年5月1日施工作业面上方突然发生路面大面积塌陷事故。当时20人在该施工段内作业。事故发生后有11人被救出，其余人员被埋，两天后挖出7具尸体，两人下落不明，施工单位随即向有关部门作了报告。事故发生第4天又挖出两具尸体。该事故死亡人数的变化情况，最迟的补报日期为（　　）。

A. 2016年5月6日　　　　　　　　B. 2016年5月8日

C. 2016年5月15日　　　　　　　 D. 2016年5月31日

(11) 针对第10题的背景，对于该事故，有关部门给予甲企业的罚款额度是（　　）。

A. 10万元以上20万元以下　　　　B. 20万元以上50万元以下

C. 50万元以上200万元以下　　　 D. 200万元以上500万元以下

(12) 针对第10题的背景，对于该事故，有关部门将给予甲企业总经理处以罚款，限额是其（　　）。

A. 上一年年收入的30%　　　　　 B. 上一年年收入的40%

C. 上一年年收入的60%　　　　　 D. 上一年年收入的80%

(13) 根据《安全生产法》，生产经营单位不得以任何形式与从业人员订立协议，免除或者减轻其对从业人员因生产安全事故伤亡依法应承担的责任。该规定是为了保护从业人员（　　）的权利。

A. 拒绝违章指挥和强令冒险作业　　B. 紧急避险

C. 请求赔偿　　　　　　　　　　　D. 批评和检举控告权

(14) 确定建设工程安全作业环境及安全施工措施所需的费用，应当包括在（　　）内。

A. 建设单位编制的工程概算　　　　B. 建设单位编制工程估算

C. 施工单位编制的工程概算　　　　D. 施工单位编制的工程预算

2. 多项选择题

(1) 根据《建设工程安全生产管理条例》，建设单位应当在拆除工程施工15日前，将（　　）报送工程所在的县级以上建设行政主管部门备案。

A. 施工单位资质等级证明

B. 拟拆除建筑物、构筑物及可能危及毗邻建筑的说明

C. 相邻建筑物、构筑物及地下工程的有关资料

D. 拆除施工组织方案

E. 堆放、清除废弃物的措施

(2) 根据《安全生产法》，一般从业人员上岗作业之前，须（　　）。

A. 接受安全生产教育和培训　　　　　B. 掌握本单位的全部安全生产知识

C. 了解有关的安全生产规章制度　　　D. 熟悉有关的安全操作规程

E. 掌握本岗位的安全操作技能

(3) 生产经营单位的主要负责人未履行本法规定的安全生产管理职责，导致发生生产安全事故，尚不够刑事处罚的，依照《安全生产法》，可给予的处分有（　　）。

A. 警告　　　　　　　　B. 撤职　　　　　　　C. 罚款

D. 刑事　　　　　　　　E. 开除

(4) 生产经营单位有下列行为之一的，责令限期改正，可以处 10 万元以下的罚款；逾期未改正的，责令停产停业整顿，并处 10 万元以上 20 万元以下的罚款，对其直接负责的主管人员和其他直接责任人员处 2 万元以上 5 万元以下的罚款；构成犯罪的，依照刑法有关规定追究刑事责任。这些行为有（　　）。

A. 对重大危险源未登记建档　　　　　B. 未对安全设备进行经常性维护

C. 对重大危险源未进行评估和监控　　D. 对重大危险源未制订应急预案

E. 进行爆破作业，未安排专门管理人员进行现场安全管理

(5) 施工作业人员享有的主要安全生产权利有（　　）。

A. 获得劳动防护用品权　　　　　　　B. 检举权

C. 收益权　　　　　　　　　　　　　D. 获得工伤保险赔偿权

E. 紧急避险权

(6) 根据《安全生产法》，生产经营单位的临时聘用的从业人员所享有的安全生产权利有（　　）。

A. 有权了解其作业场所和工作岗位存在的危险因素

B. 有权了解其作业场所和工作岗位危险防范措施

C. 有权了解其作业场所和工作岗位事故应急措施

D. 遵守安全生产操作规程

E. 向安全生产管理人员报告安全事故隐患

(7) 根据《建设工程安全生产管理条例》及相关规定，下列说法正确的有（　　）。

A. 建设单位不得向有关单位提出影响安全生产的违法要求

B. 监理单位应当审查专项施工方案

C. 工程监理单位对建设工程安全生产不承担责任

D. 总承包单位应当自行完成建设工程主体结构的施工

E. 分包单位只接受总承包单位的安全生产管理

(8) 根据《建设工程安全生产管理条例》，应编制专项施工方案并附具安全验算结果的分部分项工程包括（　　）。

A. 深基坑工程　　　B. 脚手架工程　　　C. 楼地面工程

D. 高大模板工程　　E. 起重吊装工程

（9）施工单位采购、租赁的安全防护用具、机械设备、施工机具及配件，应当具有（　　）。

A. 生产（制造）许可证　　　　　　B. 生产合格证

C. 准入许可证　　　　　　　　　　D. 产品合格证

E. 产品许可证

（10）下列建设工程安全生产责任中，属于工程监理单位安全职责的有（　　）。

A. 审查安全技术措施或专项施工方案　　B. 编制安全技术措施或专项施工方案

C. 对施工现场的安全生产负总责　　　　D. 对施工安全事故隐患提出整改要求

E. 出现安全事故，负责成立事故调查组

（11）取得安全生产许可证的条件是（　　）。

A. 特种作业人经考核合格　　　　　B. 职工参加工伤保险

C. 通过了安全生产管理体系认证　　D. 进行了安全评价

E. 已办理安全监督手续

（12）根据《建设工程安全生产管理条例》，施工企业的项目负责人在安全生产方面的主要职责有（　　）。

A. 对建设工程项目的安全生产负总责　　B. 落实安全生产责任制

C. 制定安全生产规章制度和操作规程　　D. 确保安全生产费用的专项使用

E. 根据工作特点组织制定安全施工措施

3. 简答题

（1）建设工程安全生产管理的基本制度有哪些？

（2）简述建设单位、设计单位、建筑施工企业、工程监理单位的安全生产责任。

（3）从业人员在安全生产中享有哪些权利，应当履行哪些义务？

（4）简述施工现场消防管理的内容。

（5）施工现场安全防护管理制度有哪些？

（6）简述房屋拆除的安全生产管理内容。

（7）生产安全事故分为哪几个等级？

（8）简述生产安全事故的报告程序和要求。

（9）简述生产安全事故的调查程序和处理。

教学单元 7

建设工程质量管理法规

　　【教学目标】通过本单元学习，使学生了解建设工程质量标准化管理制度，建设行为主体质量责任制度，建设工程质量保修制度，建设工程竣工验收制度，住宅室内装饰装修质量管理制度；熟悉建设、施工、监理单位的违法行为及应承担的法律责任，工程质量直接主管人员和直接责任人员的违法行为及应承担的法律责任；能够运用法律法规解释建设工程质量管理中的现象，按照建设工程质量管理法律法规依法从事工程建设活动。

7.1　建设工程质量标准化管理制度

建设工程质量是指在国家现行的有关法律、法规、技术标准、设计文件和合同中，对工程的安全、可靠、适用、耐久、经济、美观等特性的综合要求。建设工程质量的好坏直接关系国民经济的发展和人民生命财产安全。因此，加强建设工程质量的管理，具有十分重要的意义。

7.1.1　工程建设标准的分级和分类

标准是指对重复性事物和概念所作的统一性规定。它以科学技术和实践经验的综合成果为基础，经有关方面协商一致，由主管机构批准，以特定形式发布，作为共同遵守的准则和依据。

工程建设标准是指对基本建设中各类工程的勘察、规划、设计、施工、安装、验收等需要协调统一的事项所制定的标准。它在保障建设工程质量安全、人民群众的生命财产安全，以及其他社会效益方面一直发挥着重要作用。

根据《中华人民共和国标准化法》（2017 年修订，以下简称《标准化法》）的规定，我国的标准分为国家标准、行业标准、地方标准和团体标准、企业标准。国家标准又分为强制性标准和推荐性标准。行业标准、地方标准是推荐性标准。强制性标准必须执行。国家鼓励采用推荐性标准。

1. 工程建设国家标准

（1）工程建设国家标准的范围

《工程建设国家标准管理办法》规定了应当制定国家标准的种类：

1）工程建设勘察、规划、设计、施工（包括安装）及验收等通用的质量要求；

2）工程建设通用的有关安全、卫生和环境保护的技术要求；

3）工程建设通用的术语、符号、代号、量与单位、建筑模数和制图方法；

4）工程建设通用的试验、检验和评定等方法；

5）工程建设通用的信息技术要求；

6）国家需要控制的其他工程建设通用的技术要求。

（2）工程建设国家标准的编号

工程建设国家标准的编号由国家标准代号、发布标准的顺序号和发布标准的年号组成。强制性国家标准的代号为"GB"，推荐性国家标准的代号为"GB/T"。

例如：《建筑抗震设计规范》GB 50011—2010，其中 GB 表示为强制性国家标准，50011 表示标准发布顺序号，2010 表示是 2010 年批准发布的；《复合地基技术规范》GB/T 50783—2012，其中 GB/T 表示为推荐性国家标准，50783 表示标准发布顺序号，

2012 表示是 2012 年批准发布的。

2. 工程建设行业标准

工程建设行业标准是指在工程建设活动中，在全国某个行业范围内统一的技术要求。

根据《工程建设行业标准管理办法》，下列技术要求，可以制定行业标准：

（1）工程建设勘察、规划、设计、施工（包括安装）及验收等行业专用的质量要求；

（2）工程建设行业专用的有关安全、卫生和环境保护的技术要求；

（3）工程建设行业专用的术语、符号、代号、量与单位和制图方法；

（4）工程建设行业专用的试验、检验和评定等方法；

（5）工程建设行业专用的信息技术要求；

（6）其他工程建设行业专用的技术要求。

3. 工程建设地方标准

《标准化法》第 13 条规定，为满足地方自然条件、风俗习惯等特殊技术要求，可以制定地方标准。

我国幅员辽阔，各地的自然环境差异较大，而工程建设在许多方面要受到自然环境的影响。例如，我国的黄土地区、冻土地区以及膨胀土地区，对建筑技术的要求有很大区别。因此，工程建设标准除国家标准、行业标准外，还需要有相应的地方标准。

4. 工程建设团体标准

《标准化法》第 18 条规定，国家鼓励学会、协会、商会、联合会、产业技术联盟等社会团体协调相关市场主体共同制定满足市场和创新需要的团体标准，由本团体成员约定采用或者按照本团体的规定供社会自愿采用。

5. 工程建设企业标准

《标准化法》第 19 条规定，企业可以根据需要自行制定企业标准，或者与其他企业联合制定企业标准。

《标准化法》第 20 条规定国家支持在重要行业、战略性新兴产业、关键共性技术等领域利用自主创新技术制定团体标准、企业标准。

《标准化法》第 21 条规定，推荐性国家标准、行业标准、地方标准、团体标准、企业标准的技术要求不得低于强制性国家标准的相关技术要求。

国家鼓励社会团体、企业制定高于推荐性标准相关技术要求的团体标准、企业标准。

7.1.2 工程建设强制性标准的实施与监督

制定工程建设标准的目的在于实施，否则再好的标准也是一纸空文。我国工程建设领域出现的各类工程质量事故，大都是没有贯彻或没有严格贯彻强制性标准的结果。因此，根据《标准化法》，强制性标准必须执行。根据《建筑法》，建筑活动应当确保建筑工程质量和安全，符合国家的建设工程安全标准。

1. 工程建设标准强制性条文的实施

根据《实施工程建设强制性标准监督规定》，在中华人民共和国境内从事新建、扩建、改建等工程建设活动，必须执行工程建设强制性标准。工程建设强制性标准是指直接涉及工程质量、安全、卫生及环境保护等方面的工程建设标准强制性条文。国家工程建设标准强制性条文由国务院建设行政主管部门会同国务院有关行政主管部门确定。

我国目前实行的强制性标准包含三部分：①批准发布时已明确为强制性标准的；②批准发布时虽未明确为强制性标准，但其编号中不带"/T"的，仍为强制性标准；③自 2000 年后批准发布的标准，批准时虽未明确为强制性标准，但其中有必须严格执行的强制性条文（黑体字），编号也不带"/T"的，也应视为强制性标准。

2. 对工程建设强制性标准实施的监督管理

《关于加强〈工程建设标准强制性条文〉实施工作的通知》中要求，各级建设行政主管部门要健全本地区实施《工程建设标准强制性条文》的监督机构，明确职责，责任到人，按建设部令第 81 号的规定，认真履行实施《工程建设标准强制性条文》的监督职责。在工程建设活动中，要强化各方自觉执行《工程建设标准强制性条文》的意识，保证《工程建设标准强制性条文》在工程建设的规划、勘察设计、施工和竣工验收的各个环节得以有效实施，同时要通过多种渠道，加强社会舆论监督。

（1）监督机构

根据《实施工程建设强制性标准监督规定》，实施工程建设强制性标准的监督机构包括：①建设项目规划审查机关应当对工程建设规划阶段执行强制性标准的情况实施监督；②施工图设计审查单位应当对工程建设勘察、设计阶段执行强制性标准的情况实施监督；③建筑安全监督管理机构应当对工程建设施工阶段执行施工安全强制性标准的情况实施监督；④工程质量监督机构应当对工程建设施工、监理、验收等阶段执行强制性标准的情况实施监督；⑤工程建设标准批准部门应当对工程项目执行强制性标准情况进行监督检查。监督检查可以采取重点检查、抽查和专项检查的方式。

（2）监督检查的方式

工程建设标准批准部门应当定期对建设项目规划审查机关、施工图设计文件审查单位、建筑安全监督管理机构、工程质量监督机构实施强制性标准的监督进行检查，对监督不力的单位和个人，给予通报批评，建议有关部门处理。

工程建设标准批准部门应当对工程项目执行强制性标准情况进行监督检查。监督检查可以采取重点检查、抽查和专项检查的方式。

工程建设标准批准部门应当将强制性标准监督检查结果在一定范围内公告。

（3）监督检查的内容

根据《实施工程建设强制性标准监督规定》，强制性标准监督检查的内容包括：

1）有关工程技术人员是否熟悉、掌握强制性标准。

2）工程项目的规划、勘察、设计、施工、验收等是否符合强制性标准的规定。

3）工程项目采用的材料、设备是否符合强制性标准的规定。

4）工程项目的安全、质量是否符合强制性标准的规定。

5）工程中采用的导则、指南、手册、计算机软件的内容是否符合强制性标准的规定。

3. 工程建设各方主体实施强制性标准的法律责任

（1）建设单位的法律责任

1）建设单位不得以任何理由，要求建筑设计单位或者建筑施工企业在工程设计或者施工作业中，违反法律、行政法规和建筑工程质量、安全标准，降低工程质量。

2）建设单位不得明示或者暗示设计单位或者施工单位违反工程建设强制性标准，降低建设工程质量。

（2）勘察、设计单位的法律责任

1）勘察、设计单位必须按照工程建设强制性标准进行勘察、设计，并对其勘察、设计的质量负责。建筑工程设计应当符合按照国家规定制定的建筑安全规程和技术规范，保证工程的安全性能。

2）勘察、设计文件应当符合有关法律、行政法规的规定和建筑工程质量、安全标准、建筑工程勘察、设计技术规范以及合同的约定。

3）设计文件选用的建筑材料、建筑构配件和设备，应当注明其规格、型号、性能等技术指标，其质量要求必须符合国家规定的标准。

4）对建设单位违反规定提出的降低工程质量的要求，应当予以拒绝。

（3）施工单位的法律责任

1）施工单位必须按照工程设计图纸和施工技术标准施工，不得擅自修改工程设计，不得偷工减料。

2）施工单位必须按照工程设计要求、施工技术标准和合同约定，对建筑材料、建筑构配件、设备和商品混凝土进行检验，检验应当有书面记录和专人签字；未经检验或者检验不合格的，不得使用。

3）对建设单位违反规定提出的降低工程质量的要求，应当予以拒绝。

（4）工程监理单位的法律责任

1）工程监理单位应当依照法律、行政法规及有关的技术标准、设计文件和工程承包合同，对承包单位在施工质量、建设工期和建设资金使用等方面，代表建设单位实施监督。

2）工程监理人员认为工程施工不符合工程设计要求、施工技术标准和合同约定的，有权要求建筑施工企业改正。

3）工程监理人员发现工程设计不符合建筑工程质量标准或者合同约定的质量要求的，应当报告建设单位要求设计单位改正。

【案例 7-1】
不符合强制
性国家标准案

7.2　建设行为主体质量责任制度

7.2.1　建设单位的质量责任与义务

1. 依法发包工程的责任

建设单位应当将工程发包给具有相应资质等级的单位，不得将工程肢解发包。建设单位应当依法行使工程发包权。

2. 依法招标的责任

建设单位应当依法对工程建设项目的勘察、设计、施工、监理以及与工程建设有关的重要设备、材料等的采购进行招标。

3. 不得干预投标人的责任

建设工程发包单位，不得迫使承包方以低于成本的价格竞标，不得任意压缩合理工期。

建设单位不得明示或者暗示设计单位或者施工单位违反工程建设强制性标准，降低建设工程质量。建设单位也不得明示和暗示施工单位使用不合格的建筑材料、建筑构配件和设备。按合同约定由建设单位自己提供的建筑材料、建筑构配件和设备，也必须保证其符合设计文件和合同的要求。

4. 依法委托监理的责任

建设单位对工程建设应进行必要的监督、管理，对于国家规定强制实行监理的工程，建设单位应委托具有相应资质等级的工程监理单位进行监理。也可以委托具有工程监理相应资质等级并与被监理工程的施工承包单位没有隶属关系或其他利害关系的该工程的设计单位进行监理。

5. 依法报审施工图设计文件的责任

建设单位在工程设计完成后，应将施工图设计文件报县级以上人民政府建设行政主管部门或其他有关部门审查，未经审查批准的施工图设计文件，不得使用。

6. 依法办理工程质量监督手续的责任

建设单位在领取施工许可证或进行开工报告前，应按国家有关规定办理工程质量监督手续，接受政府主管部门的工程质量监督。

7. 依法确保提供的物资符合要求的责任

按照合同约定，由建设单位采购建筑材料、建筑构配件和设备的，建设单位应当保证建筑材料、建筑构配件和设备符合设计文件和合同要求。

如果建设单位提供的建筑材料、建筑构配件和设备不符合设计文件和合同要求，属于违约行为，应当向施工单位承担违约责任，施工单位有权拒绝接收这些货物。

8. 依法提供原始资料的责任

在工程建设的各个阶段，建设单位都负有向有关的勘察、设计、施工、工程监理等单位提供工程有关原始资料，并保证其真实、准确、齐全的责任。

9. 依法进行装修工程的责任

涉及建筑主体和承重结构变动的装修工程，建设单位应当在施工前委托原设计单位或者具有相应资质等级的设计单位提出设计方案；没有设计方案的，不得施工。

10. 依法组织验收的责任

在收到工程竣工报告后，建设单位应负责组织设计、施工、工程监理等有关单位对工程进行验收。

11. 依法移交建设项目档案的责任

建设单位还应当严格按照国家有关档案管理的规定，向建设行政主管部门或者其他有关部门移交建设项目档案。

7.2.2 工程勘察设计单位的质量责任与义务

1. 勘察、设计单位共同的责任

（1）依法承揽工程的责任

【案例 7-2】
未进行地质
勘察案

从事建设工程勘察、设计的单位应当依法取得相应等级的资质证书，并在其资质等级许可的范围内承揽工程。

禁止勘察、设计单位超越其资质等级许可的范围或者以其他勘察、设计单位的名义承揽工程。禁止勘察、设计单位允许其他单位或者个人以本单位的名义承揽工程。

勘察、设计单位不得转包或者违法分包所承揽的工程。

（2）执行强制性标准的责任

勘察、设计单位必须按照工程建设强制性标准进行勘察、设计，并对其勘察、设计的质量负责。注册建筑师、注册结构工程师等注册执业人员应当在设计文件上签字，对设计文件负责。

2. 勘察单位的质量责任

勘察设计单位必须按照工程建设强制性标准及有关规定进行勘察设计。工程勘察文件要反映工程地质、地形地貌、水文地质状况，其勘察成果必须真实准确，评价应准确可靠。

3. 设计单位的质量责任

（1）科学设计、满足设计深度的责任

设计单位要根据勘察成果文件进行设计，设计文件的深度应符合国家规定，满足相应设计阶段的技术要求，并注明工程合理使用年限。所完成的施工图应当配套，细部节点应交代清楚，标注说明应清晰、完整。

工程合理使用年限是指从工程竣工验收合格之日起，工程的地基基础、主体结构能保证在正常情况下安全使用的年限。它与《建筑法》中的"建筑物合理寿命年限"、《合同法》中的"工程合理使用期限"等在概念上是一致的。

（2）依法选择材料设备的责任

凡设计所选用的建筑材料、建筑构配件和设备，应注明规格、型号、性能等技术指标，其质量必须符合国家规定的标准；除有特殊要求的建筑材料、专用设备、工艺生产线等以外，设计单位不得指定生产厂家或供应商。

（3）解释设计文件的责任

设计单位应当就审查合格的施工图向施工单位作出详细说明，做好设计文件的技术交底工作。对大中型建设工程、超高层建筑以及采用新技术、新结构的工程，设计单位还应向施工现场派驻设计代表。

（4）参与质量事故分析的责任

设计单位应当参与建设工程质量事故分析，并对因设计造成的质量事故，提出相应的技术处理方案。

7.2.3　施工单位的质量责任与义务

施工单位是工程建设的重要责任主体之一。由于施工阶段影响质量稳定的因素和涉及的责任主体均较多，协调管理的难度较大，施工阶段的质量责任制度尤为重要。

【案例 7-3】
未按标准
设计案

1. 依法承揽工程的责任

施工单位必须在其资质等级许可的范围内承揽工程施工任务，不得超越本单位资质等级许可的业务范围或以其他施工单位的名义承揽工程。禁止施工单位允许其他单位或个人以本单位的名义承揽工程。施工单位也不得将自己承包的工程再进行转包或非法分包。

2. 建立健全并落实质量责任制度，保证施工质量

根据《建筑法》，建筑施工企业对工程的施工质量负责。根据《建设工程质量管理条例》，施工单位对建设工程的施工质量负责。

3. 总承包单位与分包单位之间的质量责任

根据《建筑法》，建筑工程实行总承包的，工程质量由工程总承包单位负责，总承包单位将建筑工程分包给其他单位的，应当对分包工程的质量与分包单位承担连带责任。分包单位应当接受总承包单位的质量管理。

根据《建设工程质量管理条例》，建设工程实行总承包的，总承包单位应当对全部建设工程质量负责；建设工程勘察、设计、施工、设备采购的一项或者多项实行总承包的，总承包单位应当对其承包的建设工程或者采购的设备的质量负责。总承包单位依法将建设工程分包给其他单位的，分包单位应当按照分包合同的约定对其分包工程的质量向总承包单位负责，总承包单位与分包单位对分包工程的质量承担连带责任。

在有总承包、分包的情况下，存在着总承包、分包两种合同，总承包单位和分包单位各自向合同中的对方主体负责。同时，总承包单位与分包单位对分包工程的质量还要依法承担连带责任，即分包工程发生质量问题时，建设单位或其他受害人既可以向分包单位请求赔偿，也可以向总承包单位请求赔偿；进行赔偿的一方，有权依据分包合同的约定，对不属于自己责任的那部分赔偿向对方追偿。因此，分包单位还应当接受总承包单位的质量管理。

4. 遵守技术标准、严格按图施工的责任

施工单位必须按照工程设计图纸和施工技术标准施工，不得擅自修改工程设计，不得偷工减料。施工过程中如发现设计文件和图纸的差错，应及时向设计单位提出意见和建议，不得擅自处理。施工单位必须按照工程设计要求、施工技术标准和合同约定，对建筑材料、建筑构配件、设备及商品混凝土进行检验，并作好书面记录，由专人签字，未经检验或检验不合格的上述物品，不得使用。

施工单位必须按有关施工技术标准留取试块、试件及有关材料的取样，取样应在建设单位或工程监理单位监督下，在现场进行。施工单位对施工中出现质量问题的建设工程或竣工验收不合格的工程，应负责返修。

5. 对建筑材料、构配件和设备进行检验的责任

施工单位必须按照工程设计要求、施工技术标准和合同约定，对建筑材料、建筑构配件、设备和商品混凝土进行检验，检验应当有书面记录和专人签字；未经检验或者检验不合格的，不得使用。

6. 对施工质量进行检验的责任

施工单位必须建立健全施工质量的检验制度，严格工序管理，作好隐蔽工程的质量检查和记录。隐蔽工程在隐蔽前，施工单位应当通知建设单位和建设工程质量监督机构。

7. 见证取样的责任

施工人员对涉及结构安全的试块、试件以及有关材料，应当在建设单位或者工程监理单位监督下现场取样，并送具有相应资质等级的质量检测单位进行检测。

8. 返修保修的责任

施工单位对施工中出现质量问题的建设工程或者竣工验收不合格的建设工程，应当负责返修。

在建设工程竣工验收合格前，施工单位应对质量问题履行返修义务；建设工程竣工验收合格后，施工单位应对保修期内出现的质量问题履行保修义务。《民法典》第 801 条对施工单位的返修义务也有相应规定，因施工人原因致使建设工程质量不符合约定的，发包人有权请求施工人在合理期限内无偿修理或者返工、改建。经过修理或者返工、改建后，造成逾期交付的，施工人应当承担违约责任。

【案例 7-4】
无证上岗、偷工减料案

对于非施工单位原因造成的质量问题，施工单位也应当负责返修，但是因此而造成的损失及返修费用由责任方负责。

9. 建立、健全职工教育培训制度的责任

《建设工程质量管理条例》第 33 条规定，施工单位应当建立、健全教育培训制度，加强对职工的教育培训；未经教育培训或者考核不合格的人员，不得上岗作业。

7.2.4 工程建设监理单位的质量责任与义务

1. 依法承揽业务的责任

工程监理单位应在其资质等级许可的范围内承担工程监理业务，不得超越本单位资质等级许可的范围或以其他工程监理单位的名义承担工程监理业务。禁止工程监理单位允许其他单位或个人以本单位的名义承担工程监理业务。工程监理单位也不得将自己承担的工程监理业务进行转让。

2. 依法回避、独立监理的责任

工程监理单位与被监理工程的施工承包单位以及建筑材料、建筑构配件和设备供应单位有隶属关系或其他利害关系的，不得承担该项建设工程的监理业务，以保证监理活动的公平、公正。

独立是公正的前提条件，监理单位如果不独立是不可能保持公正的。

3. 坚持质量标准、依法进行现场监理的责任

监理工程师应依据有关技术标准、设计文件和建设工程承包合同及工程监理规范的要求，对建筑工程实施监理，对违反有关规范及技术标准的行为进行制止，责令改正；对工程使用的建筑材料、建筑构配件和设备的质量进行检验，不合格者，不得准许使用。

4. 确认工程质量的责任

工程监理单位应当选派具备相应资格的总监理工程师和监理工程师进驻施工现场。

未经监理工程师签字，建筑材料、建筑构配件和设备不得在工程上使用或者安装，施工单位不得进行下一道工序的施工。未经总监理工程师签字，建设单位不拨付工程款，不进行竣工验收。

7.2.5　政府部门工程质量监督管理制度

根据《建设工程质量管理条例》，国家实行建设工程质量监督管理制度。

政府质量监督作为一项制度，以行政法规的形式在《建设工程质量管理条例》中加以明确，强调了建设工程质量必须实行政府监督管理。政府的监督管理行为是宏观性质的，具体的技术监督可以委托给具有资质的工程质量监督机构进行。

1. 建设工程质量监督的主体

对建设工程质量进行质量监督管理的主体是各级政府建设行政主管部门和其他有关部门，具体职责划分是：

（1）国务院建设行政主管部门对全国的建设工程质量实施统一监督管理。国务院铁路、交通、水利等有关部门按照国务院规定的职责分工，负责对全国的有关专业建设工程质量的监督管理。国务院发展计划部门按照国务院规定的职责，组织稽查特派员，对国家出资的重大建设项目实施监督检查。国务院经济贸易主管部门按照国务院规定的职责，对国家重大技术改造项目实施监督检查。

（2）县级以上地方人民政府建设行政主管部门对本行政区域内的建设工程质量实施监督管理。县级以上地方人民政府交通、水利等有关部门在各自的职责范围内，负责对本行政区域内的专业建设工程质量的监督管理。

2. 政府建设工程质量监督管理的基本原则

（1）监督的主要目的是保证建设工程使用安全和环境质量。

（2）监督的主要依据是法律法规和工程建设强制性标准。

（3）监督的主要方式是政府委托所属的工程质量监督机构实施。

（4）监督的主要内容是地基基础、主体结构、环境质量和与此相关的工程建设各方主体的质量行为。

（5）监督的主要手段是施工许可制度和竣工验收备案制度。

3. 建设工程质量监督机构及其职责

由于建设工程质量监督具有专业性强、周期长、程序繁杂等特点，政府部门通常不宜亲自进行日常检查工作。工程质量监督管理的具体工作可以由县级以上地方人民政府建设主管部门委托所属的工程质量监督机构（以下简称监督机构）实施。

根据《房屋建筑和市政基础设施工程质量监督管理规定》，凡新建、扩建、改建房屋建筑和市政基础设施工程，均应接受建设行政主管部门及工程质量监督机构的监督。

（1）建设工程质量监督机构的性质

根据《建设工程质量管理条例》，建设工程质量监督管理，可以由建设行政主管部门或者其他有关部门委托的建设工程质量监督机构具体实施。

根据《房屋建筑和市政基础设施工程质量监督管理规定》，建设工程质量监督机构是经省、自治区、直辖市人民政府建设主管部门考核（每3年进行一次）认定的独立法人。经考核合格后，方可实施质量监督。

（2）建设工程质量监督的内容

建设工程质量监督包括工程实体质量监督和工程质量行为监督。

工程实体质量监督是指对涉及工程主体结构安全和主要使用功能的工程实体质量情况实施的监督。工程质量行为监督是指对工程质量责任主体和质量检测等单位履行法定质量责任和义务情况实施的监督。

4. 禁止滥用权力的行为

根据《建设工程质量管理条例》，供水、供电、供气、公安消防等部门或者单位不得明示或者暗示建设单位、施工单位购买其指定的生产供应单位的建筑材料、建筑构配件和设备。

5. 工程质量事故报告制度

建设工程发生质量事故，有关单位应当在24小时内向当地建设行政主管部门和其他有关部门报告。

对重大质量事故，事故发生地的建设行政主管部门和其他有关部门应当按照事故类别和等级向当地人民政府和上级建设行政主管部门和其他有关部门报告。特别重大质量事故的调查程序按照国务院有关规定办理。

发生重大工程质量事故隐瞒不报、谎报或者拖延报告期限的，对直接负责的主管人员和其他责任人员依法给予行政处分。

国家机关工作人员在建设工程质量监督管理工作中玩忽职守、滥用职权、徇私舞弊，构成犯罪的，依法追究刑事责任；尚不构成犯罪的，依法给予行政处分。

———— 思政拓展学习 ————

【案例】某工厂新建一生活区，共14幢七层砖混结构住宅。在工程建设前，厂方委托一家工程地质勘察单位对建筑地基进行了地质勘察。工程完工1年在未曾使用之前，相继发现部分建筑的墙体开裂，并产生了严重的地基不均匀沉降。事故发生后，有关部门对该工程质量事故进行了鉴定，并又进行了工程地质补勘。该工程根据补勘报告进行了地基加固后投入正常使用，但造成了较大的经济损失。

本次事故的教训：该工程地质勘察单位在对工程地质进行详勘时，对所勘察的异常数据未能引起足够的重视，将淤泥错定为淤泥质粉土。设计单位根据错误的地质勘察报告进行了基础设计。

【启示】　建筑工程关系到人民的生命财产安全，百年大计，质量第一。工程建设的从业人员要努力践行社会主义核心价值观，敬业爱岗，勤奋钻研，忠于职守，辛勤劳动。在工作中严格执行建筑技术规范，做到技术上精益求精，对待质量一丝不苟，严谨求实，坚持真理，实事求是。

7.3　建设工程竣工验收制度

竣工验收是工程建设过程的最后一环，是全面考核固定资产投资成果、检验设计和工程质量的重要步骤，也是固定资产投资转入生产或使用的标志。通过竣工验收，一是检验设计和工程质量，保证项目按设计要求的技术经济指标正常生产；二是有关部门和单位可以总结经验教训；三是建设单位对经验收合格的项目可以及时移交固定资产，使其由基础系统转入生产系统或投入使用。

7.3.1　竣工验收的条件和类型

1. 竣工验收的条件

《建筑法》第 61 条和《建设工程质量管理条例》第 16 条规定，交付竣工验收的建筑工程，应当符合以下条件：

（1）完成建设工程设计和合同约定的各项内容。建设工程设计和合同约定的内容，主要是指设计文件所确定的、在承包合同"承包人承揽工程项目一览表"中载明的工作范围，也包括监理工程师签发的变更通知单中所确定的工作内容。承包单位必须按合同约定，按质、按量、按时完成上述工作内容，使工程具有正常的使用功能。

（2）有完整的技术档案和施工管理资料。工程技术档案和施工管理资料是工程竣工验收和质量保证的重要依据之一，主要包括以下档案和资料：①工程项目竣工报告；②分项、分部工程和单位工程技术人员名单；③图纸会审和设计交底记录；④设计变更通知单，技术变更核实单；⑤工程质量事故发生后调查和处理资料；⑥隐蔽验收记录及施工日志；⑦竣工图；⑧质量检验评定资料等；⑨合同约定的其他资料。

施工单位应当按照归档要求制定统一目录，有专业分包工程的，分包单位要按照总承包单位的总体安排做好各项资料整理工作，最后再由总承包单位进行审核、汇总。

（3）有材料、设备、构配件的质量合格证明资料和试验、检验报告。

（4）有勘察、设计、施工、工程监理等单位分别签署的质量合格文件。

（5）有施工单位签署的工程质量保修书。

《房屋建筑和市政基础设施工程竣工验收规定》对建筑工程竣工验收条件也作出了

详细规定。工程符合下列要求方可进行竣工验收：

（1）完成工程设计和合同约定的各项内容。

（2）施工单位在工程完工后对工程质量进行了检查，确认工程质量符合有关法律、法规和工程建设强制性标准，符合设计文件及合同要求，并提出工程竣工报告。工程竣工报告应经项目经理和施工单位有关负责人审核签字。

（3）对于委托监理的工程项目，监理单位对工程进行了质量评估，具有完整的监理资料，并提出工程质量评估报告。工程质量评估报告应经总监理工程师和监理单位有关负责人审核签字。

（4）勘察、设计单位对勘察、设计文件及施工过程中由设计单位签署的设计变更通知书进行了检查，并提出质量检查报告。质量检查报告应经该项目勘察、设计负责人和勘察、设计单位有关负责人审核签字。

（5）有完整的技术档案和施工管理资料。

（6）有工程使用的主要建筑材料、建筑构配件和设备的进场试验报告，以及工程质量检测和功能性试验资料。

（7）建设单位已按合同约定支付工程款。

（8）有施工单位签署的工程质量保修书。

（9）对于住宅工程，进行分户验收并验收合格，建设单位按户出具"住宅工程质量分户验收表"。

（10）建设主管部门及工程质量监督机构责令整改的问题全部整改完毕。

（11）法律、法规规定的其他条件。

2. 竣工验收的类型

在工程实践中，竣工验收一般有两种类型：

（1）单项工程验收

单项工程验收是指在一个总体建设项目中，一个单项工程或一个车间已按设计要求建设完成，能满足生产要求或具备使用条件，且施工单位已预验，监理工程师已初验通过，在此条件下进行的正式验收。由几个施工单位负责施工的单项工程，当其中一个单位所负责的部分已按设计完成，也可组织正式验收，办理交工手续，交工时应请施工总承包单位参加。

对于建成的住宅可分幢进行正式验收，以便及早交付使用，提高投资效益。

（2）全部验收

全部验收是指整个建设项目已按设计要求全部建设完成，并已符合竣工验收标准，施工单位预验通过，监理工程师初验认可，由监理工程师组织以建设单位为主，有设计、施工等单位参加的正式验收。在整个项目进行全部验收时，对已验收过的单项工程，可以不再进行正式验收和办理验收手续，但应将单项工程验收单作为全部工程验收的附件而加以说明。

《建筑法》第61条第2款规定，建筑工程竣工经验收合格后，方可交付使用；未经验收或者验收不合格的，不得交付使用。因此，无论是单项工程提前交付使用（如单幢住宅），还是全部工程整体交付使用，都必须经过竣工验收这一环节，而且必须验收合格，否则不能交付使用。

7.3.2　竣工验收的范围和标准

1. 竣工验收的范围

根据国家现行规定，所有建设项目按照上级批准的设计文件所规定的内容和施工图纸的要求全部建成，工业项目经负荷试运转和试生产考核能够生产合格产品，非工业项目符合设计要求，能够正常使用，都要及时组织验收。

2. 竣工验收的标准

建设项目竣工验收、交付生产和使用，应达到下列标准：

（1）生产性工程和辅助公用设施已按设计要求建造完毕，能满足生产要求。

（2）主要工艺设备已安装配套，经联动负荷试车合格，构成生产线，形成生产能力，能够生产出设计文件中规定的产品。

（3）职工宿舍和其他必要的生产福利设施，能适应投产初期的需要。

（4）生产准备工作能适应投产初期的需要。

有的固定资产投资项目（工程）基本符合竣工验收标准，只是零星土建工程和少数非主要设备未按设计的内容全部建成，但不影响正常生产，亦应办理竣工验收手续。对剩余工程，应按设计留足投资，限期完成。有的项目投资初期一时不能达到设计能力所规定的产量，不应因此拖延办理验收和移交固定资产手续。国家规定，已具备竣工验收条件的项目（工程），三个月内不办理验收投产和移交固定资产手续的，取消企业和主管部门（或地方）的基建试车收入分成，由银行监督全部上缴财政。如三个月内办理竣工验收确有困难，经验收主管部门批准，可以适当延长期限。

7.3.3　竣工验收程序

1. 申报竣工验收的准备工作

建设单位应认真做好竣工验收的准备工作，其主要内容有：

（1）整理技术资料。各有关单位（包括设计、施工单位）应将技术资料进行系统整理，由建设单位分类立卷，交给生产单位或使用单位统一保管。

（2）绘制竣工图纸。竣工图纸是建设单位移交生产单位的重要资料，是生产单位必须长期保存的技术档案，也是国家的重要技术档案。竣工图必须准确、完整、符合归档要求，方能交工验收。

（3）编制竣工决算。建设单位必须及时清理所有财产、物资和未花完或应收回的资金，编制工程竣工决算，分析预（概）算执行情况，考核投资效益，报主管部门审查。

2. 竣工验收的程序

根据《房屋建筑和市政基础设施工程竣工验收规定》，工程竣工验收应当按以下程序进行：

（1）工程完工后，施工单位向建设单位提交工程竣工报告，申请工程竣工验收。实行监理的工程，工程竣工报告须经总监理工程师签署意见。

（2）建设单位收到工程竣工报告后，对符合竣工验收要求的工程，组织勘察、设计、施工、监理等单位组成验收组，制定验收方案。对于重大工程和技术复杂工程，根据需要可邀请有关专家参加验收组。

（3）建设单位应当在工程竣工验收 7 个工作日前将验收的时间、地点及验收组名单书面通知负责监督该工程的工程质量监督机构。

（4）建设单位组织工程竣工验收。

1）建设、勘察、设计、施工、监理单位分别汇报工程合同履约情况和在工程建设各个环节执行法律、法规和工程建设强制性标准的情况；

2）审阅建设、勘察、设计、施工、监理单位的工程档案资料；

3）实地查验工程质量；

4）对工程勘察、设计、施工、设备安装质量和各管理环节等方面作出全面评价，形成经验收组人员签署的工程竣工验收意见。

工程竣工验收合格后，建设单位应当及时提出工程竣工验收报告。工程竣工验收报告主要包括工程概况，建设单位执行基本建设程序情况，对工程勘察、设计、施工、监理等方面的评价，工程竣工验收时间、程序、内容和组织形式，工程竣工验收意见等内容。

工程竣工验收报告还应附有下列文件：①施工许可证；②施工图设计文件审查意见；③竣工验收条件所规定的文件；④验收组人员签署的工程竣工验收意见；⑤法规、规章规定的其他有关文件。

3. 竣工日期和投产日期

竣工日期是指建设工程竣工验收合格之日。投产日期是指经验收合格、达到竣工验收标准、正式移交生产（或使用）的时间。在正常情况下，建设项目的全部投产日期应当同竣工日期是一致的，但实际上有些项目的竣工日期往往晚于全部投产日期，这是因为当建设项目设计规定的生产性工程的全部生产作用线建成，经试运转，验收鉴定合格，移交生产部门时，便可算为全部投产，而竣工则要求该项目的生产性、非生产性工程全部建成，投产项目遗留的收尾工程全部完工。

7.3.4 规划、消防、节能、环保等相关部门的验收制度

根据《建设工程质量管理条例》，建设单位应当自建设工程竣工验收合格之日起 15 日内，将建设工程竣工验收报告和规划、公安消防、环保等部门出具的认可文件或者准许使用文件报建设行政主管部门或者其他有关部门备案。

1. 建设工程竣工规划验收

根据《中华人民共和国城乡规划法》（以下简称《城乡规划法》），县级以上地方人民政府城乡规划主管部门按照国务院规定对建设工程是否符合规划条件予以核实。未经核实或者经核实不符合规划条件的，建设单位不得组织竣工验收。建设单位应当在竣工验收后 6 个月内向城乡规划主管部门报送有关竣工验收资料。建设工程竣工后，建设单

位应当依法向城乡规划行政主管部门提出竣工规划验收申请，由城乡规划行政主管部门按照选址意见书、建设用地规划许可证、建设工程规划许可证、乡村建设规划许可证及其有关规划的要求，对建设工程进行规划验收，包括对建设用地范围内的各项工程建设情况、建筑物的使用性质、位置、间距、层数、标高、平面、立面、外墙装饰材料和色彩、各类配套服务设施、临时施工用房、施工场地等进行全面核查，并作出验收记录。对于验收合格的，由城乡规划行政主管部门出具规划认可文件或核发建设工程竣工规划验收合格证。

根据《城乡规划法》，建设单位未在建设工程竣工验收后6个月内向城乡规划主管部门报送有关竣工验收资料的，由所在地城市、县人民政府城乡规划主管部门责令限期补报；逾期不补报的，处1万元以上5万元以下的罚款。

2. 建设工程竣工消防验收

根据《消防法》，按照国家工程建设消防技术标准需要进行消防设计的建设工程竣工，依照下列规定进行消防验收、备案：

（1）国务院住房和城乡建设主管部门规定应当申请消防验收的建设工程竣工，建设单位应当向住房和城乡建设主管部门申请消防验收。

（2）前款规定以外的其他建设工程，建设单位在验收后应当报住房和城乡建设主管部门备案，住房和城乡建设主管部门应当进行抽查。

（3）依法应当进行消防验收的建设工程，未经消防验收或者消防验收不合格的，禁止投入使用；其他建设工程经依法抽查不合格的，应当停止使用。

（4）住房和城乡建设主管部门、消防救援机构及其工作人员应当按照法定的职权和程序进行消防设计审查、消防验收、备案抽查和消防安全检查，做到公正、严格、文明、高效。

（5）住房和城乡建设主管部门、消防救援机构及其工作人员进行消防设计审查、消防验收、备案抽查和消防安全检查等，不得收取费用，不得利用职务谋取利益；不得利用职务为用户、建设单位指定或者变相指定消防产品的品牌、销售单位或者消防技术服务机构、消防设施施工单位。

（6）违反规定，有下列行为之一的，由住房和城乡建设主管部门、消防救援机构按照各自职权责令停止施工、停止使用或者停产停业，并处3万元以上30万元以下罚款：

1）依法应当进行消防设计审查的建设工程，未经依法审查或者审查不合格，擅自施工的；

2）依法应当进行消防验收的建设工程，未经消防验收或者消防验收不合格，擅自投入使用的；

3）本法规定的其他建设工程验收后经依法抽查不合格，不停止使用的；

4）公众聚集场所未经消防安全检查或者经检查不符合消防安全要求，擅自投入使用、营业的。

（7）建设单位未依照规定在验收后报住房和城乡建设主管部门备案的，由住房和城乡建设主管部门责令改正，处 5000 元以下罚款。

3. 建设工程竣工环保验收

（1）建设工程竣工环保验收法律制度

根据《建设项目环境保护管理条例》，建设项目竣工后，建设单位应当向审批该建设项目环境影响报告书、环境影响报告表或者环境影响登记表的环境保护行政主管部门，申请该建设项目需要配套建设的环境保护设施竣工验收。

环境保护设施竣工验收，应当与主体工程竣工验收同时进行。需要进行试生产的建设项目，建设单位应当自建设项目投入试生产之日起 3 个月内，向审批该建设项目环境影响报告书、环境影响报告表或者环境影响登记表的环境保护行政主管部门，申请该建设项目需要配套建设的环境保护设施竣工验收。分期建设、分期投入生产或者使用的建设项目，其相应的环境保护设施应当分期验收。

环境保护行政主管部门应当自收到环境保护设施竣工验收申请之日起 30 日内，完成验收。建设项目需要配套建设的环境保护设施经验收合格，该建设项目方可正式投入生产或者使用。

（2）建设工程竣工环保验收违法行为应承担的法律责任

1）建设项目投入试生产超过 3 个月，建设单位未申请环境保护设施竣工验收的，由审批该建设项目环境影响资料的环境保护行政主管部门责令限期办理环境保护设施竣工验收手续；逾期未办理的，责令停止试生产，可以处 5 万元以下的罚款。

2）建设项目需要配套建设的环境保护设施未建成、未经验收或者经验收不合格，主体工程正式投入生产或者使用的，由审批该建设项目环境影响资料的环境保护行政主管部门责令停止生产或者使用，可以处 10 万元以下的罚款。

4. 建筑工程节能验收

（1）建筑工程节能验收法律制度

根据《中华人民共和国节约能源法》，不符合建筑节能标准的建筑工程，建设主管部门不得批准开工建设；已经开工建设的，应当责令停止施工、限期改正；已经建成的，不得销售或者使用。

根据《民用建筑节能条例》，建设单位组织竣工验收，应当对民用建筑是否符合民用建筑节能强制性标准进行查验；对不符合民用建筑节能强制性标准的，不得出具竣工验收合格报告。

（2）建筑节能分部工程进行质量验收的条件

建筑节能工程为单位建筑工程的一个分部工程，并按规定划分为分项工程和检验批。建筑节能分部工程的质量验收，应在检验批、分项工程全部验收合格的基础上，进行建筑围护结构的外墙节能构造实体检验，严寒、寒冷和夏热冬冷地区的外窗气密性现场检测，以及系统节能性能检测和系统联合试运转与调试，确认建筑节能工程质量达到验收的条件后方可进行。

（3）建筑节能工程专项验收应注意事项

1）建筑节能工程验收重点是检查建筑节能工程效果是否满足设计及规范要求，监理和施工单位应加强和重视节能验收工作，对验收中发现的工程实物质量问题及时解决。

2）工程项目存在以下问题之一的，监理单位不得组织节能工程验收：①未完成建筑节能工程设计内容的；②隐蔽验收记录等技术档案和施工管理资料不完整的；③工程使用的主要建筑材料、建筑构配件和设备未提供进场检验报告的，未提供相关的节能性检测报告的；④工程存在违反强制性条文的质量问题而未整改完毕的；⑤对监督机构发出的责令整改内容未整改完毕的；⑥存在其他违反法律、法规行为而未处理完毕的。

3）工程项目验收存在以下问题之一的，应重新组织建筑节能工程验收：①验收组织机构不符合法规及规范要求的；②参加验收人员不具备相应资格的；③参加验收各方主体验收意见不一致的；④验收程序和执行标准不符合要求的；⑤各方提出的问题未整改完毕的。

4）单位工程在办理竣工备案时应提交建筑节能相关资料，不符合要求的不予备案。

（4）建筑工程节能验收违法行为应承担的法律责任

《民用建筑节能条例》规定，建设单位对不符合民用建筑节能强制性标准的民用建筑项目出具竣工验收合格报告的，由县级以上地方人民政府建设主管部门责令改正，处民用建筑项目合同价款 2%以上 4%以下的罚款；造成损失的，依法承担赔偿责任。

7.3.5　建设工程竣工结算制度

竣工验收是工程建设活动的最后阶段。在此阶段，建设单位与施工单位容易就合同价款结算、质量缺陷等引起纠纷，导致建设工程不能及时办理竣工验收或完成竣工验收。

《民法典》第 799 条规定，建设工程竣工后，发包人应当根据施工图纸及说明书、国家颁发的施工验收规范和质量检验标准及时进行验收。验收合格的，发包人应当按照约定支付价款，并接收该建设工程。根据《建筑法》，发包单位应当按照合同的约定，及时拨付工程款项。

1. 工程竣工结算的编制与审查

根据财政部、建设部《建设工程价款结算暂行办法》，工程完工后，双方应按照约定的合同价款及合同价款调整内容以及索赔事项，进行工程竣工结算。工程竣工结算分为单位工程竣工结算、单项工程竣工结算和建设项目竣工总结算。

单位工程竣工结算由承包人编制，发包人审查；实行总承包的工程，由具体承包人编制，在总包人审查的基础上，发包人审查。单项工程竣工结算或建设项目竣工总结算由总（承）包人编制，发包人可直接进行审查，也可以委托具有相应资质的工程造价咨询机构进行审查。政府投资项目，由同级财政部门审查。单项工程竣工结算或建设项目竣工总结算经发、承包人签字盖章后有效。承包人应在合同约定期限内完成项目竣工结算编制工作，未在规定期限内完成并且提不出正当理由延期的，责任自负。

2. 工程竣工结算审查期限

单项工程竣工后，承包人应在提交竣工验收报告的同时，向发包人递交竣工结算报告及完整的结算资料，发包人应按以下规定时限进行核对（审查）并提出审查意见：

（1）500万元以下，从接到竣工结算报告和完整的竣工结算资料之日起20天。

（2）500万～2000万元，从接到竣工结算报告和完整的竣工结算资料之日起30天。

（3）2000万～5000万元，从接到竣工结算报告和完整的竣工结算资料之日起45天。

（4）5000万元以上，从接到竣工结算报告和完整的竣工结算资料之日起60天。建设项目竣工总结算在最后一个单项工程竣工结算审查确认后15天内汇总，送发包人后30天内审查完成。

3. 工程竣工价款结算

发包人收到承包人递交的竣工结算报告及完整的结算资料后，应按以上规定的期限（合同约定有期限的，从其约定）进行核实，给予确认或者提出修改意见。发包人根据确认的竣工结算报告向承包人支付工程竣工结算价款，保留5%左右的质量保证（保修）金，待工程交付使用1年质保期到期后清算（合同另有约定的，从其约定），质保期内如有返修，发生费用应在质量保证（保修）金内扣除。工程竣工结算以合同工期为准，实际施工工期比合同工期提前或延后，发、承包双方应按合同约定的奖惩办法执行。

4. 索赔及合同以外零星项目工程价款结算

发承包人未能按合同约定履行自己的各项义务或发生错误，给另一方造成经济损失的，由受损方按合同约定提出索赔，索赔金额按合同约定支付。

发包人要求承包人完成合同以外零星项目，承包人应在接受发包人要求的7天内就用工数量和单价、机械台班数量和单价、使用材料和金额等向发包人提出施工签证，发包人签证后施工。凡由发、承包双方授权的现场代表签字的现场签证以及发、承包双方协商确定的索赔等费用，应在工程竣工结算中如实办理，不得因发、承包双方现场代表的中途变更改变其有效性。

5. 未按规定时限办理事项的处理

发包人收到竣工结算报告及完整的结算资料后，在《建设工程价款结算暂行办法》规定或合同约定期限内，对结算报告及资料没有提出意见，则视同认可。承包人如未在规定时间内提供完整的工程竣工结算资料，经发包人催促后14天内仍未提供或没有明确答复，发包人有权根据已有资料进行审查，责任由承包人自负。

根据确认的竣工结算报告，承包人向发包人申请支付工程竣工结算款。发包人应在收到申请后15天内支付结算款，到期没有支付的应承担违约责任。承包人可以催告发包人支付结算价款，如达成延期支付协议，发包人应按同期银行贷款利率支付拖欠工程价款的利息。如未达成延期支付协议，承包人可以与发包人协商将该工程折价，或申请人民法院将该工程依法拍卖，承包人就该工程折价或者拍卖的价款优先受偿。

6. 工程价款结算管理

根据《建设工程价款结算暂行办法》，工程竣工后，发、承包双方应及时办清工程竣工结算，否则，工程不得交付使用，有关部门不予办理权属登记。

7.3.6　竣工验收备案管理制度

《建设工程质量管理条例》第 17 条规定，建设单位应当严格按照国家有关档案管理的规定，及时收集、整理建设项目各环节的文件资料，建立、健全建设项目档案，并在建设工程竣工验收后，及时向建设行政主管部门或者其他有关部门移交建设项目档案。

1. 备案时间

建设单位应当自工程竣工验收合格之日起 15 日内，按照规定向工程所在地的县级以上地方人民政府建设行政主管部门（以下简称备案机关）备案。

2. 建设单位应当提交的文件

（1）工程竣工验收备案表。

（2）工程竣工验收报告。竣工验收报告应当包括工程报建日期，施工许可证号，施工图设计文件审查意见，勘察、设计、施工、工程监理等单位分别签署的质量合格文件及验收人员签署的竣工验收原始文件，市政基础设施的有关质量检测和功能性试验资料以及备案机关认为需要提供的有关资料。

（3）法律、行政法规规定应当由规划、环保等部门出具的认可文件或者准许使用文件。

（4）法律规定应当由公安消防部门出具的对大型的人员密集场所和其他特殊建设工程验收合格的证明文件。

（5）施工单位签署的工程质量保修书。

（6）法规、规章规定必须提供的其他文件。如商品住宅还应当提交《住宅质量保证书》和《住宅使用说明书》。

备案机关收到建设单位报送的竣工验收备案文件，验证文件齐全后，应当在工程竣工验收备案表上签署文件收讫。

工程竣工验收备案表一式两份，一份由建设单位保存，一份留备案机关存档。

3. 工程质量监督机构应当提交的文件

工程质量监督机构应当在工程竣工验收之日起 5 日内，向备案机关提交工程质量监督报告。

7.4　建设工程质量保修制度

根据《建筑法》《建设工程质量管理条例》，建设工程实行质量保修制度。健全、完善的建筑工程质量保修制度对于促进承包方加强质量管理，保护用户及消费者的合法权益有着重要的意义。

建设工程质量保修制度是指建设工程竣工经验收后，在规定的保修期限内，因勘察、设计、施工、材料等原因造成的质量缺陷，应当由施工承包单位负责维修、返工或更换，由责任单位负责赔偿损失的法律制度。

建设工程承包单位在向建设单位提交工程竣工验收报告时，应当向建设单位出具质量保修书。质量保修书中应当明确建设工程的保修范围、保修期限和保修责任等。

7.4.1 建设工程质量的保修范围及保修期限

1. 保修范围

《建筑法》第62条的规定，建筑工程保修范围包括地基基础工程、主体结构工程、屋面防水工程、其他土建工程，以及相配套的电气管线、上下水管线的安装工程、供热供冷系统工程等项目。

2. 保修期限

根据《建筑法》，保修的期限应当按照保证建筑物合理寿命年限内正常使用、维护使用者合法权益的原则确定。

《建设工程质量管理条例》第40条的规定，在正常使用条件下，建设工程的最低保修期限为：

（1）基础设施工程、房屋建筑的地基基础工程和主体结构工程，为设计文件规定的该工程的合理使用年限。

基础设施工程、房屋建筑的地基基础工程和主体结构工程的质量，直接关系到基础设施工程和房屋建筑的整体安全可靠，必须在该工程的合理使用年限内予以保修，即实行终身负责制。因此，工程合理使用年限就是该工程勘察、设计、施工等单位的质量责任年限。

（2）屋面防水工程、有防水要求的卫生间、房间和外墙面的防渗漏，为5年。

（3）供热与供冷系统，为2个采暖期、供冷期。

（4）电气管线、给水排水管道、设备安装和装修工程，为2年。

其他项目的保修期限由发包方与承包方约定。

3. 建设工程超过合理使用年限后需要继续使用的规定

根据《建设工程质量管理条例》，建设工程在超过合理使用年限后需要继续使用的，产权所有人应当委托具有相应资质等级的勘察、设计单位鉴定，并根据鉴定结果采取加固、维修等措施，重新界定使用期。

确定建设工程的合理使用年限，并不意味着超过合理使用年限后，建设工程就一定要报废、拆除。经过具有相应资质等级的勘察、设计单位鉴定，制订技术加固措施，在设计文件中重新界定使用期，并经有相应资质等级的施工单位进行加固、维修和补强，该建设工程能达到继续使用条件的就可以继续使用。但是，如果不经鉴定、加固等而违法继续使用的，所产生的后果由产权所有人自负。

7.4.2 建设工程保修的经济责任

建设工程的保修期，自竣工验收合格之日起计算。建筑工程在保修范围内和保修期限内发生质量问题，由施工单位履行保修义务，但要区别保修责任的承担问题。依法由施工单位负责进行维修的并不意味着都是由施工单位承担维修责任，对于维修的经济责任的确定，应当根据具体情况，分清责任方，由责任方承担。

（1）施工单位未按国家有关规范、标准和设计要求施工造成的质量缺陷，由施工单位负责返修并承担经济责任。

（2）由于设计方面的原因造成的质量缺陷，由设计单位承担经济责任。由施工单位负责维修，其费用按有关规定通过建设单位向设计单位索赔；不足部分由建设单位负责。

（3）因建筑材料、构配件和设备质量不合格引起的质量缺陷，属于施工单位采购的或经其验收同意的，由施工单位承担经济责任；属于建设单位采购的，由建设单位承担经济责任。

（4）因使用单位使用不当造成的质量缺陷，由使用单位自行负责。

（5）因地震、洪水、台风等不可抗力造成的质量问题，施工单位、设计单位不承担经济责任。

对于超过合理使用年限后仍需要继续使用的建筑工程，产权所有人应委托具有相应资质等级的勘察、设计单位鉴定，并根据鉴定结果采取加固、维修等措施，重新界定使用期。

7.4.3　建设工程保修的程序

工程质量保修事宜，建设单位和施工单位应遵守以下基本程序：

（1）建设工程在保修期限内出现质量缺陷，建设单位应当向施工单位发出保修通知。

（2）施工单位接到保修通知后，应当到现场核查情况，在保修书约定的时间内予以保修。发生涉及结构安全或者严重影响使用功能的紧急抢修事故，施工单位接到保修通知后，应当立即到达现场抢修。

（3）施工单位不按工程质量保修书约定保修的，建设单位可以另行委托其他单位保修，由原施工单位承担相应责任。

（4）保修费用由造成质量缺陷的责任方承担。

7.4.4　建设工程质量保证金

国务院办公厅 2016 年 6 月 23 日发布了《关于清理规范工程建设领域保证金的通知》。该通知要求：建筑业企业在工程建设中需缴纳的保证金，除依法依规设立的投标保证金、履约保证金、工程质量保证金、农民工工资保证金外，其他保证金一律取消。

建设工程质量保证金（保修金）是指发包人与承包人在建设工程承包合同中约定，从应付的工程款中预留，用以保证承包人在缺陷责任期内对建设工程出现的缺陷进行维修的资金。其中的"缺陷"是指建设工程质量不符合工程建设强制性标准、设计文件，以及承包合同的约定。

1. 缺陷责任期

缺陷责任期从工程通过竣工验收之日起计。由于承包人原因导致工程无法按规定期限进行竣工验收的，缺陷责任期从实际通过竣工验收之日起计。由于发包人原因导致工程无法按规定期限进行竣工验收的，在承包人提交竣工验收报告 90 天后，工程自动进入缺陷责任期。

缺陷责任期一般为 6 个月、12 个月或 24 个月，具体可由发、承包双方在合同中约定。

缺陷责任期内，由承包人原因造成的缺陷，承包人应负责维修，并承担鉴定及维修费用。如承包人不维修也不承担费用，发包人可按合同约定扣除保证金，并由承包人承担违约责任。承包人维修并承担相应费用后，不免除对工程的一般损失赔偿责任。

由他人原因造成的缺陷，发包人负责组织维修，承包人不承担费用，且发包人不得从保证金中扣除费用。

2. 质量保证金的预留与返还

（1）质量保证金的预留

发包人应当在招标文件中明确保证金预留、返还等内容。建设工程竣工结算后，发包人应按照合同约定及时向承包人支付工程结算价款并预留保证金。

全部或者部分使用政府投资的建设项目，按工程价款结算总额 5% 左右的比例预留保证金。社会投资项目采用预留保证金方式的，预留保证金的比例可参照执行。

采用工程质量保证担保、工程质量保险等其他保证方式的，发包人不得再预留保证金。

（2）质量保证金的返还

缺陷责任期内，承包人认真履行合同约定的责任，到期后，承包人向发包人申请返还保证金。

发包人在接到承包人返还保证金申请后，应于 14 日内会同承包人按照合同约定的内容进行核实。如无异议，发包人应当在核实后 14 日内将保证金返还给承包人，逾期支付的，从逾期之日起，按照同期银行贷款利率计付利息，并承担违约责任。发包人在接到承包人返还保证金申请后 14 日内不予答复，经催告后 14 日内仍不予答复，视同认可承包人的返还保证金申请。

7.5 住宅室内装饰装修质量管理制度

为加强住宅室内装饰装修管理，保证装饰装修工程质量和安全，维护公共安全和公众利益，国务院建设行政主管部门发布了《住宅室内装饰装修管理办法》。

《住宅室内装饰装修管理办法》所称住宅室内装饰装修，是指住宅竣工验收合格后，业主或者住宅使用人（以下简称装修人）对住宅室内进行装饰装修的建筑活动。在城市从事住宅室内装饰装修活动，实施对住宅室内装饰装修活动的监督管理，均应当遵守《住宅室内装饰装修管理办法》。

7.5.1　室内装饰装修活动的一般规定

1. 住宅室内装饰装修行为的禁止性规定

进行住宅室内装饰装修活动，禁止下列行为：

（1）未经原设计单位或者具有相应资质等级的设计单位提出设计方案，变动建筑主体和承重结构。

建筑主体，是指建筑实体的结构构造，包括屋盖、楼盖、梁、柱、支撑、墙体、连接接点和基础等；承重结构，是指直接将本身自重与各种外加作用力系统地传递给基础地基的主要结构构件和其连接接点，包括承重墙体、立杆、柱、框架柱、支墩、楼板、梁、屋架、悬索等。

（2）将没有防水要求的房间或者阳台改为卫生间、厨房间。

（3）扩大承重墙上原有的门窗尺寸，拆除连接阳台的砖、混凝土墙体。

（4）损坏房屋原有节能设施，降低节能效果。

（5）其他影响建筑结构和使用安全的行为。

2. 装修人从事住宅室内装饰装修活动的行为规范

装修人从事住宅室内装饰装修活动，下列行为，须经有关部门批准；未经批准，严格禁止进行。

（1）搭建建筑物、构筑物以及改变住宅外立面，在非承重外墙上开门、窗，要报请城市规划行政主管部门批准后方能实施。

（2）拆改供暖管道和设施，要经过供暖管理单位批准后才能进行。

（3）拆改燃气管道和设施，要经过燃气管理单位批准后才能进行。

3. 室内装饰装修活动的义务性规定

（1）住宅室内装饰装修应当保证工程质量和安全，符合工程建设强制性标准。

（2）住宅室内装饰装修超过设计标准或者规范增加楼面荷载的，应当经原设计单位或者具有相应资质等级的设计单位提出设计方案。

（3）改动卫生间、厨房间防水层的，应当按照防水标准制订施工方案，并做闭水试验。

（4）装修人经原设计单位或者具有相应资质等级的设计单位提出设计方案变动建筑主体和承重结构的，或者装修活动涉及上述第2条及第3条中的（2）、（3）款内容的，必须委托具有相应资质的装饰装修企业承担。

（5）装饰装修企业必须按照工程建设强制性标准和其他技术标准施工，不得偷工减料，确保装饰装修工程质量。

（6）装饰装修企业从事住宅室内装饰装修活动，应当遵守施工安全操作规程，按照规定采取必要的安全防护和消防措施，不得擅自动用明火和进行焊接作业，保证作业人员和周围住房及财产的安全。

（7）装修人和装饰装修企业从事住宅室内装饰装修活动，不得侵占公共空间，不得损害公共部位和设施。

7.5.2 室内环境质量控制制度

（1）装饰装修企业从事住宅室内装饰装修活动，应当严格遵守规定的装饰装修施工时间，降低施工噪声，减少环境污染。

（2）住宅室内装饰装修过程中所形成的各种固体、可燃液体等废物，应当按照规定的位置、方式和时间堆放和清运。严禁违反规定将各种固体、可燃液体等废物堆放于住宅垃圾道、楼道或者其他地方。

（3）住宅室内装饰装修工程使用的材料和设备必须符合国家标准，有质量检验合格证明，有中文标识的产品名称、规格、型号、生产厂的厂名和厂址等。禁止使用国家明令淘汰的建筑装饰装修材料和设备。

室内装饰装修材料中的有害物质有氨，甲醛，挥发性有机化合物，苯、甲苯和二甲苯，游离甲苯二异氰酸酯，氯乙烯单体，苯乙烯单体，可溶性的铅、镉、铬、汞、砷等。这些有害元素如果超量就会对人体健康和人身安全构成严重危害，甚至危及人们的生命，必须加以限制。为此，国家发布了10项室内装饰装修材料有害物质限量标准，并将其确定为强制性国家标准。这10项标准是：

1)《室内装饰装修材料　人造板及其制品中甲醛释放限量》GB 18580；

2)《木器涂料中有害物质限量》GB 18581；

3)《建筑用墙面涂料中有害物质限量》GB 18582；

4)《室内装饰装修材料　胶粘剂中有害物质限量》GB 18583；

5)《室内装饰装修材料　木家具中有害物质限量》GB 18584；

6)《室内装饰装修材料　壁纸中有害物质限量》GB 18585；

7)《室内装饰装修材料　聚氯乙烯卷材地板中有害物质限量》GB 18586；

8)《室内装饰装修材料　地毯、地毯衬垫及地毯用胶粘剂有害物质释放限量》GB 18587；

9)《混凝土外加剂中释放氨的限量》GB 18588；

10)《建筑材料放射性核素限量》GB 6566。

（4）装修人委托企业对住宅室内进行装饰装修的，装饰装修工程竣工后，空气质量应当符合国家有关标准。装修人可以委托有资格的检测单位对空气质量进行检测。检测不合格的，装饰装修企业应当返工，并由责任人承担相应损失。

7.5.3 室内装饰装修工程竣工验收与保修制度

（1）住宅室内装饰装修工程竣工后，装修人应当按照工程设计合同约定和相应的质量标准进行验收。验收合格后，装饰装修企业应当出具《住宅室内装饰装修质量保修书》。

　　物业管理单位应当按照装饰装修管理服务协议进行现场检查，对违反法律、法规和装饰装修管理服务协议的，应当要求装修人和装饰装修企业纠正，并将检查记录存档。

　　（2）住宅室内装饰装修工程竣工后，装饰装修企业负责采购装饰装修材料及设备的，应当向业主提交说明书、保修单和环保说明书。

　　（3）在正常使用条件下，住宅室内装饰装修工程的最低保修期限为二年，有防水要求的厨房、卫生间和外墙面的防渗漏为五年。保修期自住宅室内装饰装修工程竣工验收合格之日起计算。

7.6　法律责任

7.6.1　建设单位的违法行为及其法律责任

　　1. 建设单位不履行或不正当履行其工程管理的有关职责应负的法律责任

　　《建设工程质量管理条例》第 56 条规定，建设单位有下列行为之一的，责令改正，处 20 万元以上 50 万元以下的罚款：

　　（1）迫使承包方以低于成本的价格竞标的。

　　（2）任意压缩合理工期的。

　　（3）明示或者暗示设计单位或者施工单位违反工程建设强制性标准，降低工程质量的。

　　（4）施工图纸设计文件未经审查或者审查不合格，擅自施工的。

　　（5）建设项目必须实行工程监理而未实行工程监理的。

　　（6）未按照国家规定办理工程质量监督手续的。

　　（7）明示或者暗示施工单位使用不合格的建筑材料、建筑构配件和设备的。

　　（8）未按照国家规定将竣工报告、有关认可文件或者准许使用文件报送备案的。

　　2. 建设单位未取得施工许可证或者开工报告未经批准擅自施工应负的法律责任

　　《建设工程质量管理条例》第 57 条规定，建设单位若有上述违规行为，应当承担如下的法律责任：

　　（1）责令停止施工，限期改正，尽快补办有关手续。

　　（2）在责令改正的同时，视情节对建设单位处工程合同价款 1% 以上 2% 以下的罚款。

　　3. 建设单位在竣工验收中有不规范行为应负的法律责任

　　竣工验收是工程交付使用前的一道关键程序，《建设工程质量管理条例》第 16 条第 3 款规定，建设工程经验收合格的，方可交付使用。

　　如果建设单位未组织竣工验收就擅自交付使用；或虽进行了验收程序，但验收不合格擅自交付使用；或验收时，把不合格工程按合格工程验收，根据《建设工程质量管理条例》第58条之规定，建设单位则要承担下列法律责任：

（1）责令改正。即没有经过竣工验收的，停止使用，补办验收手续；验收不合格就使用的，停止使用，进行返修，重新组织验收；把不合格工程按合格工程验收的，进行返修，重新组织验收。

（2）责令改正的同时，视情节处工程合同价款2%以上4%以下的罚款。

（3）造成损失的，依法承担赔偿责任。

4. 建设单位未向有关部门移交建设项目档案应负的法律责任

《建设工程质量管理条例》第17条和《房屋建筑工程和市政基础设施工程竣工验收备案管理办法》，对建设单位向有关部门移交建设项目档案作了明确的规定，建设单位应当及时收集、整理建设项目各环节的文件资料，建立健全建设项目档案，并在建设项目竣工验收后，及时向建设行政主管部门或其他有关部门移交建设项目档案。建设单位若有违规行为，则要承担下列法律责任：

（1）建设单位在竣工验收过程中有违反国家有关建设工程质量管理规定行为的，在收清竣工验收备案文件15日内，责令停止使用，重新组织竣工验收。

（2）建设单位在工程竣工验收合格之日起15日内未办理工程竣工验收备案的，备案机关责令限期改正，处20万元以上30万元以下罚款。

（3）建设单位将备案机关决定重新组织竣工验收的工程，在重新组织竣工验收前，擅自使用的，备案机关责令停止使用，处工程合同价款2%以上4%以下罚款。

（4）建设单位采用虚假证明文件办理工程竣工验收备案的，工程竣工验收无效，备案机关责令停止使用，重新组织竣工验收，处20万元以上50万元以下罚款；构成犯罪的，依法追究刑事责任。

（5）备案机关决定重新组织竣工验收并责令停止使用的工程，建设单位在备案之前已投入使用或者建设单位擅自继续使用造成使用人损失的，由建设单位依法承担赔偿责任。

7.6.2 勘察、设计单位的违法行为及其法律责任

《建设工程质量管理条例》第19条规定，勘察、设计单位必须按照工程建设强制性标准进行勘察、设计；第21条规定，设计单位应当根据勘察成果文件进行建设工程设计；第22条规定，除有特殊情况外，设计单位不得指定生产厂、供应商。勘察、设计单位在勘察设计中若违反上述规定，依据《建设工程质量管理条例》第63条规定，则要承担下列法律责任：

（1）责令改正，处10万元以上30万元以下的罚款。

（2）因上述违法行为造成工程质量事故的，责令停业整顿，降低资质等级；情节严重的吊销资质证书；造成损失的，依法承担赔偿责任。

7.6.3 施工单位的违法行为及其法律责任

1. 施工单位偷工减料，使用不合格建筑材料、构配件和设备或不按工程设计图纸

和施工技术标准施工应承担的法律责任

《建设工程质量管理条例》第 64 条规定，对上述违法行为的处罚如下：

（1）责令改正，处工程合同价款 2%以上 4%以下的罚款。

（2）造成建设工程质量不符合规定的质量标准的，负责返工、修理，并赔偿因此造成的损失。

（3）情节严重的，责令停业整顿，降低资质等级，或者吊销资质证书。

2. 施工单位未按规定对建筑材料、建筑构配件和设备等进行检验应负的法律责任

《建设工程质量管理条例》第 65 条规定，施工单位未对建筑材料、建筑构配件、设备和商品混凝土进行检验，或者未对涉及结构安全的试块、试件以及有关材料取样检测的，则要承担下列法律责任：

（1）责令改正，处 10 万元以上 20 万元以下的罚款。

（2）情节严重的，责令停业整顿，降低资质等级，或者吊销资质证书。

（3）因上述违法行为造成损失的还要依法承担赔偿责任。

3. 施工单位不履行保修义务或者拖延履行保修义务应承担的法律责任

《建设工程质量管理条例》第 66 条规定，对上述违法行为的处罚如下：

（1）责令改正，视情节处 10 万元以上 20 万元以下的罚款。

（2）对在保修期内因质量缺陷造成的损失还要承担赔偿责任。

在量大面广的住宅工程中工程质量缺陷比较突出，广大住户对此感受深、意见大。施工单位应当依其实际损失给予补偿，可以实物给付，也可以金钱给付。如果质量缺陷是由勘察设计原因、工程监理原因或者建筑材料、构配件和设备等原因造成的，施工单位可以向有关单位追偿。

7.6.4　工程监理单位的违法行为及其法律责任

1. 工程监理单位在监理过程中弄虚作假应负的法律责任

《建设工程质量管理条例》第 67 条规定，工程监理单位有下列行为之一的，责令改正，处 50 万元以上 100 万元以下的罚款，降低资质等级或者吊销资质证书；有违法所得的，予以没收；造成损失的，依法承担赔偿责任：

（1）与建设单位或者施工单位串通，弄虚作假、降低工程质量的。

（2）将不合格的建设工程、建筑材料、建筑构配件和设备按照合格签字的。

2. 监理单位与被监理单位有隶属关系或其他利害关系应负的法律责任

监理单位若违反上述规定，根据《建设工程质量管理条例》第 68 条，则要承担下列法律责任：

（1）责令改正，视情节处 5 万元以上 10 万元以下的罚款，降低资质等级，或者吊销资质证书；被吊销资质证书后，工商行政主管部门应当吊销其营业执照。

（2）有违法所得的，予以没收。

7.6.5　工程质量直接主管人员和直接责任人员的法律责任

1. 发生重大工程质量事故隐瞒不报、谎报或者拖延报告期限的直接主管人员和直

接责任人员的法律责任

《建设工程质量管理条例》第70条规定，对发生上述情况的直接主管人员和直接责任人员给以行政处分。

这里需要说明的是，处分的对象应该包括事故发生单位直接负责工程质量的主管人员或者其他直接责任人员；也包括各级建设行政主管部门失职的主管人员和直接责任人员。

2. 注册建筑师、注册结构工程师、监理工程师等注册执业人员因过错造成质量事故应承担的法律责任

（1）注册建筑师、注册结构工程师、监理工程师等注册执业人员违反《建设工程质量管理条例》的有关规定，由于本身的过错造成质量事故的，责令停止执业1年。

（2）造成重大质量事故的，吊销执业资格证书，5年内不予注册，情节特别恶劣的，终身不予注册。

凡注册执业人员一经吊销执业资格证书，就不得再从事该项业务活动，因此，这是一项很严重的处罚。

3. 备案机关及其工作人员不办理备案手续应承担的法律责任

对于竣工验收备案文件齐全的工程，备案机关及其工作人员应当及时予以办理备案手续。不给办理的，由有关机关责令改正，对直接责任人员给予行政处分。

4. 建设工程参与各方中受到罚款的单位的主管人员和其他直接责任人员的处罚规定

这里的单位直接负责的主管人员是指在单位违法行为中负有领导责任的人员，包括违法行为的决策人，事后对单位违法行为予以认可和支持的领导人员，以及由于疏于管理或放任，对单位违法行为负有不可推卸责任的领导人员。其他直接责任人员是指直接实施单位违法行为，具体完成单位违法行为的人员。罚款的幅度是，视情节处单位罚款数额的5%以上10%以下。

7.6.6 其他情况的违法行为和法律责任

1. 建设、设计、施工、工程监理单位降低工程质量标准，造成重大安全事故应承担的法律责任

《刑法》第137条规定，建设单位、设计单位、施工单位、工程监理单位违反国家规定，降低工程质量标准，造成重大安全事故的，则构成工程重大安全事故罪。对直接责任人员，处5年以下有期徒刑或者拘役，并处罚金；后果特别严重的，处5年以上10年以下有期徒刑，并处罚金。

2. 涉及建筑主体和承重结构变动的装修工程擅自施工应负的法律责任

（1）决定擅自施工的建设单位，视情节处50万元以上100万元以下的罚款；对在装修工程中擅自变动房屋建筑主体和承重结构的，责令改正，处5万元以上10万元以下的罚款。

（2）因上述违法行为造成损失的，依法承担赔偿责任。构成犯罪的，依法追究刑事责任。

3. 建设工程参与各方人员违反建设法规造成严重后果者应负的法律追溯责任

《建设工程质量管理条例》第 77 条规定，建设、勘察、设计、施工、工程监理单位的工作人员因调动工作、退休等原因离开该单位后，被发现在该单位工作期间违反国家有关建设工程质量管理规定，造成重大工程质量事故的，仍应当依法追究刑事责任。这是对建设工程参与各方人员违反法律法规，造成严重后果者的法律处罚行为进行追溯处罚的规定，也是国务院以行政法规的方式对工程质量终身责任制的表述。

4. 国家机关工作人员玩忽职守、滥用职权、徇私舞弊应负的法律责任

（1）国家机关工作人员在建设工程质量监督管理中玩忽职守、滥用职权、徇私舞弊、构成犯罪的，依法追究刑事责任。根据《刑法》，玩忽职守、滥用职权构成犯罪的，处 3 年以下有期徒刑或者拘役；情节特别严重的，处 3 年以上 7 年以下有期徒刑。徇私舞弊构成犯罪的，处 5 年以下有期徒刑或者拘役；情节特别严重的，处 5 年以上 10 年以下有期徒刑。

（2）国家机关工作人员玩忽职守、滥用职权、徇私舞弊，造成后果，但尚不构成犯罪的，由其所在单位或上级主管部门依法给予行政处分。

复习与应用练习题

1. 单项选择题

（1）根据《建设工程质量管理条例》，应按照国家有关规定组织竣工验收的建设主体是（   ）。

A. 建设单位　　　　　B. 施工单位　　　　　C. 工程监理单位　　　　　D. 设计单位

（2）某监理工程师因过错造成重大质量事故，情节特别恶劣。对他的处罚应是（   ）。

A. 责令停止执业 1 年　　　　　　　　B. 责令停止执业 3 年

C. 吊销执业资格，5 年以内不予注册　　　D. 终身不予注册

（3）建筑工程质量的缺陷责任期从实际通过竣（交）工验收之日起计。如果由于发包人原因导致工程无法按规定期限进行竣（交）工验收的，在承包人提交竣（交）工验收报告（   ）天后，工程自动进入缺陷责任期。

A. 30　　　　　　　B. 90　　　　　　　C. 120　　　　　　　D. 150

（4）建设工程发生质量事故后，有关单位应向当地建设行政主管部门和其他有关部门报告。时间从发生质量事故时起算，最晚不迟于（   ）小时。

A. 8　　　　　　　B. 12　　　　　　　C. 24　　　　　　　D. 28

（5）发包人负责采购的建筑材料，到货后与承包人共同验收时发现规格和等级与施工合同内清单规定不符，承包人应（   ）。

A. 自行将其运出工地

B. 要求发包人将其运出工地

C. 要求供货的运输公司将其运回发货单位

D. 要求供货商将其运出工地

（6）建设工程未经竣工验收，发包人擅自使用的，该工程竣工日期应为（   ）。

A. 提交验收报告之日　　　　　　　　B. 建设工程完工之日

C. 转移占有建设工程之日　　　　　　D. 竣工验收合格之日

（7）某工程竣工验收时发现隐蔽工程检测质量不合格，经查是由于设计缺陷造成的。下列说法中，正确的是（　　）。

A. 设计人应负责返修，费用由设计方先行承担

B. 承包人应负责返修，费用由承包人先行承担

C. 承包人应负责返修，费用由发包人先行承担

D. 由于设计缺陷造成质量不合格，承包人不负责返修

（8）某高校的图书馆工程，甲是总承包单位，甲经过业主同意将该图书馆的玻璃幕墙的安装分包给乙施工单位，乙在施工过程中出现了质量事故。则该高校可要求（　　）。

A. 甲承担责任　　　　　　　　　　　B. 乙承担责任

C. 甲和乙承担连带责任　　　　　　　D. 甲和乙分担责任

（9）工程建设标准批准部门应当对工程项目执行强制性标准情况进行监督检查，监督检查可以采取的方式不包括（　　）。

A. 重点检查　　　B. 平行检查　　　C. 抽查　　　　　D. 专项检查

（10）根据《建设工程质量管理条例》，工程承包单位在（　　）时，应当向建设单位出具质量保修书。

A. 工程价款结算完毕　　　　　　　　B. 施工完毕

C. 提交工程竣工验收报告　　　　　　D. 竣工验收合格之日

（11）根据《建设工程质量管理条例》，在工程建设中，对违反国家规定，降低工程质量标准，造成重大安全事故，构成犯罪的，应对（　　）依法追究刑事责任。

A. 法定代表人　　B. 经营负责人　　C. 直接责任人　　D. 项目负责人

（12）根据《建设工程质量管理条例》，对涉及（　　）的装修工程，建设单位应委托原设计单位或具有相应资质等级的设计单位提出设计方案。

A. 增加工程造价总额　　　　　　　　B. 建筑主体和承重结构变动

C. 增加工程内部装修　　　　　　　　D. 改变建筑工程局部使用功能

2. 多项选择题

（1）某建设单位在其新厂房建设工程中出现了下述行为，其中必须承担相应法律责任的行为有（　　）。

A. 暗示承包人违反工程建设强制性标准，降低建设工程质量

B. 迫使承包方以低于成本的价格竞标　　C. 任意压缩合理工期

D. 施工图设计文件未经审查就擅自施工　　E. 未对涉及结构安全的试件取样检测

（2）施工单位必须建立、健全施工质量的检验制度，严格工序管理，作好隐蔽工程的质量检查和记录。隐蔽工程在隐蔽前，施工单位应当通知（　　）。

A. 设计单位　　　　　　　　　　　　B. 建设工程质量监督机构

C. 建设单位　　　　　　　　　　　　D. 安全生产监督管理部门

E. 勘察单位

（3）某监理公司在其承担的一项监理工程中出现了下述行为，其中由监理公司必须承担法律责任的情况有（　　）。

A. 该工程超越了本公司资质等级

B. 与施工单位串通弄虚作假、降低工程质量

C. 将不合格的建设工程、建筑材料、建筑构配件和设备按照合格签字

D. 未对建筑材料、建筑构配件、设备和商品混凝土进行检验

E. 未按照工程建设强制性标准进行设计

（4）某设计院在其承担的一项设计工程中出现了下述行为，其中由设计院必须承担法律责任的情况有（　　）。

A. 将该工程委托给不具有相应资质等级的工程监理单位

B. 未按照工程建设强制性标准进行勘察

C. 未根据勘察成果文件进行工程设计

D. 指定了建筑材料、建筑构配件的生产厂、供应商

E. 未向建设行政主管部门或者其他有关部门移交建设项目档案

（5）根据《建设工程质量管理条例》，法定质量保修范围有（　　）。

A. 土石方工程　　　　B. 地基基础工程　　　　C. 电气管线工程

D. 景观绿化工程　　　E. 屋面防水工程

（6）根据《建设工程质量管理条例》，下列符合建设单位质量责任和义务的有（　　）。

A. 将工程发包给具有相应资质等级的单位

B. 不得将工程肢解发包

C. 有权改变结构主体和承重部分进行装修

D. 施工图设计文件未经审查批准的，建设单位不得使用

E. 对必须实施监理的工程，应委托具有相应资质等级的工程监理单位进行监理

（7）某工程项目未经竣工验收，发包人擅自使用后楼板出现裂缝，经鉴定是由于承包人偷工减料造成的，关于此项目质量责任的说法，正确的有（　　）。

A. 未经竣工验收使用此工程，由发包人承担全部责任

B. 承包人在建设工程设计文件规定的合理使用年限内对主体结构承担民事责任

C. 承包人应当负责返修，费用由发包人承担

D. 造成发包人损失的，承包人不承担责任

E. 承包人应当负责返修，费用由承包人承担

（8）根据《建设工程质量管理条例》，竣工验收应当具备的条件有（　　）。

A. 有完整的技术档案　　　　　　　　B. 完成工程结算备案

C. 由主要建筑材料的进场试验报告　　D. 有设计单位签署的质量合格文件

E. 有施工企业签署的质量保修书

3. 简答题

（1）按照标准的级别不同，工程建设标准可分为哪几个级别？

（2）简述建设单位、勘察单位、设计单位、施工企业、监理单位的质量责任与义务。

（3）简述建设工程竣工验收的条件和程序。

（4）简述建设工程质量的保修范围、保修期限和保修程序。

（5）简述质量保证金的含义、数额及返还。

（6）建设单位应当何时办理工程竣工验收备案？办理时应当提交哪些文件？

（7）简述住宅室内装饰装修质量管理制度。

教学单元 8

建设工程纠纷处理法规

【教学目标】通过本单元学习，使学生了解法律概念的调解类型，仲裁的范围、特点和程序，民事诉讼的特点和管辖，一审普通程序；熟悉解决建设工程纠纷的途径，建设工程施工合同纠纷案件的司法解释；能依据相关法律法规解决处理工程建设中的一般纠纷，争取合法权益。

8.1 建设工程纠纷的主要类型和法律解决途径

在工程建设过程中，纠纷是普遍存在的。纠纷若不能得到妥善解决，不仅会损害当事人合法的民事权益，而且可能波及第三者甚至影响社会的安定。因此，各国都很重视工程建设中纠纷的解决并建立了相应的处理纠纷的制度。

我国解决建设工程纠纷的途径有四种，即和解、调解、仲裁和诉讼。和解、调解、仲裁、诉讼各有特点，正确把握其特点，才能根据具体纠纷的情况，选择合适的处理方式。

8.2 和解与调解

8.2.1 和解

和解是指合同当事人依据有关法律规定和合同约定，在自愿友好的基础上，互相谅解，就已经发生的争议进行协商并达成协议，从而自行解决合同争议的一种方法。和解应以合法、自愿、平等为原则。

1. 和解的特点

通常建设工程合同纠纷发生后，解决纠纷的首选方式是和解。合同双方应本着解决问题与分歧的诚意，直接进行协商，以求相互谅解，从而消除分歧与异议，解决纠纷。

这种解决工程合同纠纷方式的优点在于无需第三人介入，既可以节省费用、及时解决问题，又可以保持友好合作关系，以利于下一步对协商协议的执行。

和解的缺点是，双方就解决纠纷所达成的协议不具备强制执行的效力，在性质上仍属于当事人之间的约定，当事人较易反悔。如果一方当事人不按照和解协议执行，另一方当事人不能直接申请法院强制执行，但可要求对方承担不履行和解协议的违约责任。

2. 和解的适用

和解可以在民事纠纷的任何阶段进行，无论是否已经进入诉讼或仲裁程序，只要终审裁判未生效或者仲裁裁决未作出，当事人均可自行和解。

3. 和解的效力

和解达成的协议不具有强制执行效力，如果一方当事人不按照和解协议履行，另一方当事人不可以请求人民法院强制履行，但可以向法院提起诉讼，也可以根据约定申请仲裁。法院或仲裁庭通过对和解协议的审查，对于意思真实而又不违反法律强制性或禁止性规定的和解协议予以支持，也可以支持遵守协议方要求违反协议方就不执行该和解协议承担违约责任的请求。但是，对于一方非自愿作出的或者违反法律强制性或禁止性规定的和解协议，不予支持。

【案例 8-1】
工程尾款案

8.2.2 调解

调解是在第三方的主持下，通过对当事人进行说服教育，促使双方互相作出适当的让步，自愿达成协议，从而解决合同争议的方法。调解也是以合法、自愿、平等为原则。

调解能够及时地解决争议，节省时间和费用，不伤害争议双方的感情，维护双方的长期合作关系。

根据调解人的不同，我国调解的形式主要有人民调解、行政调解、仲裁调解、法院调解和专业机构调解等。

【案例 8-2】
工程仲裁
调解案

• 思政拓展学习 •

【案例】甲房地产公司（简称发包人）与乙建筑工程公司（简称承包人）签订了两万多平方米的某大厦施工承包合同。工程竣工时造价已由发包人盖章确认。承包人在施工过程中陆续收款 10928 万元，发包人尚欠承包人工程款 890 万元。多年来承包人以多种方式多次催讨，发包人总以种种理由搪塞拖延，并以抵押等手段转移财产。承包人遂将发包人诉至法院，要求发包人偿还拖欠工程款和逾期付款的违约利息。

法院判决：（1）被告于判决生效之日起十天内支付原告工程款人民币 890 万元；（2）被告于判决生效之日起十天内支付原告逾期付款之违约利息（经测算，到判决生效违约金已达 450 万元）；（3）被告承担案件受理费和财产保全费。

【启示】 发包人与承包人应当恪守诚信原则。本案发包人违约、恶意拖欠工程款，最终自食其果。不仅要支付高额违约利息、承担案件受理等相关费用，使企业背上沉重的经济包袱，而且其商业信誉受到严重损害。

8.3 仲 裁

8.3.1 仲裁的范围和制度

仲裁是指发生争议的双方当事人在合同争议发生前或争议发生后达成协议，自愿将该争议提交中立的第三者（仲裁机构）作出裁决，并负有自觉履行义务的一种解决争议的方式。

《中华人民共和国仲裁法》（以下简称《仲裁法》）是调整和规范仲裁制度的基本法律。

1. 仲裁的范围

《仲裁法》第 2 条规定，平等主体的公民、法人和其他组织之间发生的合同纠纷和其他财产权益纠纷可适用仲裁。

《仲裁法》第 3 条规定，下列纠纷不能仲裁：①婚姻、收养、监护、扶养、继承纠纷；②依法应当由行政机关处理的行政争议。

《仲裁法》第 77 条规定，劳动争议与农业集体经济组织内部的农业承包合同纠纷不受《仲裁法》的调整。

2. 仲裁制度

仲裁是解决民商事纠纷的重要方式之一。我国仲裁活动主要的法律依据有：《仲裁法》《民事诉讼法》、《最高人民法院关于适用〈中华人民共和国仲裁法〉若干问题的解释》（以下简称《仲裁法司法解释》）等。

仲裁有下列 3 项基本制度：

（1）协议仲裁制度

仲裁协议是当事人自愿原则的体现，当事人申请仲裁、仲裁委员会受理仲裁以及仲裁庭对仲裁案件的审理和裁决，都必须以当事人依法订立的仲裁协议为前提。《仲裁法》规定，没有仲裁协议，一方申请仲裁的，仲裁委员会不予受理。

（2）排除法院管辖制度

仲裁和诉讼是两种不同的争议解决方式，当事人只能选用其中的一种。《仲裁法》规定，当事人达成仲裁协议，一方向人民法院起诉的，人民法院不予受理，但仲裁协议无效的除外。因此，有效的仲裁协议可以排除法院对案件的司法管辖权，只有在没有仲裁协议或者仲裁协议无效的情况下，法院才可以对当事人的纠纷予以受理。

（3）一裁终局制度

仲裁实行一裁终局的制度，是指裁决作出后，当事人就同一纠纷再申请仲裁或者向人民法院起诉的，仲裁委员会或者人民法院不予受理。但是，裁决被人民法院依法撤销或者不予执行的，当事人就该纠纷可以根据双方重新达成的仲裁协议申请仲裁，也可以向人民法院起诉。

8.3.2　仲裁协议

在民事、商事仲裁中，仲裁协议是仲裁的前提，没有仲裁协议，就不存在有效的仲裁。

根据《仲裁法》，仲裁协议包括合同中订立的仲裁条款和其他以书面形式在纠纷发生前或者纠纷发生后达成的请求仲裁的协议。

1. 仲裁协议的内容

合法有效的仲裁协议应当具备以下法定内容：

（1）请求仲裁的意思表示

请求仲裁的意思表示，是指条款中应该有"仲裁"两字，表明当事人的仲裁意愿。该意愿应当是确定的，而不是模棱两可的。有的当事人在合同中约定发生争议可以提交仲裁，也可以提交诉讼，根据这种约定就无法判定当事人有明确的仲裁意愿。因此，《仲裁法司法解释》规定，这样的仲裁协议无效。

（2）仲裁事项

仲裁事项是当事人提交仲裁的具体争议事项。仲裁庭只能在仲裁协议确定的仲裁事项的范围内进行仲裁，超出这一范围进行仲裁，所作的仲裁裁决，经一方当事人申请，法院可以不予执行或者撤销。根据《仲裁法》，对仲裁事项没有约定或者约定不明的，当事人应就此达成补充协议，达不成补充协议的，仲裁协议无效。

（3）选定的仲裁委员会

仲裁不实行级别管辖和地域管辖，当事人可以约定将其争议提交任何一个当事人信任的或处理争议比较便利的仲裁委员会。

2. 仲裁协议的法律效力

仲裁协议是指当事人自愿将他们之间已经发生或者可能发生的争议提交仲裁解决的协议。仲裁协议法律效力表现为：

（1）对双方当事人的法律效力

仲裁协议是双方当事人就纠纷解决方式达成的一致意思表示。发生纠纷后，当事人只能通过向仲裁协议中所确定的仲裁机构申请仲裁的方式解决纠纷，而丧失了就该纠纷提起诉讼的权利。

（2）对法院的法律效力

有效的仲裁协议排除了人民法院对仲裁协议约定的争议事项的司法管辖权。

根据《仲裁法》，当事人达成仲裁协议，一方向人民法院起诉未声明有仲裁协议，人民法院受理后，另一方在首次开庭前提交仲裁协议的，人民法院应当驳回起诉。

（3）对仲裁机构的效力

仲裁协议是仲裁委员会受理仲裁案件的依据。没有仲裁协议就没有仲裁机构对案件的管辖权。同时，仲裁机构的管辖权又受到仲裁协议的严格限制。仲裁庭只能对当事人在仲裁协议中约定的争议事项进行仲裁，而对仲裁协议约定范围之外的其他争议无权仲裁。

（4）仲裁协议的独立性

仲裁协议独立存在，合同的变更、解除、终止或者无效，以及合同成立后未生效、被撤销等，均不影响仲裁协议的效力。当事人在订立合同时就争议达成仲裁协议的，合同未成立也不影响仲裁协议的效力。

3. 仲裁协议效力的确认

当事人对仲裁协议效力有异议的，应当在仲裁庭首次开庭前提出。当事人既可以请求仲裁委员会作出决定，也可以请求人民法院裁定。一方请求仲裁委员会作出决定，另一方请求人民法院作出裁定的，由人民法院裁定。当事人向人民法院申请确认仲裁协议效力的案件，由仲裁协议约定的仲裁机构所在地的中级人民法院管辖；仲裁协议约定的仲裁机构不明确的，由仲裁协议签订地或者被申请人住所地的中级人民法院管辖。

仲裁协议在下列情形下无效：

（1）以口头方式订立的仲裁协议无效。仲裁协议必须以书面方式订立，以口头方式订立的仲裁协议不受法律保护。

（2）约定的仲裁事项超过法律规定的仲裁范围。根据法律规定，婚姻、收养、监护、扶养、继承纠纷以及依法应当由行政机关处理的行政争议不能仲裁。

（3）无民事行为能力人或者限制行为能力人订立的仲裁协议无效。

（4）一方采取胁迫手段，迫使对方订立仲裁协议的，该仲裁协议无效。

（5）仲裁协议对仲裁事项、仲裁委员会没有约定或者约定不明确，当事人对此又达不成补充协议的，仲裁协议无效。

仲裁协议无效，使得仲裁协议不再具有约束力。当事人之间的纠纷既可以通过诉讼方式解决，也可以重新达成仲裁协议以仲裁的方式解决。对于法院来说，由于排斥司法管辖权的原因已经消失，法院对于当事人的纠纷恢复了管辖权，而仲裁机构则因仲裁协议的无效不能对当事人之间的纠纷进行审理和裁决。

8.3.3　仲裁受理

1. 申请仲裁的条件

当事人申请仲裁，应当符合下列条件：①有效的仲裁协议；②有具体的仲裁请求和事实、理由；③属于仲裁委员会的受理范围。

2. 申请仲裁的方式

当事人申请仲裁，应当向仲裁委员会递交仲裁协议或者合同仲裁条款、仲裁申请书及副本。

仲裁申请书应当载明的事项包括：

（1）当事人的姓名、性别、年龄、职业、工作单位和住所，法人或者其他组织的名称、住所和法定代表人或者主要负责人的姓名、职务。

（2）仲裁请求和所依据的事实、理由。

（3）证据和证据来源、证人姓名和住所。

对于申请仲裁的具体要求和审查标准，各仲裁机构在《仲裁法》规定的范围内会有所不同，一般可以登录其网站进行查询。

3. 审查与受理

仲裁委员会收到仲裁申请书之日起 5 日内经审查认为符合受理条件的，应当受理，并通知当事人；认为不符合受理条件的，应当书面通知当事人不予受理，并说明理由。

4. 财产保全和证据保全

为保证仲裁程序顺利进行、仲裁案件公正审理以及仲裁裁决有效执行，当事人有权申请财产保全和证据保全。

8.3.4 仲裁审理程序

仲裁审理的法定程序主要包括仲裁庭的组成、开庭和审理、仲裁和解与调解、仲裁裁决等过程。

1. 组成仲裁庭

仲裁庭是行使仲裁权的主体。在我国，仲裁庭的组成形式有两种，即合议仲裁庭和独任仲裁庭。仲裁庭的组成必须按照法定程序进行。

（1）仲裁庭组成形式的确定

当事人收到仲裁委员会的仲裁规则和仲裁员名册后，应约定仲裁庭的组成形式，并在仲裁规则规定的期间内加以确定。对于仲裁庭的组成形式，当事人既可以选择合议仲裁庭，也可以选择独任仲裁庭。如果当事人没有在仲裁规则规定的期限内约定仲裁庭形式，则由仲裁委员会主任指定。

（2）仲裁员的产生

1）合议仲裁庭仲裁员的产生。根据《仲裁法》，当事人约定由 3 名仲裁员组成仲裁庭的，应当各自选定或者各自委托仲裁委员会主任指定 1 名仲裁员，第三名仲裁员由当事人共同选定或者共同委托仲裁委员会主任指定。第三名仲裁员是首席仲裁员。

2）独任仲裁庭仲裁员的产生。独任仲裁员应当由当事人共同选定或者共同委托仲裁委员会主任指定该独任仲裁员。

当事人没有在规定期限内选定的，由仲裁委员会主任指定。

（3）仲裁员的回避

仲裁员有下列情形之一的，必须回避，当事人也有权提出回避申请：①是本案当事人或者当事人、代理人的近亲属；②与本案有利害关系；③与本案当事人、代理人有其他关系，可能影响公正仲裁的；④私自会见当事人、代理人，或者接受当事人、代理人的请客送礼的。

当事人提出回避申请，应当说明理由，在首次开庭前提出。回避事由在首次开庭后知道的，可以在最后一次开庭结束前提出。

2. 仲裁审理

仲裁审理的主要任务是审查、核实证据，查明案件事实，分清是非责任，正确适用法律，确认当事人之间的权利义务关系，解决当事人之间的纠纷。

仲裁审理的方式可以分为开庭审理和书面审理两种。

开庭审理不公开进行，当事人协议公开的，可以公开进行，但涉及国家秘密的除外。

书面审理是指在双方当事人及其他仲裁参与人不到庭参加审理的情况下，仲裁庭根据当事人提供的仲裁申请书、答辩书以及其他书面材料作出裁决的过程。书面审理是开庭审理的必要补充。

仲裁开庭审理流程如下：①仲裁委员会在仲裁规则规定的期限内将开庭日期通知双方当事人；②开庭仲裁，由首席仲裁员或者独任仲裁员宣布开庭；③开庭调查；④举证、质证、当事人辩论；⑤调解、裁决。

3. 仲裁和解与调解

（1）仲裁和解

当事人申请仲裁后，可以自行和解。当事人达成和解协议的，可以请求仲裁庭根据和解协议作出裁决书，也可以撤回仲裁申请。如果当事人撤回仲裁申请后反悔的，则可以仍根据原仲裁协议申请仲裁。

（2）仲裁调解

仲裁庭在作出裁决前可以先行调解。当事人自愿调解的，仲裁庭应当调解，调解不成的，应当及时作出裁决。

经仲裁庭调解，双方当事人达成协议的，仲裁庭应当制作调解书，经双方当事人签收后即发生法律效力。如果在调解书签收前当事人反悔的，仲裁庭应当及时作出裁决。仲裁庭除了可以制作仲裁调解书之外，也可以根据协议的结果制作裁决书。调解书与裁决书具有同等的法律效力。

4. 仲裁裁决

仲裁裁决是指仲裁庭对当事人之间所争议的事项进行审理后所作出的终局的权威性判定。仲裁裁决的作出，标志着当事人之间的纠纷的最终解决。

仲裁裁决是由仲裁庭作出的。独任仲裁庭审理的案件由独任仲裁员作出仲裁裁决。合议仲裁庭审理的案件由 3 名仲裁员集体作出仲裁裁决。当仲裁庭成员不能形成一致意见时，按多数仲裁员的意见作出仲裁裁决；在仲裁庭无法形成多数意见时，按首席仲裁员的意见作出裁决。

仲裁裁决从裁决书作出之日起发生法律效力。其效力体现在以下几点：①当事人不得就已经裁决的事项再行申请仲裁，也不得就此提起诉讼；②仲裁机构不得随意变更已经生效的仲裁裁决；③其他任何机关或个人均不得变更仲裁裁决；④仲裁裁决具有执行力。

【案例 8-3】
旁听仲裁案

8.3.5　仲裁裁决的执行

仲裁裁决能否得以执行事关当事人实体权利的实现。在裁决履行期限内，若义务方不履行仲裁裁决，权利方可申请人民法院强制执行，义务方也可提出证明仲裁裁决有法定不予执行的情形，请求人民法院不予执行。

1. 仲裁裁决的执行

仲裁裁决的执行，是指人民法院经当事人申请，采取强制措施将仲裁裁决书中的内容付诸实现的行为和程序。

仲裁裁决作出后，当事人应当履行裁决。一方当事人不履行的，另一方当事人可以依照《中华人民共和国民事诉讼法》（以下简称《民事诉讼法》）的规定，向人民法院申请执行。

根据我国最高人民法院的相关司法解释，当事人申请执行仲裁裁决案件，由被执行人所在地或者被执行财产所在地的中级人民法院管辖。仲裁裁决在所有《承认和执行外国仲裁裁决公约》缔约国或者地区，均可以得到承认和执行。

申请仲裁裁决强制执行必须在法律规定的期限内提出（按照《民事诉讼法》的规定，申请执行的期间为 2 年）。申请执行时效的中止、中断，适用法律有关诉讼时效中止、中断的规定。申请仲裁裁决强制执行的 2 年期间，自仲裁裁决书规定履行期限或仲裁机构的仲裁规则规定履行期间的最后 1 日起计算。仲裁裁决书规定分期履行的，依规定的每次履行期间的最后 1 日起计算。

2. 仲裁裁决的不予执行

人民法院接到当事人的执行申请后，应当及时按照仲裁裁决予以执行。但是，如果被申请执行人提出证据证明仲裁裁决有法定不予执行情形的，被申请执行人可以请求人民法院不予执行该仲裁裁决，人民法院组成合议庭审查核实后，裁定不予执行。

根据《仲裁法》和《民事诉讼法》，不予执行仲裁裁决的情形包括：

（1）当事人在合同中没有仲裁条款或者事后没有达成书面仲裁协议的。

（2）裁决的事项不属于仲裁协议的范围或者仲裁机构无权仲裁的。

（3）仲裁庭的组成或者仲裁的程序违反法定程序的。

（4）认定事实的主要证据不足的。

（5）适用法律确有错误的。

（6）仲裁员在仲裁该案时有索贿受贿、徇私舞弊、枉法裁决行为的。

8.3.6 仲裁时效

所谓仲裁时效，是指当事人在法定申请仲裁的期限内没有将其纠纷提交仲裁机关进行仲裁的，即丧失请求仲裁机关保护其权利的权利。在明文约定合同纠纷由仲裁机关仲裁的情况下，若合同当事人在法定提出仲裁申请的期限内没有依法申请仲裁的，则该权利人的民事权利不受法律保护，债务人可以依法免于履行债务。

《仲裁法》第 74 条规定，法律对仲裁时效有规定的，适用该规定，法律对仲裁时效没有规定的，适用诉讼时效的规定。关于诉讼时效，详见本教学单元 8.4.4。

与工程建设有关的仲裁时效期间和诉讼时效期间为：

（1）追索工程款、勘察费、设计费，仲裁时效期间和诉讼时效期间均为 2 年，从工程竣工之日起计算，双方对付款时间有约定的，从约定的付款期限届满之日起计算。

工程因建设单位的原因中途停工的，仲裁时效期间和诉讼时效期间应当从工程停工之日起计算。

工程竣工或工程中途停工，施工单位应当积极主张权利。实践中，施工单位提出工程竣工结算报告，对停工提出中间工程竣工结算报告，系施工单位主张权利的基本方式，可引起诉讼时效的中断。

（2）追索材料款、劳务款，仲裁时效期间和诉讼时效期间也为 2 年，从双方约定的付款期间届满之日起计算；没有约定期限的，从购买方验收之日起计算，或从劳务工作完成之日起计算。

（3）出售质量不合格的商品未声明的，仲裁时效期间和诉讼时效期间均为 1 年，从商品售出之日起计算。

8.4　民事诉讼

8.4.1　民事诉讼的特点

民事诉讼即老百姓所讲的"打官司"，是指法院在当事人和其他诉讼参与人的参加下，以审理、判决、执行等方式解决民事纠纷的活动。

建设工程纠纷主要表现为合同纠纷。由于合同争议往往具有法律性质，涉及当事人的切身利益，通过诉讼，当事人的权利可以得到法律的严格保护，尤其是当事人发生争议后，在缺少或达不成仲裁协议的情况下，诉讼也就成了必不可少的补救手段了。

《民事诉讼法》是调整和规范法院和诉讼参与人的各种民事诉讼活动的基本法律。

诉讼参与人包括原告、被告、第三人、证人、鉴定人、勘验人等。

民事诉讼与调解、仲裁这些非诉讼解决纠纷的方式相比，有以下特点：

1. 公权性

民事诉讼是由人民法院代表国家意志行使司法审判权，通过司法手段解决平等民事主体之间的纠纷。它既不同于群众自治组织性质的人民调解委员会以调解方式解决纠纷，也不同于由民间性质的仲裁委员会以仲裁方式解决纠纷。

2. 程序性

民事诉讼是依照法定程序进行的诉讼活动，无论是法院还是当事人或者其他诉讼参与人，都应按照《民事诉讼法》设定的程序实施诉讼行为，违反诉讼程序常常会引起一定的法律后果或者达不到诉讼目的。民事诉讼分为第一审程序、第二审程序和执行程序三大诉讼阶段。并非每个案件都要经过这三个阶段，有的案件第一审就终结，有的经过第二审终结，有的不需要启动执行程序。但如果案件要经历诉讼全过程，就要按照上述顺序依次进行。

3. 强制性

强制性是公权力的重要属性。民事诉讼的强制性既表现在案件的受理上，又反映在裁判的执行上。调解、仲裁均建立在当事人自愿的基础上，只要有一方不愿意选择上述方式解决争议，调解、仲裁就无从进行。民事诉讼则不同，只要原告起诉符合民事诉讼法规定的条件，无论被告是否愿意，诉讼均会发生。同时，若当事人不自动履行生效裁判所确定的义务，法院可以依法强制执行。

8.4.2　民事诉讼的法院管辖

诉讼遵循的是司法程序，较之仲裁有很大的不同。向人民法院提起诉讼，应当遵循地域管辖、级别管辖和专属管辖的原则。民事诉讼中的管辖，是指各级法院之间和同级法院之间受理第一审民事案件的分工和权限。当事人在不违反级别管辖和专属管辖原则的前提下，可以选择管辖法院。任何一方当事人都有权起诉，而无须征得对方当事人同意。人民法院审理案件，实行两审终审制度。当事人对人民法院作出的第一审判决、裁定不服的，有权上诉。对生效判决、裁定不服的，还可向人民法院申请再审。

1. 级别管辖

级别管辖是指按照一定的标准，划分上下级法院之间受理第一审民事案件的分工和权限。我国法院有四级，分别是基层人民法院、中级人民法院、高级人民法院和最高人民法院。

《民事诉讼法》主要根据案件的性质、复杂程度和案件影响来确定级别管辖。各级人民法院都管辖第一审民事案件。

（1）基层人民法院管辖第一审民事案件，法律另有规定除外。

（2）中级人民法院管辖下列第一审民事案件：①重大涉外案件；②在本辖区有重大影响的案件；③最高人民法院确定由中级人民法院管辖的案件。

（3）高级人民法院管辖在本辖区有重大影响的第一审民事案件。

（4）最高人民法院管辖下列第一审民事案件：①在全国有重大影响的案件；②认为应当由本院审理的案件。

2. 地域管辖

地域管辖就是按照各人民法院的辖区范围和民事案件的隶属关系，划分同级人民法院之间受理第一审民事案件的权限。级别管辖则是确定民事案件由哪一级人民法院管辖。就是说，级别管辖是确定纵向的审判分工，地域管辖是确定横向的审判分工。

地域管辖主要包括以下几种情况：

（1）一般地域管辖

一般地域管辖是以当事人与法院的隶属关系来确定诉讼管辖，通常实行"原告就被告"原则，即以被告住所地作为确定管辖的标准。

（2）特殊地域管辖

特殊地域管辖是指以被告住所地，诉讼标的所在地，引起民事法律关系发生、变更、消灭的法律事实所在地划分确定的管辖。我国《民事诉讼法》规定了10种特殊地域管辖，其中与工程建设领域关系最为密切的是因合同纠纷提起诉讼的管辖。

《民事诉讼法》第23条规定，因合同纠纷提起的诉讼，由被告住所地或者合同履行地人民法院管辖。

3. 专属管辖

专属管辖是指法律规定某些特殊类型的案件专门由特定的法院管辖。专属管辖是排他性管辖，排除了诉讼当事人协议选择管辖法院的权利。专属管辖与一般地域管辖和特殊地域管辖的关系是，凡法律规定为专属管辖的诉讼，均适用专属管辖。

4. 协议管辖

发生合同纠纷或者其他财产权益纠纷的,《民事诉讼法》还规定了协议管辖制度。所谓协议管辖,是指合同当事人在纠纷发生前后,在法律允许的范围内,以书面形式约定案件的管辖法院。协议管辖适用于合同纠纷或者其他财产权益纠纷。其他财产权益纠纷包括因物权、知识产权中的财产权而产生的民事纠纷管辖。

5. 移送管辖和指定管辖

(1) 移送管辖

人民法院发现受理的案件不属于本院管辖的,应当移送有管辖权的人民法院,受移送的人民法院应当受理。受移送的人民法院认为受移送的案件依照规定不属于本院管辖的,应当报请上级人民法院指定管辖,不得再自行移送。

移送管辖有两种:一种是同级人民法院间的移送管辖,一般是由于地域管辖的原因引起的;另一种是上下级人民法院间的移送管辖,一般是由于级别管辖的原因引起的。

(2) 指定管辖

有管辖权的人民法院由于特殊原因,不能行使管辖权的,由上级人民法院指定管辖。人民法院之间因管辖权发生争议,由争议双方协商解决,协商解决不了的,报其共同上级人民法院指定管辖。

【案例 8-4】
人民法院管
辖权案

8.4.3 民事诉讼的当事人、代理人及诉讼回避制度

1. 当事人

民事诉讼中的当事人是指因民事权利和义务发生争议,以自己的名义进行诉讼,请求人民法院进行裁判的公民、法人或其他组织。狭义的民事诉讼当事人包括原告和被告。广义的民事诉讼当事人包括原告、被告、共同诉讼人和第三人。外国人、无国籍人、外国企业和组织在人民法院起诉、应诉,同中华人民共和国公民、法人和其他组织有同等的诉讼权利义务。

(1) 原告和被告

原告是指维护自己的权益或自己所管理的他人权益,以自己名义起诉,从而引起民事诉讼程序的当事人。被告是指原告诉称侵犯原告民事权益而由法院通知其应诉的当事人。

根据《民事诉讼法》,公民、法人和其他组织可以作为民事诉讼的当事人。法人由其法定代表人进行诉讼,其他组织由其主要负责人进行诉讼。

(2) 共同诉讼人

共同诉讼人是指当事人一方或双方为二人以上(含二人),其诉讼标的是共同的,或者诉讼标的是同一种类、人民法院认为可以合并审理并经当事人同意,共同在人民法院进行诉讼的人。

(3) 第三人

第三人是指对他人争议的诉讼标的有独立的请求权,或者虽无独立的请求权,但案件的处理结果与其有法律上的利害关系，而参加到原告、被告已经开始的诉讼中进行诉讼的人。

根据《民事诉讼法》，对当事人双方的诉讼标的，第三人认为有独立请求权的，有权提起诉讼。对当事人双方的诉讼标的，第三人虽然没有独立请求权，但案件处理结果同他有法律上的利害关系的，可以申请参加诉讼，或者由人民法院通知他参加诉讼。人民法院判决承担民事责任的第三人，有当事人的诉讼权利和义务。

以上规定的第三人，因不能归责于本人的事由未参加诉讼，但有证据证明发生法律效力的判决、裁定、调解书的部分或者全部内容错误，损害其民事权益的，可以自知道或者应当知道其民事权益受到损害之日起 6 个月内，向作出该判决、裁定、调解书的人民法院提起诉讼。人民法院经审理，诉讼请求成立的，应当改变或者撤销原判决、裁定、调解书；诉讼请求不成立的，驳回诉讼请求。

2. 诉讼代理人

诉讼代理人是指根据法律规定或当事人的委托，代理当事人进行民事诉讼活动的人。民事法律行为代理分为法定代理、委托代理和指定代理。与此相对应，民事诉讼代理人也可分为法定诉讼代理人、委托诉讼代理人和指定诉讼代理人。在建设工程领域的民事诉讼代理中，最常见的是委托诉讼代理人。

当事人、法定代理人可以委托 1～2 人作为其诉讼代理人。新修订的《民事诉讼法》规定，下列人员可以被委托为诉讼代理人：

（1）律师、基层法律服务工作者。

（2）当事人的近亲属或工作人员。

（3）当事人所在社区、单位以及有关社会团体推荐的公民。

委托他人代为诉讼的，须向人民法院提交由委托人签名或盖章的授权委托书，授权委托书必须记明委托事项和权限。根据《民事诉讼法》，诉讼代理人代为承认、放弃、变更诉讼请求，进行和解、提起反诉或者上诉，必须有委托人的特别授权。针对实践中经常出现的授权委托书仅写"全权代理"而无具体授权的情形，最高人民法院还特别规定，在这种情况下不能认定为诉讼代理人已获得特别授权，即诉讼代理人无权代为承认、放弃、变更诉讼请求，进行和解、提起反诉或者上诉。

3. 诉讼回避制度

审判人员、书记员、翻译人员、鉴定人、勘验人有下列情形之一的，必须回避，当事人有权用口头或者书面方式申请回避：①是本案当事人或者当事人、诉讼代理人的近亲属；②与本案有利害关系；③与本案当事人有其他关系，可能影响对案件公正审理的。

根据《民事诉讼法》，当事人提出回避申请，应当说明理由，在案件开始审理时提出。回避事由在案件开始审理后知道的，也可以在法庭辩论终结前提出。院长担任审判长时的回避，由审判委员会决定；审判人员的回避，由院长决定；其他人员的回避，由审判长决定。

人民法院对当事人提出的回避申请，应当在申请提出的 3 日内，以口头或者书面形

式作出决定。申请人对决定不服的，可以在接到决定时申请复议一次。复议期间，被申请回避的人员，不停止参与本案的工作。人民法院对复议申请，应当在 3 日内作出复议决定，并通知复议申请人。

8.4.4　民事诉讼时效

【案例 8-5】
串通调解案

诉讼时效是指权利人在法定的时效期间内，未向法院提起诉讼请求保护其权利时，依据法律规定消灭其胜诉权的制度。

应当注意的是，根据《民法典》，超过诉讼时效期间，当事人自愿履行的，不受诉讼时效限制。

1. 诉讼时效期间

《民法典》第 188 条规定，向人民法院请求保护民事权利的诉讼时效期间为 3 年。法律另有规定的，依照其规定。

诉讼时效期间自权利人知道或者应当知道权利受到损害以及义务人之日起计算。法律另有规定的，依照其规定。但是，自权利受到损害之日起超过 20 年的，人民法院不予保护，有特殊情况的，人民法院可以根据权利人的申请决定延长。

2. 诉讼时效期间的计算原则

（1）诉讼时效期间从当事人知道或者应当知道权利被侵害时起计算。

（2）在下列情况下，诉讼时效期间的计算方法是：

1）当事人约定同一债务分期履行的，诉讼时效期间从最后一期履行期限届满之日起计算。

2）未约定履行期限的合同，依照《民法典》可以确定履行期限的，诉讼时效期间从履行期限届满之日起计算；不能确定履行期限的，诉讼时效期间从债权人要求债务人履行义务的宽限期届满之日起计算，但债务人在债权人第一次向其主张权利之时明确表示不履行义务的，诉讼时效期间从债务人明确表示不履行义务之日起计算。

3）享有撤销权的当事人一方请求撤销合同的，应适用《民法典》关于 1 年除斥期间的规定。对方当事人对撤销合同请求权提出诉讼时效抗辩的，法院不予支持。合同被撤销，返还财产、赔偿损失请求权的，诉讼时效期间从合同被撤销之日起计算。

3. 诉讼时效中止和中断

（1）诉讼时效中止

在诉讼时效期间的最后 6 个月内，因不可抗力或者其他障碍不能行使请求权的，诉讼时效中止。从中止时效的原因消除之日起，诉讼时效期间继续计算。

（2）诉讼时效中断

诉讼时效因下列情形之一而中断，从中断时起，诉讼时效期间重新计算：①权利人向义务人提出履行请求；②义务人同意履行义务；③权利人提起诉讼或者申请仲裁；④与提起诉讼或者申请仲裁具有同等效力的其他情形。

8.4.5　民事诉讼的审判程序

审判程序是民事诉讼法规定的最为重要的内容，可以分为第一审程序、第二审程序和审判监督程序。

1. 第一审程序

第一审程序包括普通程序和简易程序，普通程序是指人民法院审理第一审民事案件通常适用的程序。普通程序是第一审程序中最基本的程序，具有独立性和广泛性，是整个民事审判程序的基础。

（1）普通程序

普通程序分为起诉、审查与受理、开庭审理、宣判4个阶段。

1）起诉

起诉是指公民、法人和其他组织在其民事权益受到侵害或者发生争议时，请求人民法院通过审判给予司法保护的诉讼行为。起诉是当事人获得司法保护的手段，也是人民法院对民事案件行使审判权的前提。

起诉的条件有：①原告是与本案有直接利害关系的公民、法人和其他组织；②有明确的被告；③有具体的诉讼请求、事实和理由；④属于人民法院受理民事诉讼的范围和受诉人民法院管辖的范围。

起诉的方式分书面形式和口头形式两种。起诉应向人民法院递交起诉状。起诉状应当写明当事人的姓名、住所地等基本情况，并写明诉讼请求和所根据的事实理由，以及证据和证据来源、证人姓名和住所。起诉状应按被告人数递交副本。

2）审查与受理

人民法院对原告的起诉情况进行审查后，认为符合起诉条件的，即应在7日内立案，并通知当事人。认为不符合起诉条件的，应当在7日内裁定不予受理，原告对不予受理裁定不服的，可以提起上诉。如果人民法院在立案后发现起诉不符合法定条件的，裁定驳回起诉，当事人对驳回起诉不服的，可以上诉。

3）开庭审理

开庭审理是指人民法院在当事人和其他诉讼参与人参加下，对案件进行实体审理的诉讼活动。

4）宣判

人民法院对公开审理或者不公开审理的案件，一律公开宣告判决。当庭宣判的，应当在十日内发送判决书；定期宣判的，宣判后立即发给判决书。

开庭审理根据是否向公众和社会公开，分为公开审理和不公开审理。其中，公开审理是人民法院审理案件的一项基本原则，只有在例外情形下，才可以不公开审理。

人民法院审理民事案件，除涉及国家秘密、个人隐私或者法律另有规定的以外，应当公开进行。

（2）简易程序

根据《民事诉讼法》，基层人民法院和它派出的法庭适用简易程序审理事实清楚、权利义务关系明确、争议不大的简单民事案件，标的额为各省、自治区、直辖市上年度就业人员年平均工资30%以下的，实行一审终审。

人民法院在审理过程中，发现案件不宜适用简易程序的，裁定转为普通程序。适用简易程序审理的案件，由审判员一人独任审理，可以用简便方式传唤当事人和证人、送达诉讼文书、审理案件，但应当保障当事人陈述意见的权利。

2. 第二审程序

第二审程序（又称上诉程序或终审程序），是指由于民事诉讼当事人不服地方各级人民法院尚未生效的第一审判决或裁定，在法定上诉期间内，向上一级人民法院提起上诉而引起的诉讼程序。由于我国实行两审终审制，上诉案件经第二审法院审理后作出的判决、裁定为终审的判决、裁定，诉讼程序即告终结。

第二审程序并不是每一个民事案件的必经程序，如果当事人在案件第一审过程中达成调解协议或者在上诉期内未提起上诉，第一审法院的裁判就发生法律效力，第二审程序也因无当事人的上诉而无从发生，当事人的上诉是第二审程序发生的前提。

3. 特别程序

特别程序是人民法院依照《民事诉讼法》审理特殊类型案件的一种程序。它审理的对象不是解决当事人之间的民事权利义务争议，而是确认某种法律事实是否存在，确认某种权利的实际状态。

适用特别程序审理的案件，实行一审终审，并且应当在立案之日起 30 日内或者公告期满后 30 日内审结。与建设工程相关的特别程序，主要指当事人向人民法院申请司法确认调解协议案及实现担保物权案。

4. 审判监督程序

审判监督程序即再审程序，是指由有审判监督权的法定机关和人员提起，或由当事人申请，由人民法院对发生法律效力的判决、裁定、调解书再次审理的程序。

（1）人民法院提起再审的程序

各级人民法院院长对本院已经发生法律效力的判决、裁定、调解书，发现确有错误，认为需要再审的，应当提交审判委员会讨论决定。

最高人民法院对地方各级人民法院已经生效的判决、裁定、调解书，上级人民法院对下级人民法院已生效的判决、裁定、调解书，发现确有错误的，有权提审或指令下级人民法院再审。再审的裁定中同时写明中止原判决、裁定的执行。

（2）当事人申请再审的程序

当事人对已经发生法律效力的判决、裁定，认为有错误的，可以向上一级人民法院申请再审；当事人一方人数众多或者当事人双方为公民的案件，也可以向原审人民法院申请再审。

符合下列情况之一，当事人应当自知道或者应当知道之日起 6 个月内提出申请再审：①有新的证据，足以推翻原判决、裁定的；②判决、裁定认定事实的主要证据是伪造的；③据以作出原判决、裁定的法律文书被撤销或者变更的；④审判人员审理该案件时有贪污受贿，徇私舞弊，枉法裁判行为的。

（3）人民检察院抗诉提起再审的程序

抗诉是指人民检察院对人民法院发生法律效力的判决、裁定、调解书，发现有提起抗诉的法定情形，提请人民法院对案件重新审理。

1）最高人民检察院对各级人民法院已经发生法律效力的判决、裁定，上级人民检察院对下级人民法院已经发生法律效力的判决、裁定，发现有《民事诉讼法》第200条规定情形之一的，或者发现调解书损害国家利益、社会公共利益的，应当提出抗诉。

2）地方各级人民检察院对同级人民法院已经发生法律效力的判决、裁定，发现有法律规定提起再审情形的，或者发现调解书有损害国家利益、社会公共利益的，可以向同级人民法院提出检察建议，并报上级人民检察院备案；也可以提请上级人民检察院向同级人民法院提出抗诉。

3）有下列情形之一的，当事人可以向人民检察院申请检察建议或者抗诉：①人民法院驳回再审申请的；②人民法院逾期未对再审申请作出裁定的；③再审判决、裁定有明显错误的。

人民检察院对当事人的申请应当在3个月内进行审查，作出提出或者不予提出检察建议或者抗诉的决定。当事人不得再次向人民检察院申请检察建议或者抗诉。

8.4.6 民事诉讼的执行程序

审判程序与执行程序是并列的独立程序。审判程序是产生裁判书的过程，执行程序是实现裁判书内容的过程。

执行程序是指人民法院的执行机构依照法定的程序，对发生法律效力并具有给付内容的法律文书，以国家强制力为后盾，依法采取强制措施，迫使具有给付义务的当事人履行其给付义务的行为。

1. 执行根据

执行根据是当事人申请执行、人民法院移交执行以及人民法院采取强制措施的依据。执行根据是执行程序发生的基础，没有执行根据，当事人不能向人民法院申请执行，人民法院也不得采取强制措施。

执行根据主要有：①人民法院制作的发生法律效力的民事判决书、裁定书以及生效的调解书等；②人民法院作出的具有财产给付内容的发生法律效力的刑事判决书、裁定书；③仲裁机构制作的依法由人民法院执行的生效仲裁裁决书、仲裁调解书；④公证机关依法作出的赋予强制执行效力的公证债权文书；⑤人民法院作出的先予执行的裁定、执行回转的裁定以及承认并协助执行外国判决、裁定或裁决的裁定；⑥我国行政机关作出的法律明确规定由人民法院执行的行政决定；⑦人民法院依督促程序发布的支付令等。

2. 执行案件的管辖

发生法律效力的民事判决、裁定，以及刑事判决、裁定中的财产部分，由第一审人民法院或者与第一审人民法院同级的被执行的财产所在地人民法院执行。法律规定由人民法院执行的其他法律文书，由被执行人住所地或者被执行的财产所在地人民法院执行。

3. 执行程序

（1）执行申请

人民法院作出的判决、裁定等法律文书，当事人必须履行。如果无故不履行，另一方当事人可向有管辖权的人民法院申请强制执行。申请强制执行应提交申请强制执行书，并附作为执行根据的法律文书。

申请强制执行，还须遵守申请执行期限。申请执行的期间为2年。申请执行时效的中止、中断，适用法律有关诉讼时效中止、中断的规定。这里的期间，从法律文书规定履行期间的最后1日起计算；法律文书规定分期履行的，从规定的每次履行期间的最后1日起计算；法律文书未规定履行期间的，从法律文书生效之日起计算。

（2）执行开始

对于具有执行内容的生效裁判文书，执行员接到申请执行书或者移交执行书，随即开始执行程序。

提交执行的案件有3类：①具有给付或者履行内容的生效民事判决、裁定（包括先予执行的抚恤金、医疗费用等）；②具有财产执行内容的刑事判决书、裁定书；③审判人员认为涉及国家、集体或公民重大利益的案件。

（3）向上一级人民法院申请执行

人民法院自收到申请执行书之日起超过6个月未执行的，申请执行人可以向上一级人民法院申请执行。上一级人民法院经审查，可以责令原人民法院在一定期限内执行，也可以决定由本院执行或者指令其他人民法院执行。

4. 执行措施

执行措施是指人民法院依照法定程序强制执行生效法律文书的方法和手段。在执行中，执行措施和执行程序是合为一体的。执行员接到申请执行书或者移交执行书，应当向被执行人发出执行通知，并可以立即采取强制执行措施。

执行措施主要有：①查封、冻结、划拨被执行人的存款；②扣留、提取被执行人的收入；③查封、扣押、拍卖、变卖被执行人的财产；④对被执行人及其住所或财产隐匿地进行搜查；⑤强制被执行人交付法律文书指定的财物或票证；⑥强制被执行人迁出房屋或退出土地；⑦强制被执行人履行法律文书指定的行为；⑧办理财产权证照转移手续；⑨强制被执行人支付迟延履行期间的债务利息或迟延履行金。

根据《民事诉讼法》，被执行人未按执行通知履行法律文书确定的义务，应当报告当前以及收到执行通知之日前一年的财产情况。被执行人拒绝报告或者虚假报告的，人民法院可以根据情节轻重对被执行人或者其法定代理人、有关单位的主要负责人或者直接责任人员予以罚款、拘留。债权人发现被执行人有其他财产的，可以随时请求人民法院执行。

5. 执行中止和终结

（1）执行中止

有下列情况之一的，人民法院应裁定中止执行：①申请人表示可以延期执行的；②案外人对执行标的提出确有理由异议的；③作为一方当事人的公民死亡，需要等待继承人继承权利或承担义务的；④作为一方当事人的法人或其他组织终止，尚未确定权利义务承受人的；⑤人民法院认为应当中止执行的其他情形如被执行人确无财产可供执行等。

中止的情形消失后，恢复执行。

（2）执行终结

有下列情况之一的，人民法院应当裁定终结执行：①申请人撤销申请的；②据以执行的法律文书被撤销的；③作为被执行人的公民死亡，无遗产可供执行，又无义务承担人的；④追索赡养费、抚养费、抚育费案件的权利人死亡的；⑤作为被执行人的公民因生活困难无力偿还借款，无收入来源，又丧失劳动能力的；⑥人民法院认为应当终结执行的其他情形。

8.5　建设工程施工合同纠纷案件的司法解释

建设工程合同履行过程中会产生大量的纠纷，有一些纠纷并不容易直接适用现有的法律条款予以解决。针对这些特殊的纠纷，可以通过相关司法解释来进行处理。2020年12月25日最高人民法院审判委员会第1825次会议通过了《最高人民法院关于审理建设工程施工合同纠纷案件适用法律问题的解释（一）》（以下简称《解释（一）》），自2021年1月1日起施行。

8.5.1　无效建设工程施工合同的认定问题

在建设工程施工合同的订立过程中，由于一些条件的出现会导致合同无效，《解释（一）》对无效建设工程施工合同的认定作出了规定。

（1）建设工程施工合同具有下列情形之一的，认定无效：

1）承包人未取得建筑业企业资质或者超越资质等级的；

2）没有资质的实际施工人借用有资质的建筑施工企业名义的；

3）建设工程必须进行招标而未招标或者中标无效的。

承包人因转包、违法分包建设工程与他人签订的建设工程施工合同，认定无效。

（2）招标人和中标人在中标合同之外就明显高于市场价格购买承建房产、无偿建设住房配套设施、让利、向建设单位捐赠财物等另行签订合同，变相降低工程价款，一方当事人以该合同背离中标合同实质性内容为由请求确认无效的，人民法院应予支持。

（3）当事人以发包人未取得建设工程规划许可证等规划审批手续为由，请求确认建设工程施工合同无效的，人民法院应予支持，但发包人在起诉前取得建设工程规划许可证等规划审批手续的除外。

发包人能够办理审批手续而未办理，并以未办理审批手续为由请求确认建设工程施工合同无效的，人民法院不予支持。

（4）承包人超越资质等级许可的业务范围签订建设工程施工合同，在建设工程竣工前取得相应资质等级，当事人请求按照无效合同处理的，人民法院不予支持。

（5）具有劳务作业法定资质的承包人与总承包人、分包人签订的劳务分包合同，当事人请求确认无效的，人民法院依法不予支持。

8.5.2　建设工程质量不符合约定的责任承担问题

导致工程质量不合格的原因很多，其中有发包人的原因，也有承包商的原因。其责任的承担应该根据具体的情况分别作出处理。

1. 承包人原因导致质量不符合约定的处理规定

《解释（一）》第 12 条规定，因承包人的原因造成建设工程质量不符合约定，承包人拒绝修理、返工或者改建，发包人请求减少支付工程价款的，人民法院应予支持。

2. 发包人过错导致质量不符合约定的处理规定

《解释（一）》第 13 条规定，发包人具有下列情形之一，造成建设工程质量缺陷，应当承担过错责任：

（1）提供的设计有缺陷。

（2）提供或者指定购买的建筑材料、建筑构配件、设备不符合强制性标准。

（3）直接指定分包人分包专业工程。

3. 发包人擅自使用后出现质量问题的处理规定

有的时候建设单位为了能够提前投入生产，在没有经过竣工验收的前提下就擅自使用了工程。由于工程质量问题都需要经过一段时间才能显现出来，所以，这种未经竣工验收就使用工程的行为往往就导致了其后的工程质量的纠纷。

《解释（一）》第 14 条规定："建设工程未经竣工验收，发包人擅自使用后，又以使用部分质量不符合约定为由主张权利的，人民法院不予支持；但是承包人应当在建设工程的合理使用寿命内对地基基础工程和主体结构质量承担民事责任。"

4. 建设工程施工合同有效，但竣工验收不合格的处理规定

《解释（一）》第 19 条第 3 款规定，建设工程施工合同有效，但建设工程经竣工验收不合格的，工程价款结算依照民法典第 577 条规定处理，即当事人一方不履行合同义务或者履行合同义务不符合约定的，应当承担继续履行、采取补救措施或者赔偿损失等违约责任。

5. 建设工程施工合同无效，但建设工程质量合格的处理规定

《解释（一）》第 24 条规定，当事人就同一建设工程订立的数份建设工程施工合同均无效，但建设工程质量合格，一方当事人请求参照实际履行的合同关于工程价款的约定折价补偿承包人的，人民法院应予支持。

实际履行的合同难以确定，当事人请求参照最后签订的合同关于工程价款的约定折价补偿承包人的，人民法院应予支持。

6. 其他建设工程质量问题的处理规定

缺乏资质的单位或者个人借用有资质的建筑施工企业名义签订建设工程施工合同，发包人请求出借方与借用方对建设工程质量不合格等因出借资质造成的损失承担连带赔偿责任的，人民法院应予支持。

8.5.3 建设工程开工、竣工日期问题

在发包人与承包人之间发生纠纷时，尤其是在发包人因承包人工期违约提出索赔，或者承包人因索要工程款而提起民事诉讼时，发包人往往会提出工期索赔的反诉，那么开工、竣工日期的确定就会成为双方面临的首要问题。工程开工时间的确认涉及工程工期是否违约及是否需要相应扣减工程款。《解释（一）》对开工、竣工日期的认定作出了规定。

1. 开工日期的认定

当事人对建设工程开工日期有争议的，人民法院应当分别按照以下情形予以认定：

（1）开工日期为发包人或者监理人发出的开工通知载明的开工日期；开工通知发出后，尚不具备开工条件的，以开工条件具备的时间为开工日期；因承包人原因导致开工时间推迟的，以开工通知载明的时间为开工日期。

（2）承包人经发包人同意已经实际进场施工的，以实际进场施工时间为开工日期。

（3）发包人或者监理人未发出开工通知，亦无相关证据证明实际开工日期的，应当综合考虑开工报告、合同、施工许可证、竣工验收报告或者竣工验收备案表等载明的时间，并结合是否具备开工条件的事实，认定开工日期。

2. 竣工日期的认定

当事人对建设工程实际竣工日期有争议的，人民法院应当分别按照以下情形予以认定：

（1）建设工程经竣工验收合格的，以竣工验收合格之日为竣工日期；

（2）承包人已经提交竣工验收报告，发包人拖延验收的，以承包人提交验收报告之日为竣工日期；

（3）建设工程未经竣工验收，发包人擅自使用的，以转移占有建设工程之日为竣工日期。

复习与应用练习题

1. 单项选择题

（1）某施工单位于6月1日提交竣工验收报告，建设单位因故迟迟不予组织竣工验收；同年10月8日建设单位组织竣工验收时因监理单位的过错未能正常进行；10月20日建设单位实际使用该工程。施工单位承担的保修期应于（　　）起计算。

A. 6月1日　　　　B. 8月30日　　　　C. 10月8日　　　　D. 10月20日

（2）下列仲裁协议中，有效的仲裁协议是（　　）。

A. 本合同履行过程中，凡因本合同引起的任何争议，均提请仲裁委员会仲裁

B. 本合同履行过程中，凡因本合同引起的任何争议，可申请仲裁或提起诉讼

C. 本合同履行过程中，凡因本合同引起的任何争议，均提请北京仲裁委员会仲裁

D. 本合同履行过程中，凡因本合同引起的任何争议，应先申请仲裁后提起诉讼

（3）下列有关仲裁的事项，不属于仲裁协议内容的是（　　）。

A. 仲裁事项　　　　　　　　　　　　　B. 选定的仲裁委员会

C. 请求仲裁的意思表示　　　　　　　　D. 仲裁裁决的效力

（4）根据《民事诉讼法》，下列证据中，属于书证的是（　　）。

A. 录音录像材料　　　　　　　　　　　B. 建筑材料样品

C. 工程质量鉴定报告　　　　　　　　　D. 施工合同

（5）关于民事诉讼审判程序的说法，正确的是（　　）。

A. 第一审程序包括普通程序和特殊程序　B. 必须以书面形式起诉

C. 原告必须与案件有直接利害关系　　　D. 提交起诉状的同时提交全部证据

（6）某施工合同纠纷案经仲裁裁决，将已经竣工工程的部分楼层折价给施工单位抵偿工程欠款，但建设单位拒绝履行裁决。因此，施工单位决定申请执行仲裁裁决。关于申请执行仲裁裁决的说法，正确的是（　　）。

A. 施工单位申请执行的期间为 1 年

B. 申请执行本案的仲裁裁决，由施工单位所在地的中级人民法院管辖

C. 申请执行本案的仲裁裁决，由本案工程合同签订地的中级人民法院管辖

D. 施工单位有权向人民法院申请执行

（7）甲房地产开发公司在与农民工工资纠纷的诉讼中败诉，法庭判决其 2015 年 8 月 5 日前支付农民工工资 8 万元，但该公司在判决规定的支付日期截止日期没有支付，则农民工可以在（　　）之前申请强制执行。

A. 2015 年 9 月 5 日　　　　　　　　　B. 2016 年 2 月 5 日

C. 2016 年 8 月 5 日　　　　　　　　　D. 2017 年 8 月 5 日

（8）仲裁委员会仲裁某施工合同纠纷案件，首席仲裁员甲认为应裁决合同无效，仲裁庭组成人员乙、丙认为应裁决合同有效，但乙认为应裁决解除合同，丙认为应裁决继续履行合同，则仲裁庭应（　　）。

A. 按甲的意见作出　　　　　　　　　　B. 重新组成仲裁庭经评议后作出

C. 按乙或丙的意见作出　　　　　　　　D. 请示仲裁委员会主任并按其意见作出

（9）某工程因被拖欠工程款发生纠纷，施工方诉至法院，后本案经调解达成协议，并制作了协调书。关于本案中调解的说法，正确的是（　　）。

A. 法院调解应由审判员一人主持

B. 法院调解必须邀请有关单位和个人协助

C. 调解书与判决书的效力不同

D. 调解书经双方当事人签署即发生法律效力

（10）根据《最高人民法院关于审理建设工程施工合同纠纷案件适用法律问题的解释（一）》，下列情形中，造成建设工程质量缺陷，发包人应当承当过错责任的是（　　）。

A. 未申领施工许可证　　　　　　　　　B. 直接指定分包人分包专业工程

C. 迟延提供设计文件　　　　　　　　　D. 拖欠工程款

2. 多项选择题

（1）采用和解的方式解决纠纷，既有利于维持和发展双方的合作关系，又使当事人之间的争议得以较为经济和及时地解决。以下关于和解的理解错误的有（　　）。

A. 和解应该发生在仲裁、诉讼程序之外

B. 当事人申请仲裁后，达成和解协议的，必须撤回仲裁申请

221

C. 当事人达成和解协议，撤回仲裁申请后反悔的，可以根据仲裁协议申请仲裁

D. 发生争议后，当事人可以自行和解。如果达成一致意见，就无需仲裁或诉讼

E. 当事人在诉讼中和解的，应由原告申请撤诉，经法院裁定撤诉后结束诉讼

（2）根据《仲裁法》，在下列纠纷中，当事人可以申请仲裁的有（　　）。

A. 孙某与某建设集团公司之间的劳动争议

B. 张某与村民委员会之间土地承包经营合同纠纷

C. 王某的房屋被李某倒车时撞坏的侵权纠纷

D. 王某与其家人的遗产纠纷

E. 甲乙之间的运输合同纠纷

（3）关于仲裁协议的说法，正确的有（　　）。

A. 仲裁协议应当是书面形式

B. 仲裁协议可以是口头订立的，但需双方认可

C. 仲裁协议必须在争议发生前达成

D. 没有仲裁协议，也就无法进行仲裁

E. 仲裁协议排除了人民法院对合同争议的管辖权

（4）仲裁过程中的调解是双方解除纠纷的有效办法。关于仲裁过程中的调解，以下说法错误的有（　　）。

A. 仲裁庭在作出裁决前，必须先行调解

B. 调解不成的，应当及时作出裁决

C. 调解达成协议的，仲裁庭只能制作调解书而不能制作裁决书

D. 调解书不具备执行力

E. 在调解书签收前当事人反悔的，仲裁庭应当及时作出裁决

（5）根据《仲裁法》，仲裁裁决可能被撤销的情形有（　　）。

A. 裁决的事项超出仲裁协议预定的范围　　　　B. 依据伪造的证据作出的裁决

C. 双方当事人均对裁决不服　　　　D. 重大案件适用了独任庭审理

E. 没有仲裁协议

（6）仲裁案件当事人申请仲裁后自行达成和解协议的，可以（　　）。

A. 请求仲裁庭根据和解协议制作调解书

B. 请求仲裁庭根据和解协议制作裁决书

C. 撤回仲裁申请书

D. 请求强制执行

E. 请求法院判决

（7）不能作为民事诉讼证人的有（　　）。

A. 本案书记员　　　　B. 本案鉴定人员

C. 本案诉讼代理人　　　　D. 限制民事行为能力人

E. 当事人亲属

3. 简答题

（1）解决建设工程合同纠纷的途径有哪些？

（2）作为法律概念的调解，有哪些类型？

（3）简述仲裁的范围、特点和原则。

（4）仲裁协议的法律效力表现在哪些方面？

（5）简述仲裁的程序。

（6）对于民事诉讼的管辖，法律是如何规定的？

（7）简述民事诉讼第一审普通程序。

（8）简述建设工程施工合同纠纷案件的相关司法解释。

教学单元9

有关工程建设的其他法规知识

【教学目标】通过本单元学习，使学生了解环境影响评价制度，环境保护"三同时"制度，水污染、大气污染、固体废物污染和环境噪声污染防治法律制度；熟悉建筑节能法律制度，劳动合同法律制度和劳动保护法律制度，文物保护法律制度；能够正确运用环境保护、节约能源、劳动合同和劳动保护等法律法规的基本知识解决工程建设过程中的相关法律问题，依法从事工程建设活动。

9.1　环境保护法规中与工程建设相关的内容

环境保护是我国一项基本国策。建设项目既要消耗大量的自然资源，又要向自然界排放大量的废水、废气、废渣以及产生噪声等，这是造成环境问题的主要根源之一。因此，加强项目建设的环境保护管理，是整个环境保护工作的基础和重点。

9.1.1　环境保护"三同时"制度

《中华人民共和国环境保护法》第 41 条规定，建设项目中防治污染的设施，应当与主体工程同时设计、同时施工、同时投产使用。防治污染的设施应当符合经批准的环境影响评价文件的要求，不得擅自拆除或者闲置。

9.1.2　环境噪声污染防治法律制度

环境噪声是指在工业生产、建筑施工、交通运输和社会生活中所产生的干扰周围生活环境的声音。环境噪声污染则是指产生的环境噪声超过国家规定的环境噪声排放标准，并干扰他人正常生活、工作和学习的现象。

在工程建设领域，环境噪声污染的防治主要包括两个方面：一是施工现场环境噪声污染的防治；二是建设项目环境噪声污染的防治。前者主要解决建设工程施工过程中产生的施工噪声污染问题，后者则是要解决建设项目建成后使用过程中可能产生的环境噪声污染问题。

1. 施工现场环境噪声污染的防治

（1）建筑施工场界环境噪声排放标准的规定

根据《中华人民共和国环境噪声污染防治法》（以下简称《环境噪声污染防治法》），在城市市区范围内向周围生活环境排放建筑施工噪声的，应当符合国家规定的建筑施工场界环境噪声排放标准。

建筑施工噪声是指建筑施工过程中产生的干扰周围生活环境的声音。建筑施工场界是指由有关主管部门批准的建筑施工场地边界或建筑施工过程中实际使用的施工场地边界。

根据《建筑施工场界环境噪声排放标准》GB 12523，建筑施工场界环境噪声不得超过规定的排放限值。建筑施工场界环境噪声排放限值为：昼间（6：00～22：00）70dB（A），夜间（22：00～次日 6：00）55dB（A）。夜间噪声最大声级超过限值的幅度不得高于 15dB（A）。

（2）使用机械设备可能产生环境噪声污染须申报的规定

根据《环境噪声污染防治法》，在城市市区范围内，建筑施工过程中使用机械设备，可能产生环境噪声污染的，施工单位必须在工程开工 15 日以前向工程所在地县级以上地方人民政府环境保护行政主管部门申报该工程的项目名称、施工场所和期限、可能产生的环境噪声值以及所采取的环境噪声污染防治措施的情况。

国家对环境噪声污染严重的落后设备实行淘汰制度。国务院经济综合主管部门应当会同国务院有关部门公布限期禁止生产、禁止销售、禁止进口的环境噪声污染严重的设备名录。

（3）禁止夜间进行产生环境噪声污染施工作业的规定

根据《环境噪声污染防治法》，在城市市区噪声敏感建筑物集中区域内，禁止夜间进行产生环境噪声污染的建筑施工作业，但抢修、抢险作业和因生产工艺上要求或者特殊需要必须连续作业的除外。因特殊需要必须连续作业的，必须有县级以上人民政府或者其有关主管部门的证明。以上规定的夜间作业，必须公告附近居民。

（4）政府监管部门现场检查的规定

根据《环境噪声污染防治法》，县级以上人民政府环境保护行政主管部门和其他环境噪声污染防治工作的监督管理部门、机构，有权依据各自的职责对管辖范围内排放环境噪声的单位进行现场检查。

被检查的单位必须如实反映情况，并提供必要的资料。检查部门、机构应当为被检查的单位保守技术秘密和业务秘密。检查人员进行现场检查，应当出示证件。

2. 建设项目环境噪声污染的防治

城市道桥、铁路（包括轻轨）、工业厂房等建设项目，在建成后的使用过程中可能会对周围环境产生噪声污染。因此，建设单位在建设前期就须依法规定防治措施，并同步建设环境噪声污染防治设施。

根据《环境噪声污染防治法》，新建、改建、扩建的建设项目，必须遵守国家有关建设项目环境保护管理的规定。建设项目可能产生环境噪声污染的，建设单位必须提出环境影响报告书，规定环境噪声污染的防治措施，并按照国家规定的程序报环境保护行政主管部门批准。环境影响报告书中，应当有该建设项目所在地单位和居民的意见。

建设项目的环境噪声污染防治设施必须与主体工程同时设计、同时施工、同时投产使用。例如，建设经过已有的噪声敏感建筑物集中区域的高速公路和城市高架、轻轨道路，有可能造成环境噪声污染的，应当设置声屏障或者采取其他有效的控制环境噪声污染的措施；在已有的城市交通干线的两侧建设噪声敏感建筑物的，建设单位应当按照国家规定间隔一定距离，并采取减轻、避免交通噪声影响的措施等。

建设项目在投入生产或者使用之前，其环境噪声污染防治设施必须经原审批环境影响报告书的环境保护行政主管部门验收；达不到国家规定要求的，该建设项目不得投入生产或者使用。

3. 交通运输噪声污染的防治

所谓交通运输噪声，是指机动车辆、铁路机车、机动船舶、航空器等交通运输工具在运行时所产生的干扰周围生活环境的声音。由于建设工程施工有着大量的运输任务，不可避免地还会产生交通运输噪声。

根据《环境噪声污染防治法》，在城市市区范围内行驶的机动车辆的消声器和喇叭必须符合国家规定的要求。机动车辆必须加强维修和保养，保持技术性能良好，防治环境噪声污染。

警车、消防车、工程抢险车、救护车等机动车辆安装、使用警报器，必须符合国务院公安部门的规定；在执行非紧急任务时，禁止使用警报器。

4. 对产生环境噪声污染企业事业单位的规定

根据《环境噪声污染防治法》，产生环境噪声污染的企业事业单位，必须保持防治环境噪声污染的设施的正常使用；拆除或者闲置环境噪声污染防治设施的，必须事先报所在地的县级以上地方人民政府环境保护行政主管部门批准。

产生环境噪声污染的单位，应当采取措施进行治理，并按照国家规定缴纳超标准排污费。征收的超标准排污费必须用于污染的防治，不得挪作他用。

对于在噪声敏感建筑物集中区域内造成严重环境噪声污染的企业事业单位，限期治理。被限期治理的单位必须按期完成治理任务。

9.1.3 水污染防治法律制度

水污染是指水体因某种物质的介入，而导致其化学、物理、生物或者放射性等方面特性的改变，从而影响水的有效利用，危害人体健康或者破坏生态环境，造成水质恶化的现象。水污染防治包括江河、湖泊、运河、渠道、水库等地表水体以及地下水体的污染防治。

《中华人民共和国水污染防治法》（以下简称《水污染防治法》）规定，水污染防治应当坚持预防为主、防治结合、综合治理的原则，优先保护饮用水水源，严格控制工业污染、城镇生活污染，防治农业面源污染，积极推进生态治理工程建设，预防、控制和减少水环境污染和生态破坏。

1. 施工现场水污染的防治

根据《水污染防治法》，排放水污染物，不得超过国家或者地方规定的水污染物排放标准和重点水污染物排放总量控制指标。直接或者间接向水体排放污染物的企业事业单位和个体工商户，应当按照国务院环境保护主管部门的规定，向县级以上地方人民政府环境保护主管部门申报登记拥有的水污染物排放设施、处理设施和在正常作业条件下排放水污染物的种类、数量和浓度，并提供防治水污染方面的有关技术资料。

（1）禁止向水体排放油类、酸液、碱液或者剧毒废液。禁止在水体清洗装贮过油类或者有毒污染物的车辆和容器。禁止向水体排放、倾倒放射性固体废物或者含有高放射性和中放射性物质的废水。向水体排放含低放射性物质的废水，应当符合国家有关放射性污染防治的规定和标准。

（2）禁止向水体排放、倾倒工业废渣、城镇垃圾和其他废弃物。禁止将含有汞、镉、砷、铬、铅、氰化物、黄磷等的可溶性剧毒废渣向水体排放、倾倒或者直接埋入地下。存放可溶性剧毒废渣的场所，应当采取防水、防渗漏、防流失的措施。禁止在江河、湖泊、运河、渠道、水库最高水位线以下的滩地和岸坡堆放、存贮固体废弃物和其他污染物。

（3）在饮用水水源保护区内，禁止设置排污口。在风景名胜区水体、重要渔业水体和其他具有特殊经济文化价值的水体的保护区内，不得新建排污口。在保护区附近新建排污口，应当保证保护区水体不受污染。

（4）禁止利用渗井、渗坑、裂隙和溶洞排放、倾倒含有毒污染物的废水、含病原体的污水和其他废弃物。禁止利用无防渗漏措施的沟渠、坑塘等输送或者存贮含有毒污染物的废水、含病原体的污水和其他废弃物。

（5）兴建地下工程设施或者进行地下勘探、采矿等活动，应当采取防护性措施，防止地下水污染。人工回灌补给地下水，不得恶化地下水质。

2. 建设项目水污染的防治

根据《水污染防治法》，新建、改建、扩建直接或者间接向水体排放污染物的建设项目和其他水上设施，应当依法进行环境影响评价。

建设单位在江河、湖泊新建、改建、扩建排污口的，应当取得水行政主管部门或者流域管理机构同意；涉及通航、渔业水域的，环境保护主管部门在审批环境影响评价文件时，应当征求交通、渔业主管部门的意见。

建设项目的水污染防治设施，应当与主体工程同时设计、同时施工、同时投入使用。水污染防治设施应当经过环境保护主管部门验收，验收不合格的，该建设项目不得投入生产或者使用。

禁止在饮用水水源一级保护区内新建、改建、扩建与供水设施和保护水源无关的建设项目；已建成的与供水设施和保护水源无关的建设项目，由县级以上人民政府责令拆除或者关闭。

禁止在饮用水水源二级保护区内新建、改建、扩建排放污染物的建设项目；已建成的排放污染物的建设项目，由县级以上人民政府责令拆除或者关闭。

禁止在饮用水水源准保护区内新建、扩建对水体污染严重的建设项目；改建建设项目，不得增加排污量。

3. 发生事故或者其他突发性事件的规定

根据《水污染防治法》，企业事业单位发生事故或者其他突发性事件，造成或者可能造成水污染事故的，应当立即启动本单位的应急方案，采取应急措施，并向事故发生地的县级以上地方人民政府或者环境保护主管部门报告。

9.1.4 固体废物污染防治法律制度

固体废物是指在生产、生活和其他活动中产生的丧失原有利用价值或者虽未丧失利用价值但被抛弃或者放弃的固态、半固态和置于容器中的气态的物品、物质以及法律、行政法规规定纳入固体废物管理的物品、物质。固体废物污染环境，是指固体废物在产生、收集、贮存、运输、利用、处置的过程中产生的危害环境的现象。

根据《中华人民共和国固体废物污染环境防治法》（以下简称《固体废物污染环境防治法》），国家对固体废物污染环境的防治，坚持减量化、资源化和无害化原则。强化政府及其有关部门监督管理责任，明确目标责任制、信用记录、联防联控、全过程监控和信息化追溯等制度，明确国家逐步实现固体废物零进口。实行减少固体废物的产生量和危害性、充分合理利用固体废物和无害化处理固体废物的原则，推选绿色发展方式，促进清洁生产和循环经济发展。

1. 施工现场固体废物污染环境的防治

施工现场的固体废物主要是建筑垃圾和生活垃圾。固体废物又分为一般固体废物和危险废物。所谓危险废物，是指列入国家危险废物名录或者根据国家规定的危险废物鉴别标准和鉴别方法认定的具有危险特性的固体废物。

（1）一般固体废物污染环境的防治

根据《固体废物污染环境防治法》，任何单位和个人都应当采取措施，减少固体废物的产生量，促进固体废物的综合利用，降低固体废物的危害性。

固体废物污染环境防治坚持污染担责的原则。产生、收集、贮存、运输、利用、处置固体废物的单位和个人，应当采取措施，防止或者减少固体废物对环境的污染，对所造成的环境污染依法承担责任。

产生、收集、贮存、运输、利用、处置固体废物的单位和其他生产经营者，必须采取防扬散、防流失、防渗漏或者其他防止污染环境的措施，不得擅自倾倒、堆放、丢弃、遗撒固体废物。禁止任何单位或者个人向江河、湖泊、运河、渠道、水库及其最高水位线以下的滩地和岸坡以及法律、法规规定的其他地点倾倒、堆放、贮存固体废物。

工程施工单位应当及时清运工程施工过程中产生的固体废物，并按照环境卫生行政主管部门的规定进行利用或者处置。

（2）危险废物污染环境防治的特别规定

对于危险废物污染环境的防治，法律作出了更加严格的规定，例如，禁止将危险废物与旅客在同一运输工具上载运。运输危险废物，必须采取防止污染环境的措施等，详见《固体废物污染环境防治法》。

（3）施工现场固体废物的减量化和回收再利用

建设部《绿色施工导则》规定，制定建筑垃圾减量化计划，例如，住宅建筑每万平方米的建筑垃圾不宜超过 400t。

加强建筑垃圾的回收再利用，力争建筑垃圾的再利用和回收率达到 30%，建筑物拆除产生的废弃物的再利用和回收率大于 40%。对于碎石类、土石方类建筑垃圾，可采用地基填埋、铺路等方式提高再利用率，力争再利用率大于 50%。施工现场生活区设置封闭式垃圾容器，施工场地生活垃圾实行袋装化，及时清运。对建筑垃圾进行分类，并收集到现场封闭式垃圾站，集中运出。

2. 建设项目固体废物污染环境的防治

根据《固体废物污染环境防治法》，建设产生、贮存、利用、处置固体废物的项目，必须依法进行环境影响评价，并遵守国家有关建设项目环境保护管理的规定。

建设项目的环境影响评价文件确定需要配套建设的固体废物污染环境防治设施，必须与主体工程同时设计、同时施工、同时投入使用。建设项目的初步设计，应当按照环境保护设计规定的要求，将固体废物污染环境防治内容纳入环境影响评价文件，落实防治固体废物污染环境和破坏生态的措施以及固体废物污染环境防治设施投资概算。

建设单位应当依照有关污染法规的规定，对配套建设的固体废物污染环境防治设施进行验收，编制验收报告，并向社会公开。

在生态保护红线区域、永久基本农田集中区域和其他需要特别保护的区域内，禁止建设工业固体废物、危险废物集中贮存、利用、处置的设施、场所和生活垃圾填埋场。

9.1.5 环境保护违法行为应承担的法律责任

违反环境保护相关法律法规，则要承担法律责任。法律责任有责令改正、罚款、没收违法所得、停业整顿、吊销经营许可证等行政处罚；构成犯罪的，则要追究刑事责任。详见《环境保护法》《环境噪声污染防治法》《固体废物污染环境防治法》《水污染防治法》《大气污染防治法》等环境保护相关法律法规。

------ 思政拓展学习 ------

【案例】八步沙林场地处河西走廊东端、腾格里沙漠南缘的甘肃省武威市古浪县。20世纪80年代初，郭朝明等6位村民，义无反顾挺进八步沙，以联产承包形式组建集体林场，承包治理7.5万亩流沙。"六老汉"三代人历经38年的坚守，如今的八步沙林场，已从昔日寸草不生的沙漠，变成了当地群众增收致富的金山银山，以愚公移山精神生动书写了从"沙逼人退"到"人进沙退"的绿色篇章。

【启示】绿化祖国，改善生态，人人尽责。只有坚持绿色发展理念，持之以恒推进生态文明建设，日积月累，祖国山河必将更加壮美。

9.2 节约能源法规中与工程建设相关的内容

节约能源是我国的基本国策。国家实施节约与开发并举、把节约放在首位的能源发展战略。

为了推进全社会节约能源，提高能源利用效率和经济效益，保护环境，我国于1997年11月1日发布了《中华人民共和国节约能源法》（以下简称《节约能源法》）。全国人民代表大会常务委员会于2007年、2016年、2018年对《节约能源法》进行了3次修订。为了促进循环经济发展，提高资源利用效率，我国于2008年8月29日发布了《中华人民共和国循环经济促进法》（以下简称《循环经济促进法》）。2018年10月26日全国人民代表大会常务委员会对《循环经济促进法》进行了修正。国务院第530号令发布了《民用建筑节能条例》。

以上三部法律法规构成了关于节能的法律体系。

9.2.1　建设工程项目节能评估审查制度

1. 节能的产业政策

国家实行有利于节能和环境保护的产业政策，限制发展高耗能、高污染行业，发展节能环保型产业。国家对落后的耗能过高的用能产品、设备和生产工艺实行淘汰制度。禁止使用国家明令淘汰的用能设备、生产工艺。国家鼓励企业制定严于国家标准、行业标准的企业节能标准。

2. 国家实行固定资产投资项目节能评估和审查制度

根据《节约能源法》，国家实行固定资产投资项目节能评估和审查制度。对不符合强制性节能标准的项目，依法负责项目审批或者核准的机关不得批准或者核准建设；建设单位不得开工建设；已经建成的，不得投入生产、使用。

国家鼓励和扶持在新建建筑和既有建筑节能改造中使用新型墙体材料等节能建筑材料和节能设备，安装和使用太阳能、地热能等可再生能源利用系统。

3. 用能单位的法定义务

用能单位应当按照合理用能的原则，加强节能管理，制定并实施节能计划和节能技术措施，降低能源消耗。用能单位应当建立节能目标责任制，定期开展节能教育和岗位节能培训，加强能源计量管理，按照规定配备和使用经依法检定合格的能源计量器具，建立能源消费统计和能源利用状况分析制度，对各类能源的消费实行分类计量和统计，并确保能源消费统计数据真实、完整。任何单位不得对能源消费实行包费制。

4. 循环经济的法律要求

根据《中华人民共和国循环经济促进法》（以下简称《循环经济促进法》），发展循环经济应当在技术可行、经济合理和有利于节约资源、保护环境的前提下，按照减量化（即在生产、流通和消费等过程中减少资源消耗和废物产生）优先的原则实施。在废物再利用和资源化（即将废物直接作为原料进行利用或者对废物进行再生利用）过程中，应当保障生产安全，保证产品质量符合国家规定的标准，并防止产生再次污染。

9.2.2　建筑节能法律制度

在工程建设领域，节约能源主要包括建筑节能和施工节能两个方面。

建筑节能是解决建设项目建成后使用过程中的节能问题，施工节能则是要解决施工过程中的节能问题。《民用建筑节能条例》对新建建筑节能和既有建筑节能作出了规定。

1. 新建建筑节能的规定

（1）节能材料与设备的使用

国家推广使用民用建筑节能的新技术、新工艺、新材料和新设备，限制使用或者禁止使用能源消耗高的技术、工艺、材料和设备。国务院节能工作主管部门、建设主管部门应当制定、公布并及时更新推广使用、限制使用、禁止使用目录。

国家限制进口或者禁止进口能源消耗高的技术、材料和设备。

建设单位、设计单位、施工单位不得在建筑活动中使用列入禁止使用目录的技术、工艺、材料和设备。

（2）建筑节能主体的节能义务

1）城乡规划主管部门与建设主管部门的节能义务

编制城市详细规划、镇详细规划，应当按照民用建筑节能的要求，确定建筑的布局、形状和朝向。城乡规划主管部门依法对民用建筑进行规划审查，对不符合民用建筑节能强制性标准的，不得颁发建设工程规划许可证。

不符合建筑节能标准的建筑工程，建设主管部门不得批准开工建设；已经开工建设的，应当责令停止施工、限期改正；已经建成的，不得销售或者使用。

2）施工图审查机构的节能义务

施工图设计文件审查机构应当按照民用建筑节能强制性标准对施工图设计文件进行审查；经审查不符合民用建筑节能强制性标准的，县级以上地方人民政府建设主管部门不得颁发施工许可证。

3）建设单位的节能义务

建设单位不得明示或者暗示设计单位、施工单位违反民用建筑节能强制性标准进行设计、施工，不得明示或者暗示施工单位使用不符合施工图设计文件要求的墙体材料、保温材料、门窗、采暖制冷系统和照明设备。

按照合同约定由建设单位采购墙体材料、保温材料、门窗、采暖制冷系统和照明设备的，建设单位应当保证其符合施工图设计文件要求。

建设单位组织竣工验收，应当对民用建筑是否符合民用建筑节能强制性标准进行查验；对不符合民用建筑节能强制性标准的，不得出具竣工验收合格报告。

房地产开发企业销售商品房，应当向购买人明示所售商品房的能源消耗指标、节能措施和保护要求、保温工程保修期等信息，并在商品房买卖合同和住宅质量保证书、住宅使用说明书中载明。

4）设计单位、施工单位、工程监理单位的节能义务

设计单位、施工单位、工程监理单位及其注册执业人员，应当按照民用建筑节能强制性标准进行设计、施工、监理。

施工单位应当对进入施工现场的墙体材料、保温材料、门窗、采暖制冷系统和照明设备进行查验；不符合施工图设计文件要求的，不得使用。

工程监理单位发现施工单位不按照民用建筑节能强制性标准施工的，应当要求施工单位改正；施工单位拒不改正的，工程监理单位应当要求施工单应当及时报告建设单位，并向有关主管部门报告。

2. 既有建筑节能的规定

既有建筑节能改造，是指对不符合民用建筑节能强制性标准的既有建筑的围护结构、供热系统、采暖制冷系统、照明设备和热水供应设施等实施节能改造的活动。

实施既有建筑节能改造，应当符合民用建筑节能强制性标准，优先采用遮阳、改善通风等低成本改造措施。既有建筑围护结构的改造和供热系统的改造应当同步进行。

9.2.3 施工节能法律制度

根据《循环经济促进法》，建筑设计、建设、施工等单位应当按照国家有关规定和标准，对其设计、建设、施工的建筑物及构筑物采用节能、节水、节地、节材的技术工艺和小型、轻型、再生产品。有条件的地区，应当充分利用太阳能、地热能、风能等可再生能源。

1. 节材与材料资源利用

《循环经济促进法》，国家鼓励利用无毒无害的固体废物生产建筑材料，鼓励使用散装水泥，推广使用预拌混凝土和预拌砂浆。禁止损毁耕地烧砖。在国务院或者省、自治区、直辖市人民政府规定的期限和区域内，禁止生产、销售和使用黏土砖。

《绿色施工导则》进一步规定，图纸会审时，应审核节材与材料资源利用的相关内容，达到材料损耗率比定额损耗率降低 30%；根据施工进度、库存情况等合理安排材料的采购、进场时间和批次，减少库存；现场材料堆放有序；储存环境适宜，措施得当；保管制度健全，责任落实；材料运输工具适宜，装卸方法得当，防止损坏和遗撒；根据现场平面布置情况就近卸载，避免和减少二次搬运；采取技术和管理措施提高模板、脚手架等的周转次数；优化安装工程的预留、预埋、管线路径等方案；应就地取材，施工现场 500km 以内生产的建筑材料用量占建筑材料总重量的 70% 以上。

此外，还分别就结构材料、围护材料、装饰装修材料、周转材料提出了明确要求。

2. 节水与水资源利用

根据《循环经济促进法》，国家鼓励和支持使用再生水。企业应当发展串联用水系统和循环用水系统，提高水的重复利用率。企业应当采用先进技术、工艺和设备，对生产过程中产生的废水进行再生利用。

《绿色施工导则》进一步对提高用水效率、非传统水源利用和安全用水作出以下规定：

（1）提高用水效率。施工中采用先进的节水施工工艺；施工现场建立可再利用水的收集处理系统，使水资源得到梯级循环利用；对混凝土搅拌站点等用水集中的区域和工艺点进行专项计量考核；施工现场建立雨水、中水或可再利用水的搜集利用系统。

（2）非传统水源利用。优先采用中水搅拌、中水养护，优先采用地下水作为混凝土搅拌用水、养护用水、冲洗用水和部分生活用水，现场机具、设备、车辆冲洗、喷洒路面、绿化浇灌等用水，优先采用非传统水源，尽量不使用市政自来水。

（3）安全用水。在非传统水源和现场循环再利用水的使用过程中，应制定有效的水质检测与卫生保障措施，确保避免对人体健康、工程质量以及周围环境产生不良影响。

3. 节能与能源利用

《绿色施工导则》对节能措施，机械设备与机具，生产、生活及办公临时设施，施工用电及照明分别作出规定。

（1）制订合理施工能耗指标，提高施工能源利用率。安排施工工艺时，应优先考虑耗用电能的或其他能耗较少的施工工艺。

（2）建立施工机械设备管理制度，采用节电型机械设备，合理安排工序，提高各种机械的使用率和满载率，降低各种设备的单位耗能。

（3）合理设计生产、生活及办公临时设施，使其获得良好的日照、通风和采光。临时设施宜采用节能材料。

（4）临时用电优先选用节能电线和节能灯具，照明设计以满足最低照度为原则。

4. 节地与施工用地保护

《绿色施工导则》对临时用地指标、临时用地保护、施工总平面布置分别作出规定。

（1）临时设施的占地面积应按用地指标所需的最低面积设计，其有效利用率大于90%。

（2）红线外临时占地应尽量使用荒地、废地，少占用农田和耕地。利用和保护施工用地范围内原有绿色植被。深基坑施工要最大限度地减少对土地的扰动。

（3）施工总平面布置应做到科学、合理，充分利用原有建筑物、构筑物、道路、管线为施工服务。

9.2.4 节能中的违法行为应承担的法律责任

1.《节约能源法》规定的法律责任

（1）建设单位违反建筑节能标准的，由建设主管部门责令改正，处20万元以上50万元以下罚款。

（2）设计单位、施工单位、监理单位违反建筑节能标准的，由建设主管部门责令改正，处10万元以上50万元以下罚款；情节严重的，由颁发资质证书的部门降低资质等级或者吊销资质证书；造成损失的，依法承担赔偿责任。

（3）用能单位未按照规定配备、使用能源计量器具的，由产品质量监督部门责令限期改正；逾期不改正的，处1万元以上5万元以下罚款。瞒报、伪造、篡改能源统计资料或者编造虚假能源统计数据的，依照《中华人民共和国统计法》的规定处罚。

（4）违反规定，无偿向本单位职工提供能源或者对能源消费实行包费制的，由管理节能工作的部门责令限期改正；逾期不改正的，处5万元以上20万元以下罚款。

2.《循环经济促进法》规定的法律责任

在国务院或者省、自治区、直辖市人民政府规定禁止生产、销售、使用黏土砖的期限或者区域内生产、销售或者使用黏土砖的，由县级以上地方人民政府指定的部门责令限期改正；有违法所得的，没收违法所得；逾期继续生产、销售的，由地方人民政府工商行政管理部门依法吊销营业执照。

3.《民用建筑节能条例》规定的法律责任

（1）建设单位的法律责任

1）建设单位对不符合民用建筑节能强制性标准的民用建筑项目出具竣工验收合格报告的，由县级以上地方人民政府建设主管部门责令改正，处民用建筑项目合同价款2%以上4%以下的罚款；造成损失的，依法承担赔偿责任。

2）建设单位有下列行为之一的，由县级以上地方人民政府建设主管部门责令改正，处 20 万元以上 50 万元以下的罚款：①明示或者暗示设计单位、施工单位违反民用建筑节能强制性标准进行设计、施工的；②明示或者暗示施工单位使用不符合施工图设计文件要求的墙体材料、保温材料、门窗、采暖制冷系统和照明设备的；③采购不符合施工图设计文件要求的墙体材料、保温材料、门窗、采暖制冷系统和照明设备的；④使用列入禁止使用目录的技术、工艺、材料和设备的。

（2）设计单位的法律责任

设计单位未按照民用建筑节能强制性标准进行设计，或者使用列入禁止使用目录的技术、工艺、材料和设备的，由县级以上地方人民政府建设主管部门责令改正，处 10 万元以上 30 万元以下的罚款；情节严重的，由颁发资质证书的部门责令停业整顿，降低资质等级或者吊销资质证书；造成损失的，依法承担赔偿责任。

（3）施工单位的法律责任

1）施工单位未按照民用建筑节能强制性标准进行施工的，由县级以上地方人民政府建设主管部门责令改正，处民用建筑项目合同价款 2% 以上 4% 以下的罚款；情节严重的，由颁发资质证书的部门责令停业整顿，降低资质等级或者吊销资质证书；造成损失的，依法承担赔偿责任。

2）施工单位有下列行为之一的，由县级以上地方人民政府建设主管部门责令改正，处 10 万元以上 20 万元以下的罚款；情节严重的，由颁发资质证书的部门责令停业整顿，降低资质等级或者吊销资质证书；造成损失的，依法承担赔偿责任：①未对进入施工现场的墙体材料、保温材料、门窗、采暖制冷系统和照明设备进行查验的；②使用不符合施工图设计文件要求的墙体材料、保温材料、门窗、采暖制冷系统和照明设备的；③使用列入禁止使用目录的技术、工艺、材料和设备的。

（4）工程监理单位的法律责任

1）对不符合施工图设计文件要求的墙体材料、保温材料、门窗、采暖制冷系统和照明设备，按照符合施工图设计文件要求签字的，责令改正，处 50 万元以上 100 万元以下的罚款，降低资质等级或者吊销资质证书；有违法所得的，予以没收；造成损失的，承担连带赔偿责任。

2）工程监理单位有下列行为之一的，由县级以上地方人民政府建设主管部门责令限期改正；逾期未改正的，处 10 万元以上 30 万元以下的罚款；情节严重的，由颁发资质证书的部门责令停业整顿，降低资质等级或者吊销资质证书；造成损失的，依法承担赔偿责任：①未按照民用建筑节能强制性标准实施监理的；②墙体、屋面的保温工程施工时，未采取旁站、巡视和平行检验等形式实施监理的。

（5）注册执业人员的法律责任

违反规定，注册执业人员未执行民用建筑节能强制性标准的，由县级以上人民政府建设主管部门责令停止执业 3 个月以上 1 年以下；情节严重的，由颁发资格证书的部门吊销执业资格证书，5 年内不予注册。

【案例 9-1】
建筑材料
查验案

9.3　劳动法规中与工程建设相关的内容

《中华人民共和国劳动法》（以下简称《劳动法》）自 1995 年 1 月 1 日起施行。全国人民代表大会常务委员会于 2009 年和 2018 年对《劳动法》进行了两次修正。

《中华人民共和国劳动合同法》（以下简称《劳动合同法》）自 2008 年 1 月 1 日起施行。全国人民代表大会常务委员会于 2012 年对《劳动合同法》进行了修正。

《中华人民共和国劳动争议调解仲裁法》（以下简称《劳动争议调解仲裁法》）自 2008 年 5 月 1 日起施行。

这三部法律的立法目的均在于保护劳动者的合法权益，构建和发展和谐的劳动关系。

9.3.1　劳动合同的类型

劳动合同分为固定期限劳动合同、无固定期限劳动合同和以完成一定工作任务为期限的劳动合同。

1. 劳动合同期限

劳动合同的期限是指劳动合同的有效时间，是劳动关系当事人双方享有权利和履行义务的时间。它一般始于劳动合同的生效之日，终于劳动合同的终止之时。

劳动合同期限由用人单位和劳动者协商确定，是劳动合同的一项重要内容。无论劳动者与用人单位建立何种期限的劳动关系，都需要双方将该期限用合同的方式确认下来，否则就不能保证劳动合同内容的实现，劳动关系将会处于一个不确定状态。劳动合同期限是劳动合同存在的前提条件。

2. 固定期限劳动合同

固定期限劳动合同是指用人单位与劳动者约定合同终止时间的劳动合同，即劳动合同双方当事人在劳动合同中明确规定了合同效力的起始和终止的时间。劳动合同期限届满，劳动关系即告终止。

3. 无固定期限劳动合同

无固定期限劳动合同是指用人单位与劳动者约定无确定终止时间的劳动合同。无确定终止时间的劳动合同并不是没有终止时间，一旦出现了法定的解除情形（如到了法定退休年龄）或者双方协商一致解除的，无固定期限劳动合同同样可以解除。用人单位与劳动者协商一致，可以订立无固定期限劳动合同。

有下列情形之一，劳动者提出或者同意续订、订立劳动合同的，除劳动者提出订立固定期限劳动合同外，应当订立无固定期限劳动合同：①劳动者在该用人单位连续工作满 10 年的；②用人单位初次实行劳动合同制度或者国有企业改制重新订立劳动合同时，劳动者在该用人单位连续工作满 10 年且距法定退休年龄不足 10 年的；③连续订立 2 次固定期限劳动合同，且劳动者没有《劳动合同法》第 39 条和第 40 条第 1 项、第 2 项规定的情形，续订劳动合同的。

需要注意的是，用人单位自用工之日起满 1 年不与劳动者订立书面劳动合同的，则视为用人单位与劳动者已订立无固定期限劳动合同。

4. 以完成一定工作任务为期限的劳动合同

以完成一定工作任务为期限的劳动合同，是指用人单位与劳动者约定以某项工作的完成为合同期限的劳动合同。用人单位与劳动者协商一致，可以订立以完成一定工作任务为期限的劳动合同。

9.3.2　劳动合同的订立

1. 劳动合同订立的形式

根据《劳动合同法》，除了非全日制用工（即以小时计酬为主，劳动者在同一用人单位一般平均每日工作时间不超过 4 小时，每周工作时间累计不超过 24 小时的用工形式）可以订立口头协议外，建立劳动关系应当订立书面劳动合同。如果没有订立书面合同，不订立书面合同的一方将要承担相应的法律后果。劳动合同文本由用人单位和劳动者各执一份。

2. 劳动合同的生效与劳动合同的无效

（1）劳动合同的生效

由用人单位与劳动者协商一致，并经用人单位与劳动者在劳动合同文本上签字或者盖章生效。双方当事人签字或者盖章时间不一致的，以最后一方签字或者盖章的时间为准；如果一方没有写签字时间，则另一方写明的签字时间就是合同生效时间。

（2）劳动合同的无效

下列劳动合同无效或者部分无效：

1）以欺诈、胁迫的手段或者乘人之危，使对方在违背真实意思的情况下订立或者变更劳动合同的。

2）用人单位免除自己的法定责任、排除劳动者权利的。

3）违反法律、行政法规强制性规定的。

劳动合同部分无效，不影响其他部分效力的，其他部分仍然有效。

劳动合同被确认无效，劳动者已付出劳动的，用人单位应当向劳动者支付劳动报酬。劳动报酬的数额，参照本单位相同或者相近岗位劳动者的劳动报酬确定。

对劳动合同的无效或者部分无效有争议的，由劳动争议仲裁机构或者人民法院确认。

3. 订立劳动合同应当注意的事项

（1）建立劳动关系即应订立劳动合同

用人单位自用工之日起即与劳动者建立劳动关系。《劳动合同法》规定，建立劳动关系，应当订立书面劳动合同。已建立劳动关系，未同时订立书面劳动合同的，应当自用工之日起 1 个月内订立书面劳动合同。用人单位未在用工的同时订立书面劳动合同，与劳动者约定的劳动报酬不明确的，新招用的劳动者的劳动报酬应当按照企业的或者同行业的集体合同规定的标准执行；没有集体合同的，用人单位应当对劳动者实行同工同酬。用人单位与劳动者在用工前订立劳动合同的，劳动关系自用工之日起建立。

（2）劳动报酬和试用期劳动合同

对劳动报酬和劳动条件等标准约定不明确，引发争议的，用人单位与劳动者可以重新协商；协商不成的，适用集体合同规定；没有集体合同或者集体合同未规定劳动报酬的，实行同工同酬；没有集体合同或者集体合同未规定劳动条件等标准的，适用国家有关规定。劳动合同期限 3 个月以上不满 1 年的，试用期不得超过 1 个月；劳动合同期限 1 年以上不满 3 年的，试用期不得超过 2 个月；3 年以上固定期限和无固定期限的劳动合同，试用期不得超过 6 个月。

同一用人单位与同一劳动者只能约定 1 次试用期。以完成一定工作任务为期限的劳动合同或者劳动合同期限不满 3 个月的，不得约定试用期。试用期包含在劳动合同期限内。劳动合同仅约定试用期的，试用期不成立，该期限为劳动合同期限。劳动者在试用期的工资不得低于本单位相同岗位最低档工资或者劳动合同约定工资的 80%，并不得低于用人单位所在地的最低工资标准。在试用期中，除劳动者有《劳动合同法》第 39 条和第 40 条第 1 项、第 2 项规定的情形外，用人单位不得解除劳动合同。用人单位在试用期解除劳动合同的，应当向劳动者说明理由。

9.3.3 劳动合同的履行、变更

1. 劳动合同的履行

劳动合同一经依法订立便具有法律效力。用人单位与劳动者应当按照劳动合同的约定，全面履行各自的义务。当事人双方既不能只履行部分义务，也不能擅自变更合同，更不能任意不履行合同或者解除合同，否则将承担相应的法律责任。

（1）用人单位应当履行向劳动者支付劳动报酬的义务

用人单位应当按照劳动合同约定和国家规定，向劳动者及时足额支付劳动报酬。

（2）依法限制用人单位安排劳动者的加班

用人单位应当严格执行劳动定额标准，不得强迫或者变相强迫劳动者加班。用人单位安排加班的，应当按照国家有关规定向劳动者支付加班费。

（3）劳动者有权拒绝违章指挥、冒险作业

根据《劳动合同法》，劳动者对危害生命安全和身体健康的劳动条件，有权对用人单位提出批评、检举和控告。劳动者拒绝用人单位管理人员违章指挥、强令冒险作业的，不视为违反劳动合同。

（4）用人单位发生变动不影响劳动合同的履行

用人单位如果变更名称、法定代表人、主要负责人或者投资人等事项，不影响劳动合同的履行。用人单位发生合并或者分立等情况，原劳动合同继续有效，劳动合同由承继其权利和义务的用人单位继续履行。

2. 劳动合同的变更

用人单位与劳动者协商一致，可以变更劳动合同约定的内容。变更劳动合同，应当采用书面形式。变更后的劳动合同文本由用人单位和劳动者各执一份。

9.3.4　劳动合同的解除、终止与经济补偿

1. 劳动合同的解除

劳动合同的解除是指劳动合同当事人在劳动合同期限届满之前依法提前终止劳动合同关系的行为。劳动合同的解除可分为协商解除、劳动者单方解除和用人单位单方解除等，详见《劳动合同法》。

2. 劳动合同的终止

劳动合同的终止是指符合法律规定情形时，双方当事人的权利和义务不复存在，劳动合同的法律效力即行消灭。

3. 解除和终止劳动合同的经济补偿

经济补偿是用人单位解除或终止劳动合同时，给予劳动者的一次性货币补偿。经济补偿的目的在于从经济方面制约用人单位的解雇行为，对失去工作的劳动者给予经济上的补偿，并解决劳动合同短期化问题。有关经济补偿的情形和标准见《劳动合同法》。

9.3.5　集体合同、劳务派遣、非全日制用工法律制度

1. 集体合同

集体合同是指企业职工一方与用人单位就劳动报酬、工作时间、休息休假、劳动安全卫生、保险福利等事项，通过平等协商达成的书面协议。集体合同实际上是一种特殊的劳动合同。

（1）集体合同的当事人

集体合同的当事人一方是由工会代表的企业职工，另一方当事人是用人单位。

集体合同草案应当提交职工代表大会或者全体职工讨论通过。集体合同由工会代表企业职工一方与用人单位订立，尚未建立工会的用人单位，由上级工会指导劳动者推举的代表与用人单位订立。

（2）集体合同的分类

集体合同可分为专项集体合同、行业性集体合同和区域性集体合同。

企业职工一方与用人单位可以订立劳动安全卫生、女职工权益保护、工资调整机制等专项集体合同。

在县级以下区域内，建筑业、采矿业、餐饮服务业等行业可以由工会与企业方面代表订立行业性集体合同，或者订立区域性集体合同。

2. 劳务派遣

劳务派遣是指劳务派遣单位与被派遣劳动者订立劳动合同后，将该劳动者派遣到用工单位从事劳动的一种特殊的用工形式。

（1）劳务派遣当事人

劳务派遣当事人包括劳务派遣单位、劳动者和用工单位。

劳务派遣单位指的是将劳动者派遣到用工单位的单位，是《劳动合同法》中所指的用人单位。用人单位或者其所属单位出资或者合伙设立的劳务派遣单位，不得向本单位或者所属单位派遣劳动者。

劳动者是指被劳务派遣单位派遣到用工单位工作的人。

用工单位是指接受劳务派遣单位派遣的劳动者的劳动并为其支付劳动报酬的单位。

（2）劳务派遣的劳动合同

劳务派遣的劳动合同由劳务派遣单位与劳动者签订。该劳动合同除了应当具备一般劳动合同应当具备的条款外，还应当载明被派遣劳动者的用工单位以及派遣期限、工作岗位等情况。

劳务派遣单位应当与被派遣劳动者订立 2 年以上的固定期限劳动合同，按月支付劳动报酬；被派遣劳动者在无工作期间，劳务派遣单位应当按照所在地人民政府规定的最低工资标准，向其按月支付报酬。

3. 非全日制用工

非全日制用工是指以小时计酬为主，劳动者在同一用人单位一般平均每日工作时间不超过 4 小时，每周工作时间累计不超过 24 小时的用工形式。

根据《劳动合同法实施条例》，劳务派遣单位不得以非全日制用工形式招用被派遣劳动者。

9.3.6　劳动保护法律制度

《劳动法》对劳动者的工作时间、休息休假、工资、劳动安全卫生、女职工和未成年工特殊保护、社会保险和福利等作了法律规定。

1. 劳动者的工作时间和休息休假时间

劳动时间是指法律规定的劳动者在一昼夜和一周内从事生产、劳动或工作的时间。休息休假时间，是指劳动者在国家规定的法定工作时间外，不从事生产、劳动或工作而由自己自行支配的时间，包括劳动者每天休息的时数、每周休息的天数、节假日、年休假、探亲假等。

（1）工作时间

《劳动法》第 36 条、第 38 条规定，国家实行劳动者每日工作时间不超过 8 小时、平均每周工作时间不超过 44 小时的工时制度。用人单位应当保证劳动者每周至少休息1 日。企业因生产特点不能实行本法第 36 条、第 38 条规定的，经劳动行政部门批准，可以实行其他工作和休息办法。

（2）休息休假

1）根据《劳动法》，用人单位在下列节日期间应当依法安排劳动者休假：①元旦；②春节；③国际劳动节；④国庆节；⑤法律、法规规定的其他休假节日。

2）用人单位由于生产经营需要，经与工会和劳动者协商可以延长工作时间，一般每日不得超过 1 小时；因特殊原因需要延长工作时间的，在保障劳动者身体健康的条件下延长工作时间每日不得超过 3 小时，但每月不得超过 36 小时。在发生自然灾害、事故等需要紧急处理，或者生产设备、交通运输线路、公共设施发生故障必须及时抢修等法律、行政法规规定的特殊情况的，延长工作时间不受上述限制。

3）用人单位应当按照下列标准支付高于劳动者正常工作时间工资的工资报酬：安排劳动者延长工作时间的，支付不低于工资 150% 的工资报酬；休息日安排劳动者工作又不能安排补休的，支付不低于工资 200% 的工资报酬；法定休假日安排劳动者工作的，支付不低于工资 300% 的工资报酬。

2. 劳动者的工资

工资是指用人单位依据国家有关规定和劳动关系双方的约定，以货币形式支付给劳动者的劳动报酬，如计时工资、计件工资、奖金、津贴和补贴等。

（1）工资基本规定

根据《劳动法》，工资分配应当遵循按劳分配原则，实行同工同酬。工资水平在经济发展的基础上逐步提高。国家对工资总量实行宏观调控。用人单位根据本单位的生产经营特点和经济效益，依法自主确定本单位的工资分配方式和工资水平。

工资应当按月支付给劳动者本人。不得克扣或者无故拖欠劳动者的工资。劳动者在法定休假日和婚丧假期间以及依法参加社会活动期间，用人单位应当依法支付工资。

（2）最低工资保障制度

最低工资标准是指劳动者在法定工作时间或依法签订的劳动合同约定的工作时间内提供了正常劳动的前提下，用人单位依法应支付的最低劳动报酬。所谓正常劳动，是指劳动者按依法签订的劳动合同约定，在法定工作时间或劳动合同约定的工作时间内从事的劳动。

劳动者依法享受带薪年休假、探亲假、婚丧假、生育（产）假、节育手术假等国家规定的假期期间，以及法定工作时间内依法参加社会活动期间，视为提供了正常劳动。

根据《劳动法》，国家实行最低工资保障制度。最低工资的具体标准由省、自治区、直辖市人民政府规定，报国务院备案。用人单位支付劳动者的工资不得低于当地最低工资标准。

根据中华人民共和国劳动和社会保障部令第 21 号《最低工资规定》，在劳动者提供正常劳动的情况下，用人单位应支付给劳动者的工资在剔除下列各项以后，不得低于当地最低工资标准：

1）延长工作时间工资。

2）中班、夜班、高温、低温、井下、有毒有害等特殊工作环境或条件下的津贴。

3）法律、法规和国家规定的劳动者福利待遇等。实行计件工资或提成工资等工资形式的用人单位，在科学合理的劳动定额基础上，其支付劳动者的工资不得低于相应的最低工资标准。

3. 劳动安全卫生制度

根据《劳动法》，用人单位必须建立、健全劳动安全卫生制度，严格执行国家劳动安全卫生规程和标准，对劳动者进行劳动安全卫生教育，防止劳动过程中的事故，减少职业危害。劳动安全卫生设施必须符合国家规定的标准。

新建、改建、扩建工程的劳动安全卫生设施必须与主体工程同时设计、同时施工、同时投入生产和使用。用人单位必须为劳动者提供符合国家规定的劳动安全卫生条件和必要的劳动防护用品，对从事有职业危害作业的劳动者应当定期进行健康检查。从事特种作业的劳动者必须经过专门培训并取得特种作业资格。劳动者在劳动过程中必须严格遵守安全操作规程，对用人单位管理人员违章指挥、强令冒险作业，有权拒绝执行；对危害生命安全和身体健康的行为，有权提出批评、检举和控告。

4. 劳动者的社会保险与福利

《中华人民共和国社会保险法》（以下简称《社会保险法》）规定，国家建立基本养老保险、基本医疗保险、工伤保险、失业保险生育保险等社会保险制度，保障公民在年老、疾病、工伤、失业、生育等情况下依法从国家和社会获得物质帮助的权利。

（1）基本养老保险

职工应当参加基本养老保险，由用人单位和职工共同缴纳基本养老保险费。用人单位应当按照国家规定的本单位职工工资总额的比例缴纳基本养老保险费，记入基本养老保险统筹基金。职工应当按照国家规定的本人工资的比例缴纳基本养老保险费，记入个人账户。

（2）基本医疗保险

职工应当参加职工基本医疗保险，由用人单位和职工按照国家规定共同缴纳基本医疗保险费。医疗机构应当为参保人员提供合理、必要的医疗服务。

参加职工基本医疗保险的个人，达到法定退休年龄时累计缴费达到国家规定年限的，退休后不再缴纳基本医疗保险费，按照国家规定享受基本医疗保险待遇；未达到国家规定年限的，可以缴费至国家规定年限。

（3）工伤保险

职工应当参加工伤保险，由用人单位缴纳工伤保险费，职工不缴纳工伤保险费。此外，根据《建筑法》，鼓励企业为从事危险作业的职工办理意外伤害保险，支付保险费。

（4）失业保险

根据《社会保险法》，职工应当参加失业保险，由用人单位和职工按照国家规定共同缴纳失业保险费。职工跨统筹地区就业的，其失业保险关系随本人转移，缴费年限累计计算。

（5）生育保险

根据《社会保险法》，职工应当参加生育保险，由用人单位按照国家规定缴纳生育保险费，职工不缴纳生育保险费。用人单位已经缴纳生育保险费的，其职工享受生育保险待遇；职工未就业配偶按照国家规定享受生育医疗费用待遇。所需资金从生育保险基金中支付。生育保险待遇包括生育医疗费用和生育津贴。

（6）福利

根据《劳动法》，国家发展社会福利事业，兴建公共福利设施，为劳动者休息、休养和疗养提供条件。用人单位应当创造条件，改善集体福利，提高劳动者的福利待遇。

9.3.7 劳动争议的解决

劳动争议又称劳动纠纷，是指劳动关系当事人之间关于劳动权利和义务的争议。

1. 劳动争议的范围

根据《劳动争议调解仲裁法》，劳动争议的范围主要是：①因确认劳动关系发生的争议；②因订立、履行、变更、解除和终止劳动合同发生的争议；③因除名、辞退职工和职工辞职、自动离职发生的争议；④因工作时间、休息休假、工资、社会保险、福利、培训以及劳动保护发生的争议；⑤因劳动报酬、工伤医疗费、经济补偿或者赔偿金等发生的争议；⑥法律、法规规定的其他劳动争议。

2. 劳动争议的解决方式

《劳动法》第 77 条明确规定，用人单位与劳动者发生劳动争议，当事人可以依法申请调解、仲裁、提起诉讼，也可以协商解决。

《劳动争议调解仲裁法》第 5 条进一步规定，发生劳动争议，当事人不愿协商、协商不成或者达成和解协议后不履行的，可以向调解组织申请调解；不愿调解、调解不成或者达成调解协议后不履行的，可以向劳动争议仲裁委员会申请仲裁；对仲裁裁决不服的，除本法另有规定的外，可以向人民法院提起诉讼。

（1）通过协商解决劳动争议

协商是指当事人各方在自愿、互谅的基础上，按照法律、政策的规定，通过摆事实讲道理解决纠纷的一种方法。协商的方法是一种简便易行、最有效、最经济的方法，能及时解决争议，消除分歧，提高办事效率，节省费用，也有利于双方的团结和相互的协作关系。

《劳动争议调解仲裁法》第 4 条规定，发生劳动争议，劳动者可以与用人单位协商，也可以请工会或者第三方共同与用人单位协商，达成和解协议。

（2）通过调解解决劳动争议

发生劳动争议，当事人可以到下列调解组织申请调解：①企业劳动争议调解委员会；②依法设立的基层人民调解组织；③在乡镇、街道设立的具有劳动争议调解职能的组织。

经调解达成协议的，应当制作调解协议书。调解协议书由双方当事人签名或者盖章，经调解员签名并加盖调解组织印章后生效，对双方当事人具有约束力，当事人应当履行。

自劳动争议调解组织收到调解申请之日起 15 日内未达成调解协议的，当事人可以依法申请仲裁。

因支付拖欠劳动报酬、工伤医疗费、经济补偿或者赔偿金事项达成调解协议，用人单位在协议约定期限内不履行的，劳动者可以持调解协议书依法向人民法院申请支付令。人民法院应当依法发出支付令。

（3）通过劳动争议仲裁委员会裁决解决劳动争议

对于调解不成，当事人一方要求仲裁的，可以向劳动争议仲裁委员会申请仲裁。当事人一方也可以直接向劳动争议仲裁委员会申请仲裁。

劳动争议仲裁委员会由劳动行政部门代表、同级工会代表、用人单位方面的代表组成。劳动争议仲裁委员会主任由劳动行政部门代表担任。

1）劳动争议仲裁的原则

劳动争议仲裁原则是劳动争议仲裁的特有原则，反映了劳动争议仲裁的本质要求。

① 一次裁决原则。即任何一级劳动争议仲裁委员会的裁决都是终局裁决。当事人如不服仲裁裁决，只能依法向人民法院起诉，不得向上一级仲裁委员会申请复议或要求重新处理。

② 合议原则。仲裁庭裁决劳动争议案件，实行少数服从多数的原则。

③ 强制原则。主要表现为，当事人申请仲裁无须双方达成一致协议，只要一方申请，仲裁委员会即可受理；在仲裁庭对争议调解不成时，无须得到当事人的同意，可直接行使裁决权；对发生法律效力的仲裁文书，可申请人民法院强制执行。

2）劳动争议仲裁的申请

《劳动争议调解仲裁法》第 27 条规定，劳动争议申请仲裁的时效期间为 1 年。仲裁时效期间从当事人知道或者应当知道其权利被侵害之日起计算。

上述仲裁时效，因当事人一方向对方当事人主张权利，或者向有关部门请求权利救济，或者对方当事人同意履行义务而中断。从中断时起，仲裁时效期间重新计算。

因不可抗力或者有其他正当理由，当事人不能在上述仲裁时效期间申请仲裁的，仲裁时效中止。从中止时效的原因消除之日起，仲裁时效期间继续计算。

劳动关系存续期间因拖欠劳动报酬发生争议的，劳动者申请仲裁不受上述仲裁时效期间的限制；但是，劳动关系终止的，应当自劳动关系终止之日起 1 年内提出。

（4）通过向人民法院提起诉讼解决劳动争议

人民法院受理劳动争议案件的前提条件：①争议案件已经过劳动争议仲裁委员会仲裁；②争议案件的当事人在接到仲裁决定书之日起 15 日内向法院提起诉讼。人民法院处理劳动争议适用《民事诉讼法》规定的程序，由各级人民法院受理，实行两审终审。参见《民事诉讼法》的有关规定。

3. 集体合同争议的解决

因签订集体合同发生争议，当事人协商解决不成的，当地人民政府劳动行政部门可以组织有关各方协调处理。因履行集体合同发生争议，当事人协商解决不成的，可以向劳动争议仲裁委员会申请仲裁；对仲裁裁决不服的，可以自收到仲裁裁决书之日起 15 日内向人民法院提起诉讼。

9.3.8　劳动合同及劳动关系中违法行为应承担的法律责任

劳动合同及劳动关系中违法行为应承担的主要法律责任如下：

1. 劳动合同订立中的违法行为应承担的法律责任

《劳动合同法》第 81~89 条规定了用人单位在劳动合同订立中的违法行为及其应承担的法律责任。

（1）用人单位提供的劳动合同文本未载明本法规定的劳动合同必备条款或者用人单位未将劳动合同文本交付劳动者的，由劳动行政部门责令改正；给劳动者造成损害的，应当承担赔偿责任。

（2）用人单位自用工之日起超过 1 个月不满 1 年未与劳动者订立书面劳动合同的，应当向劳动者每月支付 2 倍的工资。

（3）用人单位自用工之日起满 1 年不与劳动者订立书面劳动合同的，视为用人单位与劳动者已订立无固定期限劳动合同。用人单位违反本法规定不与劳动者订立无固定期限劳动合同的，自应当订立无固定期限劳动合同之日起向劳动者每月支付 2 倍的工资。

（4）劳动合同依照本法第 26 条规定被确认无效，给对方造成损害的，有过错的一方应当承担赔偿责任。

2. 劳动合同履行、变更、解除和终止中违法行为应承担的法律责任

（1）用人单位应承担的法律责任

1）根据《劳动合同法》，用人单位有下列情形之一的，由劳动行政部门责令限期支付劳动报酬、加班费或者经济补偿；劳动报酬低于当地最低工资标准的，应当支付其差额部分；逾期不支付的，责令用人单位按应付金额 50% 以上 100% 以下的标准向劳动者加付赔偿金：①未按照劳动合同的约定或者国家规定及时足额支付劳动者劳动报酬的；②低于当地最低工资标准支付劳动者工资的；③安排加班不支付加班费；④解除或者终止劳动合同，未依照本法规定向劳动者支付经济补偿的。

2）用人单位有下列情形之一的，依法给予行政处罚；构成犯罪的，依法追究刑事责任；给劳动者造成损害的，应当承担赔偿责任：①以暴力、威胁或者非法限制人身自由的手段强迫劳动的；②违章指挥或者强令冒险作业危及劳动者人身安全的；③侮辱、体罚、殴打、非法搜查或者拘禁劳动者的；④劳动条件恶劣、环境污染严重，给劳动者身心健康造成严重损害的。

用人单位违反本法规定解除或者终止劳动合同的，应当依照本法第 47 条规定的经济补偿标准的 2 倍向劳动者支付赔偿金。用人单位违反本法规定未向劳动者出具解除或者终止劳动合同的书面证明，由劳动行政部门责令改正；给劳动者造成损害的，应当承担赔偿责任。

（2）劳动者违法行为应承担的法律责任

根据《劳动合同法》，劳动者违反本法规定解除劳动合同，或者违反劳动合同中约定的保密义务或者竞业限制，给用人单位造成损失的，应当承担赔偿责任。

（3）劳务派遣单位违法行为应承担的法律责任

根据《劳动合同法》，用人单位招用与其他用人单位尚未解除或者终止劳动合同的劳动者，给其他用人单位造成损失的，应当承担连带赔偿责任。劳务派遣单位违反本法规定的，由劳动行政部门和其他有关主管部门责令改正；情节严重的，以每人 1000 元以上 5000 元以下的标准处以罚款，并由工商行政管理部门吊销营业执照；给被派遣劳

245

动者造成损害的，劳务派遣单位与用工单位承担连带赔偿责任。

3. 用人单位的违法行为应承担的法律责任

根据《劳动法》，用人单位违反本法规定，延长劳动者工作时间的，由劳动行政部门给予警告，责令改正，并可以处以罚款。

用人单位的劳动安全设施和劳动卫生条件不符合国家规定或者未向劳动者提供必要的劳动保护用品和劳动保护设施的，由劳动行政部门或者有关部门责令改正，可以处以罚款；情节严重的，提请县级以上人民政府决定责令停产整顿；对事故隐患不采取措施，致使发生重大事故，造成劳动者生命和财产损失的，对责任人员依照刑法有关规定追究刑事责任。

用人单位非法招用未满16周岁的未成年人的，由劳动行政部门责令改正，处以罚款；情节严重的，由工商行政管理部门吊销营业执照。

用人单位违反本法对女职工和未成年工的保护规定，侵害其合法权益的，由劳动行政部门责令改正，处以罚款；对女职工或者未成年工造成损害的，应当承担赔偿责任。

用人单位无故不缴纳社会保险费的，由劳动行政部门责令其限期缴纳，逾期不缴纳的，可以加收滞纳金。

9.4 文物保护法规中与工程建设相关的内容

9.4.1 在文物保护单位保护范围和建设控制地带施工的法律规定

根据《中华人民共和国文物保护法》（以下简称《文物保护法》），在文物保护单位的保护范围和建设控制地带内，不得建设污染文物保护单位及其环境的设施，不得进行可能影响文物保护单位安全及其环境的活动。对已有的污染文物保护单位及其环境的设施，应当限期治理。

1. 承担文物保护单位的修缮、迁移、重建工程的单位应当具有相应的资质证书

根据《中华人民共和国文物保护法实施条例》，承担文物保护单位的修缮、迁移、重建工程的单位，应当同时取得文物行政主管部门发给的相应等级的文物保护工程资质证书和建设行政主管部门发给的相应等级的资质证书。其中，不涉及建筑活动的文物保护单位的修缮、迁移、重建，应当由取得文物行政主管部门发给的相应等级的文物保护工程资质证书的单位承担。

2. 在历史文化名城名镇名村保护范围内从事建设活动的相关规定

（1）禁止进行的建设活动

根据《历史文化名城名镇名村保护条例》，在历史文化名城、名镇、名村保护范围内禁止进行下列活动：①开山、采石、开矿等破坏传统格局和历史风貌的活动；②占用

保护规划确定保留的园林绿地、河湖水系、道路等；③修建生产、储存爆炸性、易燃性、放射性、毒害性、腐蚀性物品的工厂、仓库等；④在历史建筑上刻划、涂污。

（2）经批准后可以进行的建设活动

经城市、县人民政府城乡规划主管部门会同同级文物主管部门批准，并按规定办理相关手续后，可以在历史文化名城、名镇、名村保护范围内进行下列建设活动，但要制订保护方案：

1）改变园林绿地、河湖水系等自然状态的活动。

2）在核心保护范围内进行影视摄制、举办大型群众性活动。

3）其他影响传统格局、历史风貌或者历史建筑的活动。

（3）在历史文化街区、名镇、名村核心保护范围内进行建设活动的规定

在历史文化街区、名镇、名村核心保护范围内，不得进行新建、扩建活动。但是，新建、扩建必要的基础设施和公共服务设施除外。

在历史文化街区、名镇、名村核心保护范围内，拆除历史建筑以外的建筑物、构筑物或者其他设施的，应当经城市、县人民政府城乡规划主管部门会同同级文物主管部门批准。任何单位或者个人不得损坏或者擅自迁移、拆除历史建筑。

3. 在文物保护单位保护范围和建设控制地带内从事建设活动的规定

（1）文物保护单位的保护范围内不得进行其他建设工程或者爆破、钻探、挖掘等作业。但是，因特殊情况需要在文物保护单位的保护范围内进行其他建设工程或者爆破、钻探、挖掘等作业的，必须保证文物保护单位的安全，并经核定公布该文物保护单位的人民政府批准，在批准前应当征得上一级人民政府文物行政部门同意。

（2）在全国重点文物保护单位的保护范围内进行其他建设工程或者爆破、钻探、挖掘等作业的，必须经省、自治区、直辖市人民政府批准，在批准前应当征得国务院文物行政部门同意。

（3）在文物保护单位的建设控制地带内进行建设工程，不得破坏文物保护单位的历史风貌；工程设计方案应当根据文物保护单位的级别，经相应的文物行政部门同意后，报城乡建设规划部门批准。

9.4.2　施工中发现文物进行报告和予以保护的法律规定

根据《文物保护法》，地下埋藏的文物，任何单位或者个人都不得私自发掘。考古发掘的文物，任何单位或者个人不得侵占。

1. 配合建设工程进行考古发掘工作的规定

进行大型基本建设工程，建设单位应当事先报请省、自治区、直辖市人民政府行政部门组织从事考古发掘的单位在工程范围内有可能埋藏文物的地方进行考古调查、勘探。确因建设工期紧迫或者有自然破坏危险，对古文化遗址、古墓葬急需进行抢救发掘的，由省、自治区、直辖市人民政府文物行政部门组织发掘，并同时补办审批手续。

2. 施工发现文物的报告和保护

根据《文物保护法》，在进行建设工程或者在农业生产中，任何单位或者个人发现

文物，应当保护现场，立即报告当地文物行政部门，文物行政部门接到报告后，如无特殊情况，应当在 24 小时内赶赴现场，并在 7 日内提出处理意见。依照以上规定发现的文物属于国家所有，任何单位或者个人不得哄抢、私分、藏匿。

3. 水下文物的报告和保护

根据《中华人民共和国水下文物保护管理条例》，任何单位或者个人以任何方式发现遗存于中国内水、领海内的一切起源于中国的、起源国不明的和起源于外国的文物，以及遗存于中国领海以外依照中国法律由中国管辖的其他海域内的起源于中国的和起源国不明的文物，应当及时报告国家文物局或者地方文物行政管理部门；已打捞出水的，应当及时上缴国家文物局或者地方文物行政管理部门处理。

任何单位或者个人以任何方式发现遗存于外国领海以外的其他管辖海域以及公海区域内的起源于中国的文物，应当及时报告国家文物局或者地方文物行政管理部门；已打捞出水的，应当及时提供国家文物局或者地方文物行政管理部门辨认、鉴定。

9.4.3 违法行为应承担的法律责任

对施工中文物保护违法行为应承担的主要法律责任如下：

1. 哄抢、私分国有文物等违法行为应承担的法律责任

（1）刑事责任

有下列行为之一，构成犯罪的，依法追究刑事责任：①盗掘古文化遗址、古墓葬的；②故意或者过失损毁国家保护的珍贵文物的；③将国家禁止出境的珍贵文物私自出售或者送给外国人的；④以牟利为目的倒卖国家禁止经营的文物的；⑤走私文物的；⑥盗窃、哄抢、私分或者非法侵占国有文物的；⑦应当追究刑事责任的其他妨害文物管理的行为。

（2）民事责任

造成文物灭失、损毁的，依法承担民事责任。构成违反治安管理行为的，由公安机关依法给予治安管理处罚。构成走私行为，尚不构成犯罪的，由海关依照有关法律、行政法规的规定给予处罚。

（3）行政责任

有下列行为之一，尚不构成犯罪的，由县级以上人民政府文物主管部门会同公安机关追缴文物；情节严重的，处 5000 元以上 5 万元以下的罚款：①发现文物隐匿不报或者拒不上交的；②未按照规定移交拣选文物的。

2. 在文物保护单位的保护范围和建设控制地带内进行违法作业应承担的法律责任

（1）有下列行为之一，尚不构成犯罪的，由县级以上人民政府文物主管部门责令改正，造成严重后果的，处 5 万元以上 50 万元以下的罚款；情节严重的，由原发证机关吊销资质证书：

1）擅自在文物保护单位的保护范围内进行建设工程或者爆破、钻探、挖掘等作业的；

2）在文物保护单位的建设控制地带内进行建设工程，其工程设计方案未经文物行

政部门同意、报城乡建设规划部门批准，对文物保护单位的历史风貌造成破坏的；

3）擅自迁移、拆除不可移动文物的；

4）擅自修缮不可移动文物，明显改变文物原状的；

5）擅自在原址重建已全部毁坏的不可移动文物，造成文物破坏的；

6）施工单位未取得文物保护工程资质证书，擅自从事文物修缮、迁移、重建的。

（2）刻划、涂污或者损坏文物尚不严重的，或者损毁依法设立的文物保护单位标志的，由公安机关或者文物所在单位给予警告，可以并处罚款。

（3）在文物保护单位的保护范围内或者建设控制地带内建设污染文物保护单位及其环境的设施的，或者对已有的污染文物保护单位及其环境的设施未在规定的期限内完成治理的，由环境保护行政部门依照有关法律、法规的规定给予处罚。

3. 未取得相应资质证书违法承担文物修缮、迁移、重建工程应承担的法律责任

（1）未取得相应等级的文物保护工程资质证书，擅自承担文物保护单位的修缮、迁移、重建工程的，由文物行政主管部门责令限期改正；逾期不改正，或者造成严重后果的，处 5 万元以上 50 万元以下的罚款；构成犯罪的，依法追究刑事责任。

【案例 9-2】
挖到古墓盗窃案

（2）未取得建设行政主管部门发给的相应等级的资质证书，擅自承担含有建筑活动的文物保护单位的修缮、迁移、重建工程的，由建设行政主管部门依照有关法律、行政法规的规定予以处罚。

复习与应用练习题

1. 单项选择题

（1）根据《建筑施工场界环境噪声排放标准》，建筑施工场界环境夜间噪声的夜间是指（　　）期间。

A. 21：00～次日 6：00

B. 22：00～次日 8：00

C. 21：00～次日 8：00

D. 22：00～次日 6：00

（2）根据《节约能源法》，违反建筑节能标准的，由建设主管部门责令改正，处 10 万元以上 50 万以下罚款的参建单位是（　　）。

A. 建设、施工、监理

B. 设计、施工、监理

C. 建设、设计、施工

D. 建设、设计、监理

（3）关于我国节约能源法律、法规及相关规定，说法错误的是（　　）。

A. 任何单位不得对能源消费实行包费制

B. 施工图纸经审查符合民用建筑节能强制性标准的，才能颁发施工许可证

C. 建筑工程保温材料的安装采取监理工程师签字确认制

D. 建筑工程不符合民用建筑节能强制性标准，不得出具竣工验收合格报告

（4）根据《劳动合同法》，用人单位违反相关规定不与劳动者订立无固定期限劳动合同的，自应当订立无固定期限劳动合同之日起向劳动者按时支付（　　）的工资。

A. 4 倍

B. 3 倍

C. 2 倍

D. 1 倍

2. 多项选择题

(1) 环境保护"三同时"制度是指建设项目需要配套建设的环境保护设施，必须与主体工程（   ）。

A. 同时立项　　　　　　　　　　　B. 同时施工

C. 同时设计　　　　　　　　　　　D. 同时竣工

E. 同时投产使用

(2) 依据《固体废物污染环境防治法》，下列对固体废物污染防治的做法中，正确的有（   ）。

A. 运输固体废物时，采取了防扬散、防流失、防渗漏等防止污染的措施

B. 在国家级风景名胜区，严格限制建设工业固体废物处置设施

C. 禁止中国境外的固体废物进境倾倒、堆放、处置

D. 限制进口可以用作原料的固体废物

E. 施工单位及时清运、处置施工过程中产生的垃圾，并采取措施防止污染环境

(3) 某建筑公司的技术员李某与公司发生劳动合同纠纷，并向劳动仲裁委员会提起仲裁，在此期间，李某对劳动仲裁制度有了下述认识，正确的是（   ）。

A. 所有的劳动争议仲裁都是遵循一裁终局的原则，当事人如果不服，另一方可申请人民法院强制执行

B. 对于发生法律效力的仲裁文书，可申请人民法院强制执行

C. 劳动仲裁实行一次裁决后，当事人不服裁决，只能依法向法院起诉

D. 仲裁庭作出裁决时，实行少数服从多数的原则，不同意见必须如实记录

E. 劳动争议发生后，当事人可以选择仲裁，或者选择诉讼

(4) 某建筑公司的职工张某因劳动合同纠纷，向劳动仲裁委员会提起仲裁，甲是劳动行政主管部门的代表，乙是张某委托的律师，丙是建筑公司董事长，丁是工会代表，戊是建筑公司委托的律师。可以成为劳动仲裁委会组成人员的有（   ）。

A. 甲　　　　B. 乙　　　　C. 丙　　　　D. 丁　　　　E. 戊

(5) 无效劳动合同，从订立的时候起，就没有法律约束力。下列属于无效劳动合同的有（   ）。

A. 报酬较低的劳动合同

B. 违反法律、行政法规的劳动合同

C. 劳动内容约定不明确的劳动合同

D. 未规定明确合同期限的劳动合同

E. 采用欺诈、威胁等手段订立的严重损害国家利益的劳动合同

3. 简答题

(1) 在建筑施工中如何防治地表水污染、地下水污染、施工噪声污染、固体废物污染？

(2) 各参建单位的节能责任是什么？

(3) 劳动合同有哪些类型？哪些情况下的合同是无效劳动合同？

(4) 简述劳动保护的内容。

(5) 解决劳动争议有哪些途径？

(6) 简述施工中发现文物进行报告和予以保护的法律规定。

主要参考文献

[1] 全国一级建造师执业资格考试用书编写委员会. 建设工程法规及相关知识 [M]. 5 版. 北京：中国建筑工业出版社，2020.

[2] 全国二级建造师执业资格考试用书编写委员会. 建设工程法规及相关知识（2020 年版）[M]. 北京：中国建筑工业出版社，2020.

[3] 朱宏亮. 建设法规 [M]. 4 版. 武汉：武汉理工大学出版社，2018.

[4] 顾永才. 建设法规 [M]. 3 版. 北京：科学出版社，2017.